北京市社会科学院法治研究中心　法学研究所 ◎编

# 北京法治发展报告
# (2010)

PROGRESS REPORT ON THE RULE OF
LAW IN BEIJING (2010)

许传玺 ◎主编

人民出版社

# 本书编委会

# 序　言

为全面展现北京法治发展进程,总结北京法治发展经验,探索北京法治发展模式,北京市社会科学院法治研究中心/法学研究所于2010年开始策划编撰《北京法治发展报告》。该书由北京市社会科学院副院长许传玺研究员担任主编,北京市相关部门的主要领导担任编委会成员。作为北京市第一本法治发展报告,该书力图反映整个北京市法治发展的蓝图,每年一卷,连续出版。历经一年编撰,《北京法治发展报告(2010)》终于面世。

2010年7月29日正式挂牌的北京市社会科学院法治研究中心,是以北京法治发展为主要研究对象的专业科研机构。北京市社会科学院法治研究中心(已于2010年12月20日起,加挂北京市社会科学院法学研究所牌子)从其成立之日起就将编辑出版《北京法治发展报告》列入了工作日程。为做好《北京法治发展报告》的编辑工作,中心成员参考了国内多部类似出版物,分析其利弊得失。在此基础上,中心成员就《北京法治发展报告》的编写体例、内容框架、写作风格等具体问题进行了多次讨论,并拟定了几套可行的写作方案供参编单位共同研讨。

2011年1月,在北京市社会科学院副院长、法治研究中心主任兼首席专家许传玺研究员的主持下,召开了"《北京法治发展报告(2010)》编辑研讨会"。北京市人大、北京市政法委、北京市高级人民法院、北京市人民检察院、北京市信访办、北京市司法局、北京市法制办、北京市法学会、北京市仲裁委、北京市律协、北京市社科院等单位参加了研讨会。经过充分讨论,各方一致同意《北京法治发展报告》采用"主报告+分报告+专题报告"的体例,以全面系统地反映北京法治发展进程。此次会议确定了分工:北京市社会科学院法治研究中心承担主报告的写作任务,其余各单位负责各自领域内分报告的撰写,专题报告则由各单位及相关学者自行申报。会后,各参编单位积极组织撰写工作,按时提交了报告。随后,北京市社会科学院法治研究中心对稿件进行了细致修改。稿件修订完毕之后,几经商讨,确定了人民出版社作为出版单位。

《北京法治发展报告》的编撰是一种重要的尝试。首先,本书是向社会各界全面反映北京法治发展年度进程的重要窗口。本书如实记录了2010年度北京市立法、行政、司法等法治发展各主要领域的具体情况。在此之前,相关的工作报告和研究报告散见于各种报刊媒体,缺乏系统性、全面性,尚未有出版物专门对北京市的年度法治发展状况进行系统的总结和分析。在这个意义上,本书的工作是整合性、开创性的。其次,本书是向决策机关建言献策,进一步推动北京法治发展进程的重要平台。本书力图通过总结当前北京法治发展状况,找出法治发展的漏洞和不足,并提出改进相关政府部门工作的对策建议,推动北京市的整体法治发展进程,更好地服务于北京市的经济与社会发展。与单纯的学理性文章不同,本书的许多报告立基于对北京市客观现状深入透彻的分析之上,主旨在于提出切实可行的改进思路和政策建议,具有很强的应用对策性。再次,本书对于研究地方法治发展规律、探寻法治发展的地方特色具有重要的学术意义。法治发展进程并没有固定的模式可循,不同地域的法治发展具有不同的发展规律和地方特色。北京市的法治发展特色则体现为独特的"北京模式"。尽管这一模式仍存在进一步完善的空间,但其浓厚的地方特色和独特的整体风貌,已经使北京法治发展路径在地方法治建设方面具有重要的示范意义和参考价值。

《北京法治发展报告》试图为从事立法、司法、执法等工作的实务工作者提供新的工作思路和工作方法,试图为从事相关法学研究的理论工作者提供法治发展实践中的新理念和新经验,更试图为社会上关注法治问题的人们提供一个了解法治发展现状和未来的平台。

《北京法治发展报告》的编写得到了北京市社会科学院主要领导的全力支持。北京市人大、北京市政法委、北京市高级人民法院、北京市人民检

察院、北京市信访办、北京市司法局、北京市法制办、北京市法学会、北京市
仲裁委、北京市律协等单位积极参与本书的编写工作。北京市律协在经费
方面给予了大力的支持和帮助。在此,特向上述单位表示衷心的感谢!

**编　者**

2011 年 12 月

# 目 录
ONTENTS

## 专题报告

# 主 报 告

# 2010 年北京法治发展报告

**北京市社会科学院法学研究所**

  2010 年是"十一五"的收官之年。在市委、市政府的坚强领导下,全市人民深入贯彻落实科学发展观,着眼建设中国特色世界城市,全面实施"人文北京、科技北京、绿色北京"战略,加快转变经济发展方式,巩固应对国际金融危机成果,推动首都经济社会发展再上新台阶。在此过程中,首都的法治建设也稳步推进,成效显著。地方立法、依法行政、司法审判、检察监督、司法行政、法律服务、法学研究等各个方面,都取得了长足进展。北京的法治建设紧密围绕首都中心工作,服务首都科学发展;以制度建设为核心,探索体制机制创新;以权益保障为依归,坚持法治为民;重视社会参与,建立整体法治格局;推动软硬结合的合作治理。一种既符合国家法治框架,又具有浓厚地方特色的北京法治模式,正逐步呈现。法治建设的"北京模式",不仅保障宪法和法律在本行政辖区的有效实施,也立足首都的地方实践,保障促进和规范约束首都的科学发展;法治建设的"北京模式",不仅强调通过法律完善政府治理,更力求通过法律提升社会管理和公共服务的规范化;法治建设的"北京模式",既遵循了中国法治建设的基本框架和路径,也糅合了地方法治的独特实践与经验。法治建设的"北京模式"对于落实"依法治国"的基本方略,推动整个国家法治建设,完善地方治理,意义重大。

  本报告立足于北京市各主要法治工作部门 2010 年的具体工作,总结了

2010 年北京法治建设的主要做法、基本特色，并提出了进一步完善北京法治建设的几点建议。

# 一、2010 年北京法治发展进程

## （一）地方立法

2010 年，北京市人大紧密围绕首都科学发展开展地方立法工作，在立法重点、立法方式和工作机制等多方面都进行了大胆探索，取得了重要成绩。

1. 转变立法重心，围绕全市中心任务展开立法

围绕北京市建设"人文北京、科技北京、绿色北京"的发展战略和首都当下的中心工作，北京市人大常委会着力通过立法解决经济社会发展过程中的重大问题，实现了立法重心的重大转变，即立法重心从经济立法转向民生立法，从管理立法转向服务立法。2010 年，北京市人大及常委会着重开展了三个领域的立法工作：

一是以保障公民权利、改善民生为重点的社会领域立法。2010 年北京市人大常委会先后作出了制定《北京市社区卫生服务条例》、修订《北京市老年人权益保障条例》的立项论证报告，以推进本市社区卫生服务工作和保障老年人合法权益。二是促进首都可持续发展方面的地方立法。2010 年北京市人大常委会对《北京市实施〈中华人民共和国节约能源法〉办法》进行了修改，并制定了《北京市水污染防治条例》，为建设资源节约型、环境友好型城市奠定了坚实的法治基础。三是维护公共安全方面的立法。2010 年北京市人大常委会表决通过了《北京市大型群众性活动安全管理条例》，以适应新形势下首都大型活动安全管理的需要。

2. 改进立法方式，提升立法工作的科学性和民主性

《立法法》第五条规定："立法应当体现人民的意志，发扬社会主义民主，保障人民通过多种途径参与立法活动。"这为民众参与立法提供了直接的法律依据。北京市历来重视立法工作中的民主参与，早在多年前就已经

启动了开门立法的立法方式,通过座谈会、听证会、论证会等多种方式,利用网络、信件等多种途径,向人大代表、政协委员、专家学者及社会公众广泛征求立法意见和建议。2010 年北京市人大在推动地方立法的科学性、民主性方面有了更大的作为,不再将公众参与局限于具体的立法起草和论证环节,而且还扩展至从立法计划起草到法规实施的全过程。本年度制定的每项法规草案均向区县人大常委会和市人大代表征求意见,并邀请代表参加立法调研。① 此外,还充分利用门户网站平台,公开征求群众意见,做好对社会公开工作,取得了积极的社会效果。

3. 完善立法工作机制,大规模开展立法清理,进行立法后评估

首先,在立法工作机制的完善上,2010 年北京市人大常委会着重改进了常委会法规审议工作。实行"二审三通过"的审议程序,将原来由全体会议进行二审,审议后在当次会议上表决通过,改为二审分组审议,会后进行修改,再提交下一次常委会全体会议通过,以便于常委会组成人员充分发表意见和法规的进一步完善。其次,在对地方立法进行清理方面,北京市人大常委会对法规清理工作高度重视,把法规清理作为 2010 年市人大常委会的一项重要工作。经过清理,截至 2009 年底,本市现行有效的 137 项地方性法规中,需废止和修改的法规共 35 件。本次法规清理工作是为中国特色社会主义法律体系的形成而进行的地方性法规自行清理,规模庞大,任务艰巨,成果显著。再次,在地方立法后评估工作方面,2010 年北京市人大常委会专门就《北京历史文化名城保护条例》进行了立法后评估工作。开展地方立法后评估,能够了解地方性法规的实际效果,检验地方性法规的立法质量,发现法规中的漏洞和不足,以便及时弥补和修正。

(二)依法行政

北京市依法行政工作始终走在全国前列。在 2010 年 8 月召开的全国依法行政工作会议上,北京等三省市和两个部门分别介绍了经验。北京市

---

① 《北京市人民代表大会常务委员会工作报告》,http://news. sina. com. cn/c/2011 - 01 -28/031621887727. shtml.

在依法行政方面取得的成绩,得益于近年来北京市着眼于首都经济社会发展大局,全面加强各领域制度建设,以制度和规则来保障政府工作的法制化、科学化。

1. 推进政府立法,加强各领域制度建设

2010 年北京市政府立法工作稳步推进,顺利完成年度立法工作计划。全年共完成《中关村国家自主创新示范区条例（草案）》、《禁止违法建设若干规定》等 17 项立法项目,制定、修改政府规章 8 项,突出了以制度建设推动经济发展方式转变,保障和改善民生,维护首都公共安全和城市管理的思路。此外,北京市还注重建立健全政府工作规则,用规则来规范政府行为、推进依法行政。北京市政府各部门年度依法行政情况都被纳入绩效管理考评范围,各区县依法行政情况每年进行单独考核,考核结果成为各级领导班子、领导干部实绩考核和干部任用的重要参考依据。

2. 注重科学民主决策

北京市政府高度重视行政决策的科学化、民主化,不断完善行政决策机制。目前,市政府和各区县政府已经基本建立了决策公开、重要决策合法性论证、重大决策集体讨论等行政决策制度,完善了相关程序规范。首先,在坚持行政决策的科学化方面,北京市政府充分发挥首都地缘优势,聘请经验丰富的法律专家为政府立法把关。如北京市政府早在 2009 年就已创建立法律专家委员会制度,聘请 30 位法律专家对北京市法规规章草案提出法律审核意见。2010 年,北京市进一步发挥市政府立法工作法律专家委员会的作用,组织专家对地方性法规和政府规章草案进行法律审核,共提出法律审核意见 500 多条。其次,在坚持行政决策的民主化方面,北京市进一步完善公众参与政府立法机制,通过公开市政府立法工作计划,召开座谈会、论证会、听证会和实地调研等形式,广泛征求社会公众意见,并及时将听取和采纳意见情况向社会公开。2010 年还首次向社会公开征集市政府立法项目建议,进一步拓宽了公众参与政府立法的范围。

3. 行政执法

针对本市行政执法中存在的问题,北京市制定了《关于进一步加强和改善行政执法工作的意见》,明确提出要有效整合执法力量,推进基层综合执法。本市建立了行政执法工作联席会议制度,建立行政执法与刑事司法衔接工作联席会议制度,强化执法机关之间的工作衔接与配合。此外,还认真落实行政处罚案卷评查制度,制定《北京市行政许可案卷评查标准(试行)》,将行政执法责任制向纵深推进。

### 4. 加强政府信息公开

2010 年,北京市深入推进政府信息公开,建设阳光政府。据统计,截至 2010 年 8 月,全市通过政府信息公开专栏主动公开政府信息达 44.5 万条。2010 年北京市在政府信息主动公开和依申请公开两个领域都取得了可喜的成绩。在主动公开方面,2010 年以财政预算和工程建设领域信息公开为重点,主动公开内容进一步深化,全市 44 家部门预算首次通过"首都之窗"门户网站向社会公开。同时,积极开展信息公开效能监察,进一步加强主动公开信息工作,积极推进规划拆迁、教育医疗、社保就业等涉及民生领域的信息公开。在依申请公开方面,严格程序规范,不断完善工作机制,稳妥办理重点疑难公开申请。

### 5. 完善行政监督和社会矛盾化解机制

为了维护社会和谐稳定,为首都经济社会实现跨越式发展创造良好的法治环境,北京市政府高度重视行政监督和社会矛盾化解机制的完善。一方面,对内加强行政监督,加大行政问责制度的实施力度,对滥用职权、行政违法等行为进行严格的责任追究。另一方面,对外不断探索社会纠纷和矛盾的化解机制,创新信访工作机制及行政调解、行政复议制度。以行政复议制度为例,北京市创新行政复议案件办理机制,完善行政复议听证规则,提高行政复议听证审理、实地调查的案件比例,完善和推广行政复议委员会审理案件工作模式,提高行政复议公信力。

### (三)法院工作

2010 年北京市法院贯彻落实科学发展观,坚持司法公正,坚持司法为民,坚决服务北京市经济社会发展全局,在审判工作、执行工作等各方面都取得了显著成绩,为首都各项事业的繁荣提供了有力的司法保障。

1. 发挥审判职能,维护社会公平正义

2010 年北京市法院在刑事、民事、行政等各项审判领域均有可喜的业绩。在刑事审判领域,依法严惩严重危害社会治安的暴力犯罪、涉众型经济犯罪、贪污贿赂犯罪,依法对醉酒驾车致人伤亡、擅自制作网游外挂销售牟利等新类型犯罪行为予以定罪处罚,发挥了刑事审判对社会行为的规范指引作用。在民事审判领域,通过审理劳动纠纷案件、土地承包经营权流转案件、婚姻赡养继承案件等,维护企业劳动者、农民、妇女、儿童、老人等弱势群体的合法权益;通过审理金融类案件、合同纠纷类案件,维护金融安全、稳定交易秩序。通过审理专利、商标、著作权等知识产权类案件,大力保护知识产权,鼓励自主创新。在行政审判领域,坚持合法性审查原则,既要监督行政机关依法行政,纠正违法行政行为,又要保护行政相对人的合法权益。

2. 化解社会矛盾,促进社会和谐稳定

在改革进入到关键时刻的我国现阶段,各方面的社会矛盾凸显,法院作为审判机关除了要按照职责对具体案件进行法律适用和裁判之外,还承担着化解社会矛盾,维护社会稳定的重任。2010 年北京市法院对社会矛盾化解工作统筹布局,一方面加大立案前化解社会矛盾的力度,使矛盾在初始阶段得到解决,减轻了当事人的诉累;另一方面在民事审判工作中贯彻调解优先、调判结合的原则,全年以调解撤诉方式结案 150498 件,一审案件调解撤诉率达 54.3%。

3. 规范执行工作,解决执行难题

针对法院工作中执行难的问题,北京市法院下大力气,双管齐下,探索执行工作新机制。对内,严格执行管理,改革执行工作机制,全面推行分段集约执行工作机制,改变一名执行法官"一包到底"的传统执行模式,通过分权制约加强了内部监督,通过集中办理提高了执行效率。对外,加大强制执行力度,通过建立全国首家执行信息查询中心、媒体曝光、司法拘留、限制出境等形式对拒不履行法院判决的被执行人进行约束,维护法律和判决的权威。

4. 坚持司法为民

北京市法院始终坚持司法为民的工作宗旨,想群众之所想,急群众之所急。2010 年,北京市法院在落实下乡巡回办案、节假日预约开庭、远程立案、远程电子盖章等便民措施的基础上,又新建了"二审远程视频庭审"系统,使远郊区县的当事人,在当地法院或派出法庭就可参加二审,节约了群众参加二审的成本支出。

5. 坚持公正廉洁司法

北京市法院通过制定严格的制度规范,保证公正司法、廉洁司法。首先,明确规定法院各级领导不得违反工作程序越级过问案件,所有审判人员不得打听非自己承办案件的案情,不得为当事人转递材料。其次,通过在审判执行业务部门设立廉政监察员的方式,随时监督廉政情况。再次,北京市法院为所有审判人员建立了业绩档案、廉政档案,对每名审判人员的工作量、服判息诉率、审限内结案率、投诉情况进行每月一次的考核公示,督促审判人员公正廉洁办案。

(四)检察监督

2010 年北京市检察机关本着"强基础、抓落实、促深化、求创新"的工作思路,紧紧服务于首都经济社会发展,全面推进各项检察工作,在诉讼监督、矛盾化解、业务创新等各领域均取得了丰硕成果,为"十一五"圆满收官。

1. 发挥检察职能,服务首都科学发展

全市检察机关自觉把检察工作融入首都中心工作,综合运用打击、监督、教育、预防、保护等职能,积极为经济社会发展提供有力的司法保障和法律服务。(1)严厉打击刑事犯罪。2010 年,全市检察机关充分履行审查批捕、审查起诉等法定职责,全年共审查批捕各类刑事犯罪 15377 件 20894 人,同比分别减少 4.5% 和 6.2%。审查起诉 19354 件 26485 人,同比分别减少 1.4% 和 3.3%,努力遏制刑事犯罪易发、高发的势头。各级院持续深入开展打黑除恶专项斗争,打击危害国家经济安全和市场经济秩序的犯罪;(2)深入查办和预防职务犯罪。全市检察机关始终把查办职务犯罪放在突出位置来抓,努力以查办和预防职务犯罪的实际成效服务发展、取信于民;(3)强化对刑事诉讼活动的法律监督。2010 年,全市检察机关严格依法履职,认真执行 2009 年下发的刑事立案、侦查活动、刑事审判监督细则,强化对刑事诉讼活动的法律监督；（4）开展民事行政检察工作。2010年，全市民事行政检察部门以裁判结果的公正性和诉讼程序的合法性为监督重点，市检察院及其分院从认定事实、适用法律、审判程序三个方面进一步明确抗诉标准，强化了对抗诉理由的释法说理，提高了案件研讨质量；（5）加强控告申诉检察工作。2010年，全市检察机关共受理各类信访10265件，其中来信6852件、来访1894件、来电109件、网上举报1410件。完善涉检信访办案工作机制，建立联席会议制度，形成化解案件、源头治理的工作合力；执行涉检信访案件化解情况月通报制度和新增案件月报告制度，跟踪该类案件数量减存控增情况；进一步加强案件的督办催办工作。

2. 积极化解社会矛盾

北京市各级检察院严格遵循中央指示，深入推进三项重点工作，大力化解社会矛盾。（1）扎实开展涉检信访积案清理和涉法涉诉案件评查专项工作；（2）大力推进检务接待方式改革创新。制定下发了《关于加强检务接待工作的决定》，探索成立检务接待中心，推广"一站式"检务接待模式；（3）妥善办理敏感和涉众型刑事案件；（4）不断健全落实宽严相济刑事政策的工作机制，努力促进社会和谐；（5）不断完善化解社会矛盾的工作机制。一是全面开展释法说理工作，把释法说理作为贯穿执法办案全过程的必经程序，使化解矛盾贯彻到执法办案全过程；二是全面加强审查逮捕阶段犯罪嫌疑人及其委托辩护人听取意见工作；三是健全执法办案风险评估预警机制；四是积极探索检调对接机制；五是探索推进检察联络室建设。

3. 创新社会管理

针对2010年北京市加快推动经济发展方式转变、启动大规模城乡结合部建设等工作，全市检察机关积极部署开展专项活动，促进社会管理水平提升。

首先，积极开展服务城乡结合部建设专项活动。城乡结合部建设关系到经济社会发展全局和群众切身利益。按照市委的部署，市检察院制定《充分发挥检察职能积极服务保障城乡结合部建设的实施意见》，各级院及时打击破坏拆迁的刑事犯罪，严肃查办城乡建设拆迁整治中的职务犯罪。

其次,积极服务农村改革发展稳定大局。一是认真开展服务农村"两委"换届选举专项工作。二是依法查办和预防危害农业和农村发展的各类犯罪。三是探索向基层延伸法律监督触角的新举措。第三,积极参与社会治安综合治理工作。一是扎实推进平安北京建设。二是积极推动重点人群的服务和管理工作。三是积极参与"网络社会"建设管理。

（五）司法行政

2010 年,北京市司法行政系统紧紧围绕全市中心工作和重点任务,以深入推进三项重点工作为载体,努力在夯实基础上下功夫、在活跃工作上下功夫、在破解难题上下功夫,为维护首都政治稳定和社会安定,促进全市经济社会全面协调发展做出了积极贡献。

1. 创新北京律师管理模式

围绕创新律师管理与服务,全市司法行政系统提出了"加强教育、理顺体制、推进党建、规范管理、科学规划"的总体思路,并通过落实"七个一"的具体措施,逐步加以推进,取得了明显的阶段性成果。

2. 完善人民调解的工作网络和机制

北京市司法局深入推进专业性、行业性人民调解组织建设,在外企集团成立了全国第一家跨行业、跨地区的人民调解组织,在交通物流业建立了全国第一家以社团组织注册的调解中心,在公交集团建立了调解组织体系。与市总工会、市人力社保局、市信访办、市高级人民法院联合召开全市劳动争议联动工作大会,建立了五方联动机制;与市公安局联合举办了联合调解室揭牌仪式,在全市推广人民调解进派出所的经验,人民调解与行政调解和司法调解的衔接机制进一步完善。

3. 规范监狱管理

监狱劳教系统以"岗位大练兵　执法大培训"、非正常死亡集中整治活动为契机,进一步完善监所安全稳定措施,实现了连续 14 年监所安全稳定无事故。监狱系统依照危险程度和改造需求,完成了全局罪犯的三次分类,实现了相对科学的分押分管;积极延伸监狱维护稳定的社会责任,规范了无缝衔接的 7 个工作环节和工作标准,为罪犯刑满释放后能够纳入社会有效控制提供了条件。劳教系统建立了心理健康状况动态监控机制,建立了教育矫治网站,深入开展个别化矫治;大力加强班组和大队建设,"一所一策"的工作格局初步形成;戒毒工作科学化水平不断提高,短刑犯教育改造工作取得显著进展。社区矫正和安置帮教领域配合市检察院制定出台了《监外执行（社区矫正）检察工作细则》,进一步强化了社区矫正的刑罚执行力。

4. 开展法律援助和法律服务

（1）深入开展"法律援助便民服务"主题实践活动,组织开展农民工法律援助专项维权服务。办理法律援助案件 14775 件;（2）组建律师行业应诉工作服务团,为各级政府提供专业化的行政应诉服务;组建涉法涉诉公益律师服务团,积极参与"清理化解涉法涉诉信访积案专项活动";（3）全面开展司法鉴定质量评查活动,妥善处理司法鉴定信访投诉,解决了一些多年缠讼上访、久拖不决的案件。积极落实市政府实事项目,全市在远郊区县建设和规范公益法律服务中心 149 家,农村公益法律服务范围更加宽广。

5. 落实普法宣传

调整充实法制宣传教育领导机构,全市普法工作领导机制更加完善。针对社会治安重点地区排查整治、城中村改造、"两委"换届选举、南城行动计划等重点工作,广泛开展相关法律法规宣传,为从源头上预防和减少社会矛盾做出了贡献。开展"崇尚法律、共筑和谐"法制宣传咨询周,"小手拉大手"家庭法律知识大赛等主题宣传活动,举办以"发挥法治保障作用、服务世界城市建设"为主题的法治论坛,"百家企业共承诺、依法用工促和谐"等"12·4"法制宣传系列活动,在全市营造了良好的法治氛围。圆满完成"五五"普法检查验收工作,"六五"普法规划研究制订工作进展顺利。

（六）法律职业服务

法律职业服务主要包括两个方面,即律师职业服务和仲裁职业服务。

1. 北京市律师职业服务

2010 年,北京律师业健康发展,成效显著。（1）以党建为龙头带动和加强全市律师队伍建设。北京市律协党委指导区律师协会在组建成立后同步推进了区县律协党组织建设,市、区、所三级党组织架构基本完善。（2）深入开展律师队伍警示教育。组织编印了警示教育系列材料《先进事迹学习材料汇编》、《警示教育典型案例汇编》并发放到全市各律师事务所;并组建了优秀律师事迹宣讲团,通过各种形式广泛宣传先进律师群体和优秀律师的典型事迹,树立北京律师的良好社会形象。配合警示教育活动的开展,协会编印了近 60 期《警示教育专刊》向各律师事务所发放。(3)成功举办第二届北京律师论坛。11 月 27 至 28 日,以"规范与超越"为主题的第二届北京律师论坛在北京会议中心成功举办。司法部、全国律协、市司法局的相关领导,100 余名专家学者,1600 余名北京律师界精英汇聚一堂,纵论法律实务热点话题、研讨社会进步发展对策、展示北京律师专业成果、展现律师行业精神风貌。(4)规范律师事务所管理。北京市律协在加强对律师事务所管理的指导方面开展了一系列的活动。一是组建了律师事务所管理人沙龙;二是启动了新设立律师事务所合伙人管理培训工作;三是组织起草并在协会网站发布了律师事务所劳动合同范本,并组织培训;四是制定并提请理事会审议通过了《北京市律师事务所计时收费指引》;五是起草了《律师事务所对律师执业活动的考核指引》(征求意见稿)。(5)积极开展业务培训。为帮助会员提升执业能力,拓展业务领域,协会大力加强对会员的业务培训与业务指导工作。根据会员需求,组织了 14 期内容涉及财产犯罪的认定、侵权责任法、担保法审判实务等主题的业务大培训,举办了 136 次专业研讨交流及小型培训活动。同时,为从行业战略发展角度继续加大对青年律师的培养、扶持力度,协会先后举行了第二期、第三期北京青年律师阳光成长计划培训班,共有 400 余名执业不满 3 年的青年律师参加,培训课程以职业道德、职业取向、执业素养和执业技能为主,授课导师由业界资深律师担任,采用分组小班形式授课,并采取了现场提问、场景模拟、互换角色、辨析互动等多种形式与青年律师进行互动,受到了青年律师的广泛好评。

2. 北京市仲裁服务

仲裁是法律服务的重要组成部分。2010 年,北京市仲裁委的工作可以从以下几个方面分析。

(1)案件数量。2010 年仲裁委员会共受理案件 1566 件,比 2009 年减少

264 件,下降 14.43%。结案 1528 件,比 2009 年减少 453 件,下降 22.87%。2010 年的结案率为 97.57%。2010 年案件标的 93 亿,比 2009 年增长了 5 个亿,增长率为 5.57%。平均个案争议金额 593.9 万,比前年增加 23.73%。案件减少,一是金融危机造成的滞后效应;二是,案件结构发生了变化,案情简单,争议不大,小标的案件以及集团案件进一步减少(2010 年简易程序案件比 2009 年减少 242 件,占减少案件数的 90%),专业性强、案情复杂、争议金额大,以及涉及新型法律关系的案件逐步增加;三是,北京市仲裁委自身的工作还有需要改进的地方,需要继续提高仲裁质量和效率,真正做到案结事了,实现法律效果和社会效果统一,满足当事人、代理人日益提高的仲裁要求。

(2)案件类型。2010 年受理的案件中,买卖合同占 29.76%;建筑工程合同纠纷占 16.86%;委托、代理合同纠纷占 11.94%;租赁合同纠纷占 8.94%;借款、担保合同纠纷占 7.02%;投资金融纠纷占 8.43%;新型合同纠纷占 6.19%;承揽合同纠纷占 2.87%;信息网络纠纷占 1.85%;技术合同纠纷占 1.02%;知识产权纠纷占 0.83%;其他纠纷占 3.64%。一些新兴领域的纠纷类型逐渐增长,如投资金融纠纷、新型合同纠纷(特许加盟、分时享用等)、信息网络纠纷、知识产权合同纠纷等都略有增长,其中投资金融纠纷从 7.05% 增长到 8.43%,案件总数增加 3 件,标的比前年增加了 2.5 个亿(从 22.11 亿到 24.55 亿);新型合同纠纷从 2.95% 到 6.19%,案件总数增加 43 件;信息网络纠纷从 0.77% 到 1.85%,案件总数增加 15 件。

(3)探索调解结案。2010 年,调解成功 2 件国际商事案件,一起是中国公司与外国公司,一起是台商与大陆企业,争议都十分复杂,牵涉若干个关联案件,前一个案件中双方聘请各自所在国(地区)的调解员进行合作调解取得成功,取得了比较好的社会效果。这种合作调解方式在国际商事争议中具有广泛的应用价值和前景。北京市仲裁委和北京市建委以合作调解方式解决工程争议也取得了一定进展,值得进一步探索和总结。

(4)绩效。2010 年北京市仲裁委员会收入 6806.6 万元(其中仲裁收入 6366.03 万元),上交税款 1415.22 万元,比上年减少 35.29 万,降低 2.43%,累积上缴税款 9818.85 万元,是北京市仲裁委员会成立初期财政拨款的 22 倍。

（七）法学研究

北京市法学会在 2010 年度的工作主要如下：

1. 制定了北京市法学研究五年发展规划

为了深入贯彻落实中政委〔2004〕5 号、〔2009〕18 号文件精神和《中国法学会章程》，充分发挥法学会的职能作用，依照《中国法学会第二个五年工作规划纲要（2009—2013）》的主要精神，在深入调查研究、广泛征求意见的基础上，制定完成了《北京市法学研究工作五年发展规划（2009—2013）》。《规划》总结了北京市法学研究工作的发展现状和面临的问题，提出了今后五年北京市法学研究工作的总体思路、目标要求、基本原则和 7 项主要任务。

2. 贯彻落实"六个一"目标

2009 年年初，市法学会常务理事（扩大）会议对各研究组织提出了"六个一"的目标，即"每年至少召开一个专门研讨会或年会、组织一批有影响的课题、出一本论文集、建一个网站（网页）、办好一个内部刊物、为本市中心工作或法治建设至少提一项建议或意见"。各研究会、社团法学会认真落实上述要求，积极抓好工作落实，特别是将开好研讨会或年会作为落实"六个一"目标的关键环节，认真举办研讨会或年会。

3. 开展首都十大杰出青年法学家评选

根据中国法学会开展第六届"全国十大杰出青年法学家"评选活动的通知要求，北京市法学会组织开展了首届评选活动。在整个评选过程中，做到了公开、公平、公正，保证评选活动的民主性、权威性和影响力。经过下发通知、推荐候选人、投票选举、媒体公示等严格的评选程序，最终评选出了王锡锌等 10 名同志为"首都十大杰出青年法学家"，于志刚同志等为"首都十大杰出青年法学家提名奖"获得者。其中，王轶、王锡锌、于志刚 3 名同志被评为"全国十大杰出青年法学家"。

4. 完成首都法学、法律人才库的建设

学会通过承担省部级课题"首都法学、法律人才发展状况研究"，与市人大常委会法制办公室、市政府法制办公室通力合作，完成了首都法学、法律人才库的建设，收录法学家、实务部门专家和知名律师等 1000 余人。这个数据库能够科学、准确、便捷地检索出有关部门所需人才并能对入库人员进行统计分析，及时掌握首都法学、法律人才的变动情况。

## 二、2010 年北京法治发展的基本经验

2010 年，在北京市委、市政府的坚强领导下，在北京市各级法治工作部门的共同努力和社会各界的积极参与下，北京市法治建设稳步推进，法治水平不断提升，法治建设的"北京模式"正在形成。具体来说，2010 年，北京的法治发展主要具有以下几方面的经验。

（一）围绕首都中心工作，服务首都科学发展

作为全国的首善之区，北京的法治建设必须紧密围绕首都中心任务，服务首都的科学发展。

1. 通过多种措施维护首都社会稳定

国际经验表明，一个国家和地区人均 GDP 进入到 1000 美元到 3000 美元的时期，既是黄金发展时期，又是矛盾凸显时期。2008 年中国人均国内生产总值（GDP）突破 3000 美元。这意味着我国进入了社会矛盾多发期，贫富差距扩大、城乡环境急剧恶化、区域发展不平衡拉大等都成为影响社会和谐稳定的重要诱因。北京作为我国首都，其维稳压力更为重大。2010 年，面对复杂的国际国内环境，北京市委、市政府领导全市人民深入采取包括法律在内的多种手段维护首都社会稳定，为首都的科学发展奠定了良好的基础。（1）充分认清首都稳定工作的责任感、紧迫感。首都稳，全国稳。2010 年北京虽然没有像奥运会和国庆六十周年这样牵动全局的重大活动，但我国仍处于社会矛盾凸显期，影响社会和谐稳定的各种可以预见和难以预见的因素仍然较多，维护稳定的任务仍然艰巨繁重。（2）总结经验，不断推进维护首都和谐稳定的长效机制。充分运用奥运安保和国庆安保工作的好经验、好做法，用更高的标准做好包括政法维稳工作在内的首都各项工作；

（3）坚决贯彻落实维护稳定工作责任制。一是狠抓领导责任制，各级党委政府的主要领导特别是"一把手"，自觉地承担起维护首都稳定的硬任务和第一责任，充分发挥维护社会稳定的主导作用。二是健全责任体系，把维护稳定的责任细化分解，确保每项工作都有人抓、有人管、有人负责。三是加强督查和问责，确保在维稳和安全问题上没有漏洞、绝不懈怠；（4）以制度建设为根本，不断健全维护首都稳定的体制机制。建立重大事项社会稳定风险评估机制，推广信访代理等成功经验，着力化解历史积案，切实从源头上预防和化解矛盾纠纷。完善安全生产监管体制机制，认真开展重点领域专项整治，安全生产形势总体平稳。加强食品、药品安全监管，进一步规范和维护市场秩序。深化应急管理"一案三制"建设，突发公共事件应急处置能力不断提高。创建首都政治中心区防控机制，大力净化治安环境，社会秩序保持良好；（5）进一步提高政法队伍的素质和能力，按照严格、公正、文明执法的要求，不断提高执法水平。

通过上述努力，2010 年首都总体形势良好，没有发生较大规模的群体性事件。

2. 大力推动首都民生法治

法治需要关注民生，民生需要法治作保障。2010 年，北京市法治建设密切围绕民生问题，在立法、执法等方面多有作为。

人大立法方面，市人大通过了《北京市水污染防治条例》、《北京市大型群众性活动安全管理条例》等与民众生活密切相关的地方性法规，还通过了《老年人权益保障条例》、《社区卫生服务条例》等立法建议的项目论证。这充分体现了人大立法对民生问题的关注。行政立法方面，北京市政府也做出了积极探索。如针对城中村等重点地区违法建设遍地存在的现实，2010 年市政府通过了《禁止违法建设若干规定》；为维护食品安全，通过了《流通领域食品安全规定》；为维护房屋租赁安全和管理秩序，通过了《房屋租赁管理若干规定》；为规范价格听证程序，通过了《实施价格听证会制度的规定》。这些规定的出台，极大地提升了相关领域的法治水平，为民众生产、生活提供了更为充分的法治保障。

在执法方面,2010年各级行政执法部门遵照市委、市政府的统一部署,特别加强了民生领域的执法,切实维护了首都的民生法制秩序。如北京市公安局开展的扫黄打非行动,在社会上产生了广泛的影响;北京市工商行政管理局开展的食品安全检查等专项行动,有力地维护了首都食品市场的安全;北京市发改委开展了全市物价检查等专项行动,有效维护了首都物价稳定。各行政执法部门的严格执法,既维护了首都社会秩序的稳定,也为首都民众的生产生活提供了良好的法治环境。

### 3. 紧密服务三项重点工作

2009年全国政法工作电视电话会议上,中共中央政治局常委、中央政法委书记周永康提出,要以邓小平理论和"三个代表"重要思想为指导,深入贯彻落实科学发展观,全面贯彻落实党的十七大、十七届四中全会和中央经济工作会议精神,抓住影响社会和谐稳定的源头性、根本性、基础性问题,深入推进社会矛盾化解、社会管理创新、公正廉洁执法三项重点工作,推动政法工作全面发展进步,确保国家安全和社会和谐稳定,为经济社会又好又快发展提供更加有力的法治保障。在当年北京政法工作会议上,市委书记刘淇明确提出,当前和今后一个时期,首都政法工作的主线是:通过推进"平安北京"建设,抓实基层、打好基础,实现体制更科学、组织更完备、体系更健全、保障更有力的目标,努力把首都建设成为安全、稳定、和谐的首善之区。为此,在2010年,北京市主要从以下几个方面来服务三项重点工作。(1)切实化解社会矛盾,把2010年作为矛盾纠纷化解年,进一步健全党和政府主导的维护群众权益机制,维护好社会公平正义,努力实现矛盾纠纷存量减少、增量不添的目标。(2)大力加强基层基础建设,重点加强社会治安综合治理,完善社会治安防控体系,特别是做实做强街乡镇综治维稳机构,探索建立城区、近郊、远郊各具特色的防控工作模式,进一步夯实首都安全稳定的基础。(3)大力加强社会服务和管理,重点抓好市级挂账重点村、治安重点地区、高发案社区的集中整治,进一步提高流动人口服务管理工作规范化、信息化水平。(4)积极主动地服务经济发展,努力为建设"人文北京、科技北京、绿色北京"提供有力的法治保障。

（二）以制度建设为核心，探索体制机制创新

法治的前提是制度规范的存在，要深入推进法治建设，必须以制度建设为核心，不断探索法治建设的体制和机制创新。2011 年，北京市各主要法治部门，在各自的权限和范围内，依照法定程序，制定了大量的制度规范。这一方面极大地扩展了法律在社会生活中的适用范围，使法治逐渐成为一种普适的治理方式；另一方面，通过制度规范的不断完善，北京市的法治体制和机制得以不断创新。

1. 加快制度建设，推动法制进步

北京市人大 2010 年审议通过了 5 项地方性法规，即《中关村国家自主创新示范区条例》、《北京市水污染防治条例》、《北京市农业机械化促进条例》，修改了《北京市实施〈中华人民共和国节约能源法〉办法》、《北京市大型群众性活动安全管理条例》。北京市政府 2010 年圆满完成了年初拟定的年度立法工作计划，完成《中关村国家自主创新示范区条例（草案）》、《禁止违法建设若干规定》等 17 项立法项目，其中提请市人大审议的地方性法规草案 5 项，制定、修改政府规章 8 项，废止 4 项，内容涉及推动科技创新、保障和改善民生、保障城市管理运行、维护公共安全以及促进首都现代化农业发展等方面。这些地方性法规和地方政府规章的出台，极大提升了法律规范对于社会生活的规范密度，促进了社会生活的理性化和规范化。

其他法制部门也在各自权限范围内出台了相应的制度规范。如市高级法院制定《关于加强案件审限管理的实施细则》，严格落实审限制度；北京市检察院制定了《关于加强检务接待工作的决定》、《进一步深化"检务公开"工作的实施意见》，探索成立检务接待中心，推广"一站式"检务接待模式；北京市司法局和市人民检察院共同出台了《监外执行（社区矫正）检察工作细则》，进一步强化了社区矫正的刑罚执行力。

2. 以制度建设推动法制创新

上述制度规范的出台，不仅有助于提升法律规范的规范密度，增强社会生活的理性化和规范化，而且有助于法治机制的创新。实践中，多数机制创新都是以制度规范的形式呈现。因此，制度规范也就成为推动法制创新的

重要载体。最近几年，北京市通过制度规范实现的法制创新主要体现为如下几个方面：

（1）立法听证

早在2004年北京市人大就出台了《北京市人大常委会立法听证工作规程》。这个规程落实了宪法、法律的要求，借鉴了各地的经验，内容具体，便于操作，是规范北京市立法听证活动的基本章程，是地方立法民主化、制度化的重要成果。该《规程》出台后，市人大常委会在2004年就实施道路交通安全法办法征求意见稿首次举行立法听证，直接听取市民意见。2005年，市人大常委会就烟花爆竹安全管理规定草案，举行第二次立法听证。此后，凡是直接涉及公众切身利益的事项，市人大都会通过立法听证的形式，公开征求民众意见。通过公共听证的方式，听取不同利益群体的意见，畅通社会利益诉求表达的渠道，是进一步丰富民主立法形式，引导群众直接参与立法的重要实践，标志着本市民主立法的理念和技术进入了新的阶段。

立法听证不只存在于市人大的立法过程中，也存在于市政府的规章制定过程中。2006年，北京市政府法制办等六部门针对人员密集场所安全监管的需要，开展了为期两天半、涉及5部政府规章（草案）的听证活动。这也是北京首次对政府规章举行立法听证会。公开、民主、有序的立法听证，为人们与立法者直接对话提供了机会。代表不同利益的市民既表达了自己的愿望和要求，也起到了监督立法过程的作用，他们的参与有助于立法者了解实际情况，作出正确的立法决策，也使得立法听证会成为一个民主训练和民主教育的课堂。

（2）法规立项论证

2008年，市人大常委会通过《关于开展法规立项论证试验工作的意见》，让法规立项论证这一内部程序首次公开化、制度化，实现了立法关口的前移。从全国和北京市实际情况来看，立法项目80%以上由政府部门提出。立项论证开展前，市人大常委会在立法选项方面的作用发挥得还不够。而市人大常委会编制年度立法计划时，有时由于前期准备工作不够充足，显得比较仓促。同时，政府职能的特点决定了政府部门主要从本部门依法管理的需要以及政府部门工作角度提出立法项目,跨部门及综合性立法提出比较少。

法规立项论证实验工作开展三年来,市人大常委会共对 26 个立法项目进行了立项论证。经主任会议讨论审定,同意立项 19 项,《物业管理条例》等 4 项暂缓立项,《教育督导条例》、《邮政通信条例》、《实施农产品质量安全法办法》3 项不予立项。

(3)行刑衔接

行刑衔接是指行政执法机关与刑事司法机关之间建立线索移送、情况备案等制度,以实现信息共享,确保行政执法机关在执法中发现的涉及犯罪的行为和人员,及时移送刑事司法机关,及时追究刑事责任。目的在于防止以罚代刑、有案不移、有案不立等现象,维护国家法制统一。作为我国司法体制改革的一项重要内容,围绕行刑衔接问题,各地已在积极探索。而北京在行刑衔接方面,已经进行了积极探索,并取得了良好的社会效果。

北京市的两法衔接工作最早起始于烟草专卖领域(2008 年 5 月份)。2010 年 3 月 17 日,北京市政府召开全市行政执法与刑事司法衔接工作动员部署会议,市公安局、市监察局等 22 家成员单位参加,标志着全市层面上的"两法衔接"工作正式启动并进入了实施阶段。相关单位先后会签下发了《北京市行政执法与刑事司法衔接工作联席会议制度》、《北京市行政执法与刑事司法衔接工作办法》,顺义、昌平等区县还着手启动了"网上衔接、信息共享"平台建设,两法衔接的范围也由最初的烟草领域扩大到工商、税务等其他行政执法领域。目前,北京市顺义、昌平、延庆、东城、西城等区县均已正式启动信息共享的平台建设。

3. 以制度建设推动体制机制转变

北京市各相关部门的制度建设不仅推动了北京市的法制创新,也推动了北京市行政管理体制和机制的创新。

2009 年 3 月,国务院正式批复同意中关村科技园区建设国家自主创新示范区。随后,北京市市委、市政府明确提出,加快建设中关村国家自主创新示范区核心区。按照国务院批复精神和北京市市委、市政府关于行政审批工作"加快、简化、下放、取消、协调"的要求,北京市在中关村核心区进行行政审批制度改革试点,取得经验后再向其他区县推广。以企业自主创新的实际需求为导向,确定行政审批制度改革总体方案,海淀区编制了《北京市海淀区行政审批制度改革方案》。该方案围绕企业设立审批服务、固定资产投资项目审批服务、高新技术企业认定服务、人力资源服务4个行政审批服务链条,调整办事环节和办理流程,采取"串联变并联"、"审批关口前移"等方式,精简各服务链条。与此同时,海淀区还编制完成《海淀区企业设立行政审批服务方案》、《海淀区固定资产投资项目行政审批服务方案》、《海淀区高新技术企业认定服务方案》和《海淀区优化为企业服务人力资源服务方案》。如此,上述制度建设,有效地推动了北京市行政审批制度的改革,并为北京市整个行政管理体制改革积累了宝贵经验。

为贯彻《政府信息公开条例》,强化信息公开的监督检查,市政府办公厅制定了《2010年北京市政府信息公开效能监察工作方案》,进一步加强主动公开信息涉及工作,积极推进规划拆迁、教育医疗、社保就业等涉及民生领域的信息公开。北京市发改委制定了《北京市行政机关依申请提供政府公开信息收费办法(试行)》,对政府信息公开的收费问题做出了具体规定。此外,北京市还以财政预算和工程建设领域信息公开为重点,主动公开内容进一步深化,全市44家部门预算首次通过"首都之窗"门户网站向社会公开。通过这些制度规范,北京市的政府信息公开工作取得了长足进展。

（三）以权益保障为依归,坚持法治为民

法治建设的根本目的在于权益保障。2010年,北京市的法治建设坚持以权益保障为依归,通过多种措施切实保障民众合法权益。

1. 加快民生领域的法治保障

近年来,以人为本、保障民生成为立法的主题词。在相当长的时间里,我国立法的重点在经济领域,目的是建立市场经济秩序,促进和保障经济健康快速发展。但是,规范劳动关系、社会保障、社会福利和特殊群体权益保障等方面的民生立法,长期处于相对滞后的状态,逐渐演变成构建和谐社会的制度性瓶颈。

近年来,北京市的法治建设密切关注民生问题。从北京市人大和北京市政府的年度立法计划可知,近年来涉及民生的立法项目逐渐增多。如2010 年,市人大通过了《老年人权益保障条例》、《社区卫生服务条例》等立法建议的项目论证,有关残疾人权益保障、促进就业等立法项目也处于论证阶段。在执法阶段,涉及民生领域的执法近年来更是执法部门关注的重点。如食品安全、物价上涨、交通管理、城市环境等,相关执法部门在 2010 年都以前所未有的力度,通过行政执法检查等多种手段,有效确保了相关领域的秩序和安全。民生法治由此成为经济法治之后的又一重要法治热点。

2. 严格依法行使职权,维护当事人合法权益

在行政执法过程中,北京市各级执法部门严格依法行政,维护行政相对人的合法权益。(1)针对本市行政执法中存在的问题,制定《北京市人民政府关于进一步加强和改善行政执法工作的意见》,建立行政执法工作联席会议制度。(2)加强行政处罚执法人员资格和证件管理,组织开展行政处罚执法资格考试和培训,开展行政执法人员资格管理数据库建设,认真做好行政执法证件发放工作,组织开展了法规规章实施准备和评估报告工作。(3)规范行政处罚自由裁量权行使,对弹性空间分档设限,细化、量化裁量标准。(4)深入推进行政执法责任制落实。认真落实行政处罚案卷评查、行政执法协调等制度,制定《北京市行政许可案卷评查标准(试行)》,行政执法责任制向纵深推进。

在司法审判中,特别是在行政诉讼中,法院严格依照法定权限和程序审理案件,切实保护当事人的合法权益。2010 年,北京市全年审结行政案件9116 件。在涉及南水北调、京沪高铁、轨道交通、城乡一体化建设等重点项目的征地拆迁案件中,法院通过依法审查和司法建议,促进行政机关完善行政行为,同时多做矛盾化解工作,保障重点工程建设,保障当事人合法权益。根据诉讼管辖的规定,以国家部委为被告的行政案件均由我市法院审理,针对此类案件政策性强、社会影响大的特点,坚持进行合法性审查,注意在国家经济社会发展大局中考虑个案处理,取得社会效果和法律效果的统一,全年审结相关案件 2430 件。

### 3. 纠纷解决中贯彻调解优先、调判结合原则

定纷止争是法治的重要功能。北京市的法治建设也要服从和服务于纠纷解决这一目的。2010 年,北京在纠纷解决中,主要贯彻了调解优先、调判结合的原则,将调解作为纠纷解决的首要手段。(1)大力推进人民调解。大力推动人民调解组织建设和队伍建设,积极拓展人民调解工作领域,建立健全街乡社会矛盾调处分中心,搭建了基层大排查、大调解工作平台。开展"人民调解进万家"主题宣传活动,聘请 12 位社会知名人士担任特聘人民调解员。扎实开展"社会矛盾专项攻坚调处活动",共调解征地拆迁纠纷7182 件、医疗纠纷 70 件、劳动争议 1860 件、环境污染纠纷 4222 件,物业管理纠纷 4561 件。(2)深入推进专业性、行业性人民调解组织建设,在外企集团成立了全国第一家跨行业、跨地区的人民调解组织,在交通物流业建立了全国第一家以社团组织注册的调解中心,在公交集团建立了调解组织体系。与市总工会、市人力社保局、市信访办、市高级人民法院联合召开全市劳动争议联动工作大会,建立了五方联动机制;与市公安局联合举办了联合调解室揭牌仪式,在全市推广人民调解进派出所的经验,人民调解与行政调解和司法调解的衔接机制进一步完善。全年共调处矛盾纠纷 26.7 万余件,同比增长 71% 。(3)法院在民商事审判中坚持调解优先、调判结合原则,加强立案前化解工作,完善诉讼调解与人民调解、行政调解、行业调解的衔接机制,根据新实施的《人民调解法》,做好诉讼外调解协议的司法确认工作。(4)推动行政复议的和解、调解结案。坚持依法、公正、及时原则,认真把好行政复议事实关、法律关、裁决关和善后关,积极促进行政复议调解、和解方式结案。

### 4. 完善行政、司法便民措施

北京市各级行政部门积极推广各种便民措施,努力为民众提供优质高效便民的服务。如北京市公安局为适应市民日趋频繁的出入境需求,在东城、西城等 8 个分局增加制证设备,有效缩短市民申办赴港澳旅游签注的时间。昌平区 2010 年还设立了北京市首家由政府设立、完全公益性、既服务于百姓日常生活,又服务于企业的"5890"热线。各种便民措施的推出,有

效解决了市民生产生活的困难,提升了政府服务的效能。

北京市法院和检察机关也努力推出各种司法便民措施。如 2010 年北京市各级法院在落实下乡巡回办案、节假日预约开庭、远程立案、远程电子盖章等便民措施的基础上,新建了"二审远程视频庭审"系统,远郊区县的当事人,在当地法院或派出法庭就可参加二审。怀柔汤河口镇的当事人反映,通过在当地派出法庭参加二审视频庭审,不用往返市区 240 公里,省时方便。当地群众也可以就地旁听二审,接受法制宣传教育,受到广泛好评。东城区检察院也推出了四项便民措施,如设立案件查询系统,在南区控告申诉接待大厅新建无障碍设施等。

(四)重视社会参与,建立整体法治格局

我国是实行人民民主的社会主义国家,人民是国家的主人,人民不仅可以通过选举人大代表参与政治事务,亦可通过法定途径和程序,有序参与社会治理。北京的法治建设在社会参与方面表现得尤为突出。一种超越传统行政法治的整体法治格局初步形成。

1. 开放政府渐成现实

民众参与社会治理的前提是政府治理的开放。如果政府仍延续传统的官僚制格局,采取封闭的、单向度的治理策略,民众难以真正的、有效地参与政府治理。要实现民众的有效参与,首先需要政府秉持一种开放的治理格局。这种开放治理的首要体现即是政府信息的公开。2010 年,北京市在政府信息公开方面取得了重要进展。组织机构更加健全、制度建设不断完善、渠道场所不断拓展、考核监督不断深化、服务效果逐步展现。(1)北京市以财政预算和工程建设领域信息公开为重点,主动公开内容进一步深化,全市 44 家部门预算首次通过"首都之窗"门户网站向社会公开。(2)开展信息公开效能监察,进一步加强主动公开信息涉及工作,积极推进规划拆迁、教育医疗、社保就业等涉及民生领域的信息公开。(3)畅通公开渠道场所,群众查阅信息更加方便快捷。(4)严格依申请公开程序,不断完善工作机制,稳妥办理重点疑难公开申请。一种开放的治理格局逐步形成。

### 2. 公共听证卓有成效

除了信息公开之外，北京市在公共听证方面的制度实践也令人瞩目。从上世纪90年代起，北京市开始在价格决策领域引入听证制度。此后，公共听证在北京市城市治理中的作用不断增强，适用领域不断拓展，规范化、科学化水平不断提高，推动了城市管理由传统方式向现代方式的转型。公共听证在北京市取得了长足的发展，主要表现在：（1）关于公共听证的地方性法规、规章等相对完善。迄今为止，北京市已颁布多种涉及公共听证的地方性法规和规章，包括《北京市城乡规划条例》、《北京市行政处罚听证程序实施办法》、《北京市实施行政许可听证程序规定》等；此外，还制定了一些规范性文件，如《北京市人大常委会立法听证工作规程》、《北京市政府价格决策听证办法实施细则》、《北京市规划委员会规划许可听证程序规定》、《北京市行政复议听证规则》等。（2）公共听证已经覆盖关系国计民生的重点领域。目前，北京市公共听证主要分为四类：第一类为价格听证，即：在制定关系群众切身利益的公用事业价格、公益性服务价格、自然垄断经营的商品价格等政府指导价、政府定价时，实施听证会制度；第二类为规划听证，即：在涉及公共利益的重大规划许可或直接涉及申请人与他人之间重大利益关系的规划许可中，组织相关听证；第三类为环境保护听证，即：在实施涉及公共利益的重大环境保护行政许可，或环境保护行政许可直接涉及申请人与他人之间重大利益关系时，组织相关听证；第四类为重大行政决策听证，此类听证目前在我市正处于探索阶段。（3）举办了一批公众关注度高、社会效果好的公共听证。例如：市人大举办的《北京市实施〈中华人民共和国道路交通安全法〉办法》听证会、市发改委举办的北京市出租车调价听证会、水价调整听证会、天然气价格调整听证会、北京市首例关于电磁及环境污染的听证会——北京百旺家苑"高压电塔辐射污染"环保听证会等。这些听证会围绕着社会焦点、热点问题展开，引起了社会的广泛关注，取得了较好的社会效果。

### 3. 网络问政蔚然成风

网络问政是近年来从中央到地方方兴未艾的一种行政方式，也被业内专家视为"参与型行政"的一种延伸和扩展。在一个良性运转的社会里,保障民众的表达权,实现政府与公众的有效互动像呼吸一样自然。要辩论、沟通,公共领域就需要一个平台,让尽可能多的人在其间表达和交流,而互联网无疑是众多交流平台中最符合要求的一个。互联网拉近了管制者与被管制者之间的距离,使得问政的效率更高;这种信息获取也改善了传统政府治理过程中信息失真、截留的现象;网络的开放性使得参与的层面更大更开阔等。

在实践中,网络问政表现为多种形式。如通过博客、评论或邮件等表达对公共事件的看法。北京作为我国首都,网络普及率最高,网民的参与意识也最强,因而网络问政表现得尤为活跃。在历次公共事件的讨论中,北京网民的表现都可圈可点。在北京,网络问政已经成为民众参与公共事务的一种重要途径。

(五)推动软硬结合的合作治理

传统的法治以硬法为核心,强调强制性规则在法律规范中的主导地位。然而,现代公共治理的兴起逐渐打破了硬法一统天下的局面,软法在公共治理中的作用正在为人们所接受和认可。合作治理正在超越传统的国家管理,成为一种普遍的公共治理方式。

1. 行政过程中协商、合意的增加

我们当下生活的世界,乃是一个以人为本的时代,那种简单的"命令—服从"的封闭性行政管理方式,已无法有效满足维护公共秩序、保障公共安全和改善公共福利的社会需求。行政实践中,一种顺应公共治理需要的合作行政模式开始取而代之。这种合作行政模式,奉行开放、参与、合作、共赢,试图实现政府管理、社会自治、公众参与的有机结合。就其功能定位而言,合作行政更突出目的理性,力图通过维护公共秩序来维护公民自由。就其利益取向而言,合作行政要在兼顾公益与私益的基础上实现社会整体利益的最大化。就其范围而言,合作行政的重心从市场监管渐次转向社会管理,在继续关注价格规制、市场准入规制和退出规制的同时,更加关注食品药品领域、产品安全、服务质量等方面的管理。就其方式而言,合作行政既要使用行政处罚、行政许可、行政强制等强制性方式,更要重视行政指导、行政奖励等非强制性方式,刚柔相济,制约与激励相容。

在北京市各行政执法部门,协商行政、合作行政走出理论法学的殿堂,而深入到了具体的行政执法领域。具体来说,北京市的协商行政、合作行政主要体现在如下几个方面:(1)行政立法中的公开征求意见。北京市坚持完善公众参与政府立法机制,通过公开市政府立法工作计划,召开座谈会、论证会、听证会和实地调研等形式,广泛征求社会公众意见,并及时将听取和采纳意见情况向社会公开。2010 年,北京市首次向社会公开征集市政府立法项目建议,进一步拓宽了公众参与渠道。(2)行政执法过程中的听取意见。在行政机关作出行政许可、行政处罚、行政强制等过程中,听取相对人意见已经成为一种普遍的程序要求,听取意见也由此成为行政主体与行政相对方意见交涉的互动过程。(3)公共服务的外包和分解。在现代社会,公共服务并非都必须由行政主体独立承担,公共服务的外包和分解在交通、教育、环境等领域已经经过了多年探索,积累了丰富的经验。如北京市工商行政管理局、北京市林业局、北京市消费者协会联合开展"合作造林",就引起了社会各界的广泛关注。合作(托管)造林的基本方式是:公司通过租赁、承包或其他方式获取土地使用权,转让给社会零散投资者,投资者再将林木委托给公司经营。

2. 替代性纠纷解决方式的广泛运用

司法是正义的最后一道防线,但其并不一定是纠纷解决的最好手段,亦非纠纷解决的唯一手段。在现代社会,司法的正式性、程序性、时效性都影响着其功能的正常发挥。而其他纠纷解决方式则以其经济、便捷、高效而受到普遍青睐。在北京市的法治实践中,调解、仲裁、和解等已经成为一种重要的纠纷解决方式。其中尤以"大调解格局"的建立最具特色。

从目前来看,人民调解、行政调解、司法调解这三类调解都存在一定的缺失。如专职人民调解员队伍力量不足,而兼职调解员在能力水平上还有差距;行政调解通常是对调解重视程度不够,易产生公权压服,而非说服的现象;而司法调解时,法院审判压力太大,难以实现全面调解。另外,这三类调解是各司其职,相互间缺乏衔接。为此,针对高发的社会矛盾纠纷,北京市将构建由人民调解、行政调解、司法调解组成的多元化调解体系,人民调解组织将建专家库供全市共享。在衔接过程中,人民调解组织可引入行业协会、社会组织、权威专家等,积极推进人民调解专业化和社会化建设,切实提高人民调解化解矛盾纠纷的能力。

为了强化人民调解书效力,在当事双方签订了人民调解书,并到法院确认后,即成为法院调解书,赋予了法律效力。即便一方反悔,也不能再经过法院立案。若调解书有给付内容的,一方当事人又不履行确定的义务,另一方当事人有权向人民法院申请强制执行。

建立由各级政府负总责、政府法制机构牵头、各职能部门为主体的行政调解工作体制,建立完善行政调解制度和机制,健全行政调解程序。加大行政复议工作力度,改进行政复议审理方式,注重运用调解、和解方式解决纠纷,完善行政复议听证规则,提高行政复议听证审理、实地调查的案件比例。积极推进行政复议体制机制创新,完善和推广行政复议委员会审理案件工作模式,提高行政复议公信力。

在司法阶段,北京市也积极贯彻调解优先、调判结合原则。2010 年北京市各级法院以调解撤诉方式结案 150498 件,一审案件调解撤诉率达54.3%。北京市检察机关也积极推进刑事和解,有效化解社会矛盾。11 个基层检察院与司法局建立协作息诉机制,探索建立与行政调解、人民调解的联动机制,努力把刑事和解、民事申诉和解、息诉罢访工作纳入社会"大调解"工作格局。全市各院在市检察院指导下进一步规范刑事和解的适用范围,积极开展悔罪教育,妥善办理和解案件。年内,共办理刑事和解案件162 件,同比增加 47%,其中大兴、海淀、房山、昌平、顺义五个区检察院办理和解案件占全市总量的近 70%,有效缓和了社会矛盾。昌平区检察院出台了《办理刑事案件和解工作细则》,海淀区检察院将和解工作纳入业绩考核范围,大力推进未成年人案件的刑事和解工作。

3. 推动法治进程的开放与循环

法治建设不是一个直线型的过程,而是一个包含了制定立法计划、法律规范制定、法律规范实施，立法后评估、法规清理等众多过程的循环过程。北京市通过多年努力，已经建立起了一套相对完备的制度，法治建设也处于一种开放和循环的状态。

（1）就立法计划公开征求意见

2003 年，北京市人大常委会首次将五年立法规划项目建议草案面向社会公开征求意见，使广大人民群众从立法规划开始就参与地方立法活动。自此之后的每年年末，市人大常委会在拟定下一年度的立法计划时，都通过网络、信件等方式，公开征求意见。北京市政府在 2010 年也首次向社会公开征集市政府立法项目建议，进一步拓宽了公众参与渠道。通过向公众征求立法建议和立法计划，民众得以在立法的源头介入，极大地拓展了公众参与的范围和空间，也使政府立法和人大立法更能符合民情、集中民智、体现民意。此外，北京市人大立法的法规立项论证工作也取得了重要进展。凡立项必论证，已经成为北京市开展地方立法必须遵循的一条重要原则。

（2）开展立法后评估

立法后评估，是指评估主体依照法定权限和程序，通过若干方法，对颁布实施一定期间的法律或法规的协调性、可操作性和有效性等，进行分析评价的一种活动。立法后评估是立法工作的继续和延伸，是提高立法质量的重要环节。在开展法规立项论证的同时，市人大常委会在北京奥运会后不久即着手开展首次立法后评估，评估的对象就是 7 年的奥运筹办周期中，本市制定和修订的与奥运工作有关的 18 项地方性法规。此后，市人大常委会又先后对《养犬条例》和《历史文化名城保护条例》开展单项评估，通过广泛征求执法者、行政相对人和相关利益方的意见建议，对法律实施工作提出意见和建议，也为今后不断修改完善相关法规进行积极准备。

（3）法规清理工作

法律规范应当根据社会发展的形势和国家法治的新发展而不断予以调整，法规清理也由此成为推动法治循环，提高法治水平的重要制度环节。2010 年，北京市政府按照市人大常委会的要求，对 107 项现行有效的地方性法规进行了研究，向市人大常委会提出了保留、废止、修改的建议。认真落实国务院办公厅通知要求,组织开展了市政府规章和规范性文件清理工作,召开全市清理工作会议,明确清理工作范围、标准和完成时限,截至 12 月底,共对 255 项现行有效的市政府规章进行了认真清理,其中保留 220 项、修改 24 项、废止 11 项,以市政府令的形式予以公布,维护了法制统一和政令畅通。

### 4. 跨区域的合作治理初见端倪

京津冀虽山水相邻,区域合作却咫尺天涯。在一些产业项目和资源上,三地竞争大于合作,经济一体化发展成为一个难解的命题。京津冀整合由此成为中国区域经济规划中的一道难题。围绕京津冀都市圈中各方定位的争议,三地展开了持续长达七年之久的博弈。直到"十一五"末期,京津冀都市圈规划仍然是一纸草案。而就在此时,其他区域规划和区域合作已经远远走在了京津冀都市圈的前面。尽管缺乏统一的规划,但实践中三地的经济发展早已融为一体。在京津冀三地"统一认识"的七年里,京津冀都市圈,已经从当初的三足鼎立,演化为今年的以北京为中心的环首都经济圈。北京对周边地区的辐射效应日益明显,以首都为中心的经济圈的雏形现在已经客观存在。

更为重要的是,这种区域合作已经逐步超越了纯粹的产业合作,而渗透到更宽泛的法治层面。北京市委书记刘淇在 2010 年 7 月 15 日率团赴河北,签署了《北京市、河北省合作框架协议》,建议以编制"十二五"规划为契机,统筹编制相关领域的发展规划,推动京冀合作步入统一规划、统筹协调、加快发展的新阶段。2011 年的"两会"上,北京市发展和改革委员会主任张工表示,作为"首都经济圈"的核心城市,北京要抓住机遇,通过三个转变推动发展。一是从过去注重功能集聚,特别是经济功能集聚向功能疏解和辐射转变;二是从过去更多强调外省市保障北京向主动为外省市提供服务转变;三是从过去强调服务首都自身向通过服务区域、服务全国来实现自身发展转变。由此我们可以期待,京津冀都市圈的发展,将超越传统的经济合作,而在法治合作、政治合作、社会合作方面做出新的探索。

## 三、完善法治建设"北京模式"的几点建议

北京的法治建设始终是全国的榜样和龙头。从二十世纪九十年代首次提出"依法治国"的理念，到二十一世纪初举办奥运会时提出构建法治奥运的要求，北京的法治建设走过了一条辉煌而又充满艰辛的道路。近年来，在市委、市政府的正确领导下，北京的法治发展稳步推进，成效显著，一种具有北京特色的法治模式逐步呈现。法治建设的"北京模式"，既遵循了中国法治发展的基本路径，又糅合了地方法治的独特经验，对于推动整个国家的法治建设，完善地方治理，具有极为重要的意义。即便如此，在建设"科技北京、绿色北京、人文北京"和中国特色世界城市的背景下，仍然应当进一步加快北京法治建设的步伐，提高法治建设在整个社会工作中的统筹力度，增强北京法治建设的地方特色，扩大社会公众在法治建设中的参与广度和深度，推动北京的法治建设迈向更高的水平。

（一）加强北京法治发展的统筹性

法治建设是一项系统工程，它的推进涉及立法、行政、司法等多个方面。地方的法治建设不能僭越国家法治的基本框架，需遵守宪法和法律关于地方立法、执法的相关权限规定，但其在国家法治的框架下，仍有较大的发展空间。无论是地方立法、地方执法，还是纠纷解决、社会矛盾化解，地方都能有所作为。北京作为我国的首都，在法治建设方面，理应发挥带头作用，其法治建设实践，理应成为中国地方法治建设的表率。

尽管如前所示，2010 年北京在地方立法、依法行政、司法审判、检察监督等各方面都做出了重要成绩，在制度建设和实践方面都积累了宝贵的经验。但是，我们仍应看到，北京的法治建设基本上还处于"各自为政"、"点滴推进"的阶段，缺乏统筹布局和整体规划。这种状况一方面影响了法治建设"北京模式"的整体形象，使其功能难以通过一种整全的方式展现；另一方面，也影响了法治建设"北京模式"的治理实效：由于法治建设的非均衡发展，基于"木桶效应"，法治建设的整体效能难以体现，个别"短板"会严

重影响北京法治建设的实效。

因此,要推动北京的法治建设迈向更高水平,必须增强北京法治发展的统筹性。(1)要制定《北京法治发展十年规划》,从整体上谋划北京未来十年的法治发展目标,确定推进北京法治建设的基本途径,以及为实现目标所需要的制度配套;(2)加强领导,成立专门的领导机构。为加强北京法治发展的统筹性,需建立一个具有较高权威的专门领导机构,专司北京法治发展之职;(3)完善制度建设,推动各方面工作的规范化,提高制度规范在社会生活中的管控密度。制度建设是法治建设的基石,离开了制度建设,法治建设将成为无源之水、无本之木。在未来几年,北京的法治建设要紧紧围绕"人文北京、科技北京、绿色北京"新战略,科学合理安排立法项目,把社区卫生、残疾人、老年人等弱势群体权益保障、就业援助、食品安全、文化出版等涉及民生和社会保障、发展首都文化产业方面的项目纳入立法计划;加快制定、修订有关支持中关村国家自主创新示范区建设、专利保护和促进、中小企业促进等方面的法规、规章;抓紧制定和修订有关节约用水、湿地和河湖保护、生活垃圾处理、大气污染防治、环境噪声污染防治等方面的法规、规章。在立法工作中,继续坚持科学立法、民主立法,不断拓宽和完善公众参与立法的渠道和方式,进一步提升制度规范的质量;(4)加强法治监督,确保制度规范得以落实。没有完善的监督机制,制度规范将成为"无齿之虎",其效能难以得到保障。法治监督由此成为确保制度规范得以落实的重要制度保障,其也是提高法治建设实际效能的重要制度媒介。为此,需要积极探索并建立层级监督、专门监督和内部监督相结合的行政机关自我监督机制,完善检查、报告、评估、备案、评查、公开等执法监督制度。要把执法监督与绩效考核相结合,切实增强监督力度。建立执法问题收集、处理、反馈系统,对社会关注的执法热点问题,要及时反馈和处置。对群众反映强烈的问题,监察机关要依法列为"重要检查事项",及时介入并调查处理。全面落实执法过错责任追究制度,对执法中有刁难当事人、推诿扯皮、怠于履责等行为或有重大过失行为的,要追究执法过错责任直至追究行政责任。要进一步完善执法投诉举报制度,把社会公众和行政相对人对执法行为的投诉与监督意见作为执法监督的重要依据，逐步提高社会评价在执法监督和考核中的权重，切实增强层级监督、专门监督与社会监督的互动与合力。

（二）强化北京法治的地方特色

尽管北京是我国首都，但在国家的政治版图中，北京仍然是作为一个地方而存在。与国家法治的"宏大叙事"相比，地方法治更多体现于"微观治理"。北京法治作为一种"地方性"法治，更多应当体现生活在这块土地上的人们的独特需要，体现北京不同于其他地方的地域特色，体现作为一个独特地理空间所具有的特殊风貌。

经过多年的摸索，北京已经逐渐找准自己在中国社会版图中的地位。北京市总体规划将北京的性质描述为：北京是中华人民共和国的首都，是全国的政治中心、文化中心，是世界著名古都和现代国际城市。对北京的定位则是：国家首都，国际城市、历史名城、宜居城市。在总结 2008 年北京奥运会、残奥会经验的基础上，北京市委明确提出"人文北京、科技北京、绿色北京"的发展战略。这些定位和战略要求，对北京市的法治建设提出了新的要求。北京的法治建设，必须反映、体现北京市的发展定位。我们认为，北京的法治建设应当增强如下几方面的内容，以进一步强化北京法治的地方特色。

1. 文化产业法治

北京市总体规划将北京定位于全国的文化中心，文化事业和文化产业对于北京的重要性不言而喻。北京市提出的"三个北京"战略，更是将"人文北京"放在首位，这也充分体现了文化事业和文化产业在北京发展中的特殊地位。近年来，在北京市委、市政府的大力推动下，北京市的文化事业和文化产业都得到了长足发展，发展势头强劲，规模实力不断提升。而文化事业和文化产业的深入发展，需要法制的支撑和保障。在最近几年的市人大、政协会议上，"加强文化创意产业立法"的提案不断展现，学界关于文化创意产业立法的研究也在逐步加强。《北京市"十一五"时期文化创意产业发展规划》就明确提出了"切实加强文化法制工作"，通过法定程序逐步将文化经济政策上升为法律法规。研究制定《北京市会展业发展管理办法》、

《北京市实施〈广告法〉办法》、《北京市文物(古玩)流通管理办法》;加快推进出版业、广播影视业的地方立法,进一步完善文化创意产业政策法规体系;研究制定《北京市文化创意产业促进条例》。这越发表明,加强文化(创意)法制已经成为推动北京文化发展的重要战略举措。

2. 创新产业法治

北京"十二五"规划纲要首次将"创新驱动发展"单独成篇,并作为规划的总体目标后的第一部分,并明确提出要把北京建设成为国家创新中心,持续推进竞争力提升,更好地服务于区域和全国创新发展。这表明,在未来五年乃至更长一段时间,创新将成为引领北京经济社会发展的重要动力。创新也离不开法制的规范和保障。以中关村为例,中关村的发展虽然利用了国家"先行先试"的政策优势,但其也离不开法制的保障。早在 2000 年,北京市就通过了《中关村科技园区条例》。2010 年 12 月 23 日,北京市第十三届人民代表大会常务委员会第二十二次会议通过《中关村国家自主创新示范区条例》(以下简称《条例》)。《条例》固化了中关村近年来发展中所取得的一系列成功经验,为中关村示范区持续发展提供了法律制度保障,并进一步探索了中关村的合理发展路径,将推动中关村示范区再上一个新的发展台阶。《条例》是首都"十二五"期间经济社会发展实现自主创新、转变经济发展方式的一部重要法律文件,对于推动首都实现创新驱动发展,对于中关村进一步实现产业升级、发挥创新引领作用必将发挥重要作用。

3. 奥运法治及其制度遗产

2008 年北京奥运会的成功举办,不仅给我们带来了"无以伦比"的视觉盛宴,更为我们留下了丰富的制度遗产。奥运对北京法治带来的影响绝对不容小觑。奥运立法围绕奥运却不仅仅为了奥运,其辐射和影响远远超出了为一次体育盛会服务的界限。从申办成功到完美闭幕,7 年的奥运周期中,北京市人大常委会制定和修订了与奥运工作有关的 18 项地方性法规。奥运立法反映时代特色、中国特色、首都特色,体现了现代法治精神和理念,扩大了公众参与,立法经过严格的科学论证,是奥运制度财富的重要组成部分。承担评估任务的中国政法大学法学院副院长焦洪昌教授对奥运立法的实施效果评价是,为奥运会的成功举办创造了良好的法治环境,极大提高了城市建设和管理的现代化水平,充分尊重和保障了公民的合法权益,极大推动了首都的精神文明建设,行政权力的运行得到了进一步规范,执法手段更加多样,执法水平得到较大提升。

奥运会已经过去,但奥运留给我们的制度遗产将长期存在,并深刻影响我们的生活。北京作为中国唯一举办过奥运会的城市,其法治建设亦应吸收、借鉴奥运法治的基本经验。我们认为,奥运法治给我们的启迪至少有如下几个方面:

(1)以问题为导向的立法思路。奥运立法的一个基本经验是以问题为导向,针对问题立法,立法解决问题。这些特色来源于立法着眼于解决奥运筹办过程中,城市运行和赛会服务中存在的影响奥运顺利进行乃至影响北京科学发展的各种问题,提出具体的项目建议。针对志愿服务无法可依的情况制定志愿服务促进条例;为解决食品安全存在的问题制定食品安全条例等,这是"针对问题立法,立法解决问题"思想的反映。只有通过地方性法规解决地方实际工作中存在的问题,满足现实需要,突出地方特色,地方立法才有生命力。

(2)拓展立法空间,超越制度传送和规范细化。过去,地方立法侧重于保障国家法律的实施,因而立法多表现为国家法律的"实施办法"。这也在一定程度上造成了地方立法空洞,大量重复法律,浪费了立法资源。针对问题有几条写几条,不必成章成节,国家法已有的内容不重复,提高立法针对性,降低立法成本。

(3)创新城市管理和社会管理。经过奥运洗礼,我们在城市管理和社会管理方面积累了许多宝贵经验。要认真总结,进一步创新管理理念,研究探索各部门横向协作办法,在市级层面、职能部门间实行新的"条专块统"管理模式,提升城市服务管理效能。积极探索有效的调控机制和措施,统筹解决人口问题,切实加强流动人口的服务和管理。要以完善志愿服务体系为重要抓手,着力创造全民参与和谐社会建设的体制机制环境。奥运期间,广大市民的广泛参与和无私奉献、170万志愿者的志愿服务,为奥运会的成功举办提供了坚强保障,也为推进和谐社会建设提供了许多鲜活、成功的经验。要认真总结奥运志愿者活动经验,建立完善的组织、激励等制度,推进志愿活动规范化、长效化;进一步创新体制机制,为城乡基层自治组织和民间组织参与社会建设和管理提供良好的空间和环境,增强社会自我管理、自我服务的自治能力,形成和谐社会建设的合力。

(4)广泛的社会参与。奥运立法是人大、政府、市人大代表、专家学者及广大人民群众集体智慧的结晶。奥运立法充分运用民主立法的有效形式,注重发挥专家作用。通过互联网征求社会意见等民主新形式,奥运立法质量得到了保证。

### (三)提高社会参与的实效

法治建设需要社会各界的共同参与。改革开放三十年来法制改革的动力,从整体上看来自于自上而下的政府推动。在法制改革的初期阶段,这种政府主导、自上而下的动力模式有其现实合理性。在改革的进程中,政府主导作为一种推动改革的"初始推动力"具有不可替代的意义。特别是在中国当前各种社会参与机制很不完善、利益主体发育很不平衡、各种体制转型刚刚开始的阶段,由政府通过公共权威来启动改革的阀门,具有现实的必要性和必然性。但是,如果将政府主导、自上而下推动作为改革的唯一推动力,将导致改革进程中严重的"动力匮乏";特别是在"政府再造"的政府职能改革和法治政府建设领域,将面临逻辑上和实践中的困难,可能使改革陷入停滞。因此,在社会主义法律体系已经基本形成的今天,法治建设的动力应该从先前的自上而下转为自下而上,促使公众作为新时期法治建设的动力来源。

尽管北京市已初步建立了公众参与地方立法、行政管理和纠纷解决的制度框架,但是,受制于多方面的原因,在诸多领域,公众参与的实效尚有待提升。例如,在诸多法案的征求意见中,政府所收集到的意见相当有限。公众参与不足是各级政府部门经常面临的现实难题。

我们认为,要提升法治建设中社会参与的比重,使公众真正成为社会主义法律体系建立之后的法治推动力量,需要从以下几个方面提升公众参与的实效。

**1. 进一步推动行政机关及公共企事业单位的信息公开**

信息公开是公众参与的基础,如果决策前的情况调查、决策后的实施效果都是保密的,只是为了让公众参与才象征性地公开一些信息,这种公开约等于无,此时公众参与的作用相当有限。如在价格决策中,如果政府将价格决策过程中的所有资料,包括价格组成、计算方法,影响价格的因素,政府的调查报告等都公开,供公众讨论,进而将公众讨论的内容也公开,即使政府最后并未完全吸纳听证参加人的意见,相信也会得到公众的理解。反之,如果缺乏必要的信息公开,即使邀请了部分公众参加价格听证,其所表达的意见也必然是不充分的。为此,要确保公众有效参与公共决策,就必须进一步推动行政机关和公共企事业单位落实《政府信息公开条例》之规定,确保信息披露的有效性。

**2. 扩大公众参与的范围**

尽管目前在地方立法、行政管理和纠纷解决中,公众都有参与的空间和可能。但实践中绝大多数公共决策仍是在一个封闭的制度环境中做出的。其原因主要在于公众参与范围的非法定性。实践中,立法机关或行政机关往往会根据自身需要而决定某一事项是否需要公众参与以及采取何种方式进行公众参与,如此,公众参与极易陷入一种"选择性适用"的境地。此外,即使某些法律规定了行政机关在做出某些行为时应当采取听证等方式征求公众意见,但由于相关罚则和监督机制的欠缺,这些规定的实施效果也难以得到保证。如《城乡规划法》规定适用听证的情形,既包括规划行政许可,也包括规划编制过程、规划实施评估过程、规划修编过程三类程序,但北京市迄今为止尚未举行后三类情形下的听证。

当前,通过推动行政决策的民主化来增强行政过程的民主性具有重要意义。在公共政策领域探索公众参与制度的普遍适用,不仅可以为利害关系人和公众提供更多的话语空间,也能为行政机关和立法机关提供更为宽阔的信息渠道,增强公共决策的科学性和民主性。因此,应当不断扩大公共决策中公众参与的适用范围,扩大它在整个政策过程中的适用范围。将来可以扩展至公共政策的所有领域和整个过程,不仅包括公共政策的制定,也包括公共政策的实施和评估。例如重大的工程建设决策、重大的人事任免决策、重大市政设施的布局、城乡规划的编制、土地开发的审批等诸多领域,皆可探索公众参与程序的运用。

3. 根据决策事项与公众利益的关联度灵活选择公众参与的形式

公众参与的形式应当服从于其功能和目的。既然公众参与的主要功能在于听取公众和利害关系人的意见,那么凡是有助于实现此目的的方式都可纳入公众参与的范畴。作为一种利益表达机制,公众参与是否应当适用于所有的立法和行政过程呢?答案显然是否定的。并非所有的公权力行使过程都需要听证。在公共行政过程中,公众的范围应当取决于公共决策与公众利益的关联程度。换言之,越是与公众利益密切相关的行政决策,公众在其制定与实施过程中所占有的比重就越大。尽管在现代社会中,几乎所有的公共行政活动都与公众利益存在一定的关联,但并非所有行政决策与公众利益关联程度都是一样的。在政府作出的公共决策中,根据其与公众利益的关联程度来决定公众参与程序的选择是可能的,也是必要的。

4. 明确公众参与的实效和反馈义务

立法机关和行政机关在通过各种方式征求公众意见之后,应当形成公众参与报告,并在此报告基础上作出决策。政府应当将公众参与报告和决策结果一并向社会公开,并对决策依据,决策理由进行充分的说明,其中针对反对意见更应逐一进行解释和说明。这种决策理由说明,既有利于调动公众参与的热情,也有助于公众的理解和支持。目前公众参与过程基本公开,但立法机关和行政机关的反馈义务,以及说明理由义务,尚未从制度上普遍确立。这两项制度的欠缺,将严重影响公众参与的实效,影响公众对于公众参与的制度预期。

"十二五"的大幕已经开启,北京的法治建设也将迈入新的征程。北京的法治建设,是首都社会各界践行科学发展观,建设中国特色世界城市,全面实施"人文北京、科技北京、绿色北京"战略的重要内容。在中国特色社会主义法律体系形成之后,北京的法治建设任务依然繁重。在地方立法、依法行政、司法审判、检察监督、司法行政、法律服务、法学研究等各个方面,北京的法治建设都存在有待改进的空间。在经济领域、统筹城乡区域发展、城市服务管理、社会领域、政府自身建设等方面,地方立法的任务依然艰巨。在行政管理和社会服务方面,各法治部门仍大有可为,应以改革创新的精神,不断推动首都法治建设迈上新的台阶。

在新的历史阶段,北京市各法治工作部门,要在市委、市政府的坚强领导下,深入贯彻落实科学发展观,全面贯彻宪法精神,加快推进首都法治建设的步伐,为推进首都科学发展和维护社会公平正义提供制度保障。北京的法治建设,要切实保障宪法和国家法律在本行政区内有效实施,促进和规范首都的科学发展,维护社会的公平正义,从而实现社会的和谐可持续发展与国家的长治久安。要逐步提高法治建设在整个社会工作中的统筹力度,增强北京法治建设的地方特色,扩大社会公众在法治建设中的参与广度和深度,推动北京的法治建设迈向更高的水平。

分 报 告

# 2010年北京市人大立法工作报告

## 北京市人大常委会

2010年,北京市人大常委会在中共北京市委的领导下,深入贯彻市委第三次人大工作会议精神,认真执行市十三届人民代表大会第三次次会议决议,围绕关系首都科学发展的重大问题开展立法工作。

——审议通过5项地方性法规。制定了中关村国家自主创新示范区条例、北京市水污染防治条例、北京市农业机械化促进条例,修改了北京市实施《中华人民共和国节约能源法》办法、北京市大型群众性活动安全管理条例。

——对137项现行地方性法规进行集中清理。为保证中国特色社会主义法律体系如期形成,按照全国人大常委会的统一部署,对本市现行有效地方性法规进行了集中清理,分别作出废止1件法规和简易修改21件法规的决定。

——对6项立法建议进行立项论证。包括:老年人权益保障条例、审计条例、促进中小企业发展条例、社区卫生服务条例、城市河湖保护管理条例(修订)、区县乡镇人大代表选举实施细则(修订)。

——对北京历史文化名城保护条例开展立法后评估。为进一步完善条例和促进历史文化名城保护工作提供了重要依据。

# 一、审议通过地方性法规

（一）修改《北京市实施〈中华人民共和国节约能源法〉办法》

自《北京市实施〈中华人民共和国节约能源法〉办法》1999年12月1日实施以来，市政府及其有关部门高度重视，从规划指导、产业结构调整、技术推广等方面做了大量工作，强化了全社会的节能意识，取得了较好的节能效果。全市万元GDP能耗由"九五"末（2000年底）的1.31吨标准煤下降到"十五"末（2005年底）的0.80吨标准煤，降幅位居全国各省市第二位；"十一五"前3年，全市万元GDP能耗由2006年的0.75吨标准煤，下降到2008年的0.66吨标准煤，3年累计下降17.26%，是全国唯一连续3年完成节能目标的省市。

北京市节能工作虽然取得了一定成绩，但仍然面临一些困难和问题：一是低能耗、低污染的高端产业结构已经基本形成，"以退促降"空间有限，"内涵促降"压力较大；二是第三产业和生活能耗比重增速较快，能耗总量已超过全市能源消费的50%，急需节能管理手段；三是节能新技术和新产品的应用和推广还面临着较大制约和障碍，需要通过有效措施增强科技进步对节能的支撑和引领作用；四是当前推进节能工作，仍主要依靠行政手段，节能工作缺乏行之有效的激励约束机制和市场服务体系。能源短缺已经成为制约本市经济社会发展的重要因素，能源形势日益严峻，节能工作面临许多新情况和新问题，实施办法已经不能完全适应当前以及今后节能工作的需要。2006年全国人大常委会修订了《中华人民共和国节约能源法》，国务院陆续颁布了《关于加强节能工作的决定》、《民用建筑节能条例》和《公共机构节能条例》，上述法律法规都对节能工作提出了新要求。

为了落实节约资源基本国策，以提高能源利用效率为核心，以调整产业结构和民用建筑、交通运输、公共机构等领域为着力点，以制度创新、政策引导、宣传教育和行政监管为保障，调动市场主体和公众参与节能的积极性，为促进首都经济社会全面协调可持续发展，实现"人文北京、科技北京、绿色北京"和建设资源节约型环境友好型社会,北京市人民政府经过两年多的深入调研,起草了《北京市实施〈中华人民共和国节约能源法〉办法》修订草案,提请市人大常委会审议。修订草案共 7 章 63 条。与现行的实施办法相比,修订草案进一步明确了节能监督管理体制,补充完善了节能基本制度,细化了建筑和交通运输等重要领域的节能措施,拓宽了全社会参与节能渠道,加大了政策激励力度,完善了可再生能源利用途径,强化了法律责任。

2009 年 12 月 29 日,北京市第十三届人民代表大会常务委员会第十五次会议对《北京市实施〈中华人民共和国节约能源法〉办法(修订草案)》进行了审议。会上,市人大财政经济委员会作了审议意见的报告,有 28 位常委会组成人员、2 位列席人大代表发表了审议意见。审议认为:北京是全国第二大能源消费城市,也是全国唯一连续三年完成节能目标的省市,节能工作具有较好的基础。为了更好地贯彻落实新修订的节能法,推动全市节能减排工作,修订北京市实施办法十分必要。实施办法的修订立足北京市能源发展战略和建设资源节约型环境友好型社会目标,注重解决实际工作中存在的问题,吸收了节能领域一些行之有效的做法,细化了节能法关于固定资产投资项目节能评估和审查、重点用能单位节能管理、能源审计等方面的内容;结合本市节能工作实践,创设了能效指标对比、在线监测、现场监测等节能制度,并推广合同能源管理、节能自愿协议、电力需求侧管理等节能办法;在原有工业节能规定的基础上,对建筑、交通运输等重要领域的节能措施作了补充细化规定;明确了主管和分管相结合的节能监督管理体制。修订草案的内容较为全面,符合本市实际情况,具有可操作性,基本成熟。同时,就节能工作遵循的原则、检举浪费能源行为、监督管理体制、固定资产投资项目的审核、供热单位的节能、太阳能利用、既有民用建筑节能改造、新建建筑用热计量装置、节能资金的投入、节能服务机构、政府采购修订草案提出修改意见和建议。

会后,法制委员会有针对性地开展了一系列专题调研活动,通过座谈会、实地调研、书面征求意见等形式,听取了市政府有关部门、部分区县、基层单位和专家的意见。2010 年 5 月 4 日,法制委员会召开会议,根据常委会审议意见、财经委员会审议意见和其他方面的意见进行审议，修改或增加了有关节能服务机构、合同能源管理、太阳能利用、既有建筑节能改造、新建建筑安装用热计量等装置、绿色建筑等方面的内容，形成了修订草案修改稿。

2010年5月27日，市十三届人大常委会第十八次会议对《北京市实施〈中华人民共和国节约能源法〉办法（修订草案修改稿）》进行了第二次审议。会上，常委会组成人员听取了法制委员会关于《北京市实施〈中华人民共和国节约能源法〉办法（修订草案）》审议结果的报告，审议了修订草案修改稿，没有提出新的意见。

2010年5月28日下午，北京市第十三届人民代表大会常务委员会第十八次会议举行全体会议，表决通过了《北京市实施〈中华人民共和国节约能源法〉办法》，并自2010年7月1日起施行。

（二）修改《北京市大型群众性活动安全管理条例》

自《北京市大型社会活动安全管理条例》2005年11月1日实施以来，本市建立了政府领导、公安部门主管、相关部门各负其责的管理体制，明确了安全责任和规范，确立了安全许可制度，为本市大型活动的安全举办提供了重要的法制保障。特别是为确保筹办和举办奥运会、新中国成立60周年庆典活动安全发挥了重要作用。

随着首都经济社会的发展，人民群众的物质文化生活越来越丰富，大型活动场次与日俱增。2008年本市举办大型活动2151场次，2009年达到2665场次，增幅超过20%，万人以上的大型活动年均在100场次以上，居全国首位。大型活动安全管理实践中遇到的问题也日益增多，主要有三个方面：一是大型活动中搭建的临时设施越来越复杂，安全问题越来越突出，条例在临时设施安全管理方面的规定不够完善，需要进一步补充；二是大型活动管理过程中涉及领域越来越广泛，统筹协调问题越来越突出，条例虽然已有相关规定，但仍需进一步加强；三是大型活动数量日益增多，条例对大型活动管理实行的以市级行政部门管理为主的管理体制已不适应大型活动管理的实际，需要按照适当下移管理重心的要求，进一步调整。2007年9月，国务院颁布了《大型群众性活动安全管理条例》,在安全管理的责任主体、安全许可权限、许可时限、活动地点和内容变更、处罚额度等具体制度上,本市条例与上位法的规定不一致。

为了适应形势下首都大型活动安全管理的需要,促进首都经济社会发展和社会和谐稳定、实现建设世界城市的目标提供良好的法制保障,市人民政府在全面总结筹办和举办奥运会、新中国成立 60 周年庆典活动期间大型活动安全管理的成功经验的基础上,针对本市大型活动安全管理中存的突出问题,依照国务院《条例》,对本市条例进行修改。经过一年多的深入调研,市政府起草了《北京市大型社会活动安全管理条例修正案(草案)》,提请市人大常委会审议。修正案草案主要包括三方面内容:一是根据"承办者负责,政府监管"的原则,进一步明确了举办大型活动各方面的具体安全责任;二是针对大型活动搭建临时设施的安全要求作出具体规定;三是按照本市适当下移管理重心,审批权限下放的精神,对大型活动安全管理的体制做了调整。

2010 年 4 月 1 日,北京市第十三届人民代表大会常务委员会第十七次会议审议了《北京市大型社会活动安全管理条例修正案(草案)》。会上,市人大内务司法委员会作了审议意见的报告,有 27 位常委会组成人员发表了审议意见。审议认为:《北京市大型社会活动安全管理条例》自 2005 年 11 月 1 日施行以来,对于规范安全管理行为、明确活动安全工作责任、保障本市大型活动特别是"平安奥运"的安全和成功举办发挥了重要作用;近些年本市大型群众性活动的数量与日俱增,活动类型逐渐多样化,安全管理中出现一些新的情况;2007 年国务院颁布了《大型群众性活动安全管理条例》,对大型活动安全提出了新的要求,因此,对本市的条例进行修改十分必要;修正案草案符合本市的实际需要,内容也比较具体可行。同时也提出一些修改意见和建议。主要是:增加对主办方安全责任的规定;明确规定市区两级公安机关的许可权限。

会后,法制委员会有针对性地开展了一系列专题调研活动,通过座谈会、实地调研、书面征求意见等形式,听取了相关政府部门、大型活动承办单位、安全风险评估机构和专家的意见。7月6日，法制委员会召开会议，根据常委会审议意见、内务司法委员会审议意见和其他方面的意见进行审议，提出了修改的意见，进一步明确了本市大型活动承办者、主办者及其他各类参与者的责任、市区公安机关安全许可的职责权限，在此基础上形成了《北京市大型群众性活动安全管理条例（修订草案）》。

2010年7月28日，市十三届人大常委会第十九次会议对《北京市大型群众性活动安全管理条例（修订草案）》进行了第二次审议。会上，常委会组成人员听取了法制委员会关于《北京市大型群众性活动安全管理条例（修订草案）》审议结果的报告，审议了修订草案，没有提出新的意见。

2010年7月30日下午，北京市第十三届人民代表大会常务委员会第十九次会议举行全体会议，表决通过了《北京市大型群众性活动安全管理条例》，并自2010年12月1日起施行。

（三）制定《北京市水污染防治条例》

自《北京市实施〈中华人民共和国水污染防治法〉办法》2002年9月实施以来，本市采取了一系列污染治理措施，在水资源严重短缺、人口快速增长和污水总量不断增加的情况下，饮用水安全得到有效保障，污水处理率逐年提高，水环境恶化的趋势得到了初步遏制。但是，由于水资源短缺、污染物排放总量超过环境容量、流域水环境管理制度不健全等问题，河流超标现象依然严重，城市中、下游地区大部分为不达标水体。据监测，2008年全市有水河流中，水质不达标的河道占44.1%，水质状况依然不容乐观。水环境质量与落实科学发展观、建设"三个北京"、构建和谐社会首善之区的要求还有很大差距。因此，采取严格的水污染防治措施，改善水环境质量，已经成为社会各界的共识。水资源短缺、水污染严重已成为制约本市水环境进一步改善的主要因素，需要统筹节约水资源、污水资源化、水污染防治措施，由单一的防治水污染向水污染防治和水资源利用有机结合转变；由分段分块治理向按流域综合治理转变；由污水治理无害化向资源化转变；由重视城镇污染防治向城乡统筹转变，以推进水环境进一步改善。因此，迫切需要将这些制度以及一些行之有效的措施，通过立法的形式确定下来，制定一部更加适合本市水污染防治实际情况的地方性法规,为采取更严格的措施防治水污染提供有力的法律支持,从深入贯彻落实科学发展观,建设宜居城市,维护人民群众根本利益的战略高度出发,以污水处理资源化、城乡统筹和按流域治理为原则,以实现高标准治污、提高水质、修复水生态、改善水环境为目标,通过制定新的条例,为建设人文北京、科技北京、绿色北京提供法制保障。

2008 年 2 月 28 日第十届全国人大常委会第三十二次会议通过了新修订的《中华人民共和国水污染防治法》。为适应上位法规定的变化,也有必要制定新的地方性法规,替代 2002 年 9 月施行的《北京市实施〈中华人民共和国水污染防治法〉办法》。

北京市人民政府经过一年多的深入调研,起草了《北京市水污染防治条例(草案)》,提请市人大常委会审议。条例草案共七章八十四条,分为总则、水污染防治规划与监督管理、水污染防治措施、饮用水水源与地下水保护、生态环境用水保障与污水再生利用、法律责任和附则。主要内容:确立流域治理思路;实行污染物总量控制制度;加强水污染防治由无害化向资源化转变;加强农业和农村水污染防治,实现城乡统筹发展;明确各级政府和排污单位的责任。

2009 年 12 月 29 日,北京市第十三届人民代表大会常务委员会第十五次会议对《北京市水污染防治条例(草案)》进行了审议。会上,北京市人大城建环保委员会作了审议意见的报告,有 19 位常委会组成人员和 3 位列席人大代表发表了意见。审议认为,《条例(草案)》以科学发展观为指导,从缓解首都人口、资源、环境矛盾和建设宜居城市的高度出发,坚持城乡统筹、按流域治理和污水资源化原则,将水污染防治与污水再生利用有机结合,指导思想更加明确,管理措施更加具体,对于本市建立和完善水污染防治工作机制,改善水环境质量,加快实施"三个北京"战略,建设世界城市具有重要意义。立法非常必要,《条例(草案)》结构合理、内容全面,针对性和操作性比较强。同时,就进一步推进污水资源化,提高水资源循环利用率、实验室有毒有害废液的处理处置、污水处污水集中处理设施产生的污泥的处理处置、集中式畜禽粪污处理设施建设、再生水输配管网的建设和再生水水质标准的制定、对污染损害水环境行为的监督、有关行政主管部门的行政责任和法律责任、应缴纳排污费如何计算等问题，提出了修改意见和建议。

会后，北京市人大法制委员会有针对性地开展了一系列调研，听取了市水务、发展改革、农业、财政、公安等政府有关部门、法院、部分区县及污水处理厂、小区物业等基层单位的意见。2010 年 8 月 30 日，法制委员会召开会议，根据常委会审议意见、城建环保委员会审议意见和其他方面的意见进行审议，对条例草案中的水污染防治工作原则、对水污染防治成绩突出单位的奖励、对污染损害水环境行为的监督、实验室废液处理的监管、污泥的处理处置、再生水利用、对水污染侵权诉讼案件受害人的支持等方面内容作了进一步修改完善，形成了条例草案修改稿。

2010 年 9 月 16 日，市十三届人大常委会第二十次会议对《北京市水污染防治条例（草案修改稿）》进行了第二次审议，会上，常委会组成人员听取了法制委员会关于《北京市水污染防治条例（草案）》的审议结果报告，并分组审议了草案修改稿，有 16 位常委会组成人员和 3 位列席人大代表发表了意见。主要是：应当加大对违法排污行为的监督力度，建立协管员监督制度；水污染事故关系到广大人民群众的生命财产安全，政府及有关部门应当按照《政府信息公开条例》的要求公开水污染事故的预警信息和应对情况；生态环境用水、城市景观用水、住宅小区和单位内部的景观用水以及市政杂用水的使用限制，缺乏程序和机制保障；回补地下水是再生水利用的一个重要方面，应当加强研究；应当针对违法成本低、执法成本高的问题，加大对违法排污行为的处罚力度。

2010 年 11 月 1 日，法制委员会召开会议，根据常委会的审议意见对草案修改稿作了进一步修改：在第五条中增加一款"市和区、县环境保护行政主管部门可以根据需要聘请监督员，协助开展水污染防治工作"。将第四十条第一款修改为："本市各级人民政府应当通过政府投资或者其他方式筹集资金，统筹安排建设污泥处理处置设施，将污泥处理处置规划纳入本市排水和再生水规划。"将第五十条修改为："本市鼓励种植业通过推行测土配方施肥、病虫害生物防治等措施,提高肥料使用效率,合理使用有机肥和化肥,减少化学农药施用量,防止污染水环境。"增加一条:"市和区、县人民政府及有关部门应当依法公开水污染事故的预警信息和应对情况,将事故信息和应当注意的事项及时告知可能受到影响的单位和个人。"将第七十二条第一款修改为:"本市各级人民政府应当制定政策,采取措施,发展工业再生水用户,鼓励工业企业的废水处理后循环使用,扩大农业再生水灌溉范围,推动再生水回补地下水的技术研究和应用。"将第七十八条第一款修改为:"违反本条例规定,排放水污染物超过国家或者本市规定的水污染物排放标准,或者超过重点水污染物排放总量控制指标的,由市或者区、县环境保护行政主管部门责令限期治理,并处应缴纳排污费数额二倍以上五倍以下的罚款。应缴纳排污费数额按年计算。"在此基础上形成了《北京市水污染防治条例(表决稿)》,提请市人大常委会表决。

2010 年 11 月 19 日,北京市第十三届人民代表大会常务委员会第二十一次会议举行全体会议,表决通过了《北京市水污染防治条例》,自 2011 年3 月 1 日起施行。

(四)制定《中关村国家自主创新示范区条例》

中关村科技园区是国务院批准的我国第一家国家级高新技术产业开发区。为促进和保障中关村科技园区的建设和发展,北京市人大常委会于2000 年 12 月审议通过了《中关村科技园区条例》。《园区条例》以改革理念和法治精神为指导,遵循社会主义市场经济基本原则,致力于为园区企业发展提供良好的竞争秩序和法治环境,极大地释放了中关村的创新活力,自主创新成果不断涌现,高新技术产业发展又好又快,实现了市委、市政府确定的中关村科技园区建设"三年大变样,五年上台阶"的目标。

近年来,国内外环境发生了显著变化。国际新兴高科技业态不断涌现,全球产业转移不断加快,创新资源全球化流动、全球创新中心多极化发展的趋势凸显,各国政府都加大了对创新和高科技产业化的促进和扶持。党中央、国务院相继作出了落实科学发展观、走中国特色自主创新道路、建设创新型国家等一系列重大决策。中关村的发展也进入了新的阶段。2009 年 3

月 13 日，国务院作出了《关于同意支持中关村科技园区建设国家自主创新示范区的批复》，明确中关村未来发展的战略目标是成为具有全球影响力的科技创新中心，还提出了支持中关村国家自主创新示范区建设的八条具体措施。

中关村建设的新目标、新要求和新举措，需要通过立法予以肯定，中关村科技园区条已不适应这种新形势。同时，实现国务院批复确定的目标，中关村还面临一系列亟待解决的问题，比如：企业设立的工商管理措施需要进一步改革，对创新主体科技研发的支持力度需要进一步加大，重大科技成果转化和落地的比率不高，金融对科技企业的支撑力度不够，示范区高端产业聚集效应不明显及发展空间不足的问题越来越突出。这些问题制约着中关村的发展，有必要在总结《园区条例》实施情况的基础上，结合新的形势和要求，制定新的《中关村国家自主创新示范区条例》，通过固化经验、创新制度、探索新路，推动中关村发展再上新台阶。

2009 年 3 月国务院作出批复后，市委、市人大、市政府立即启动了示范区条例的立法工作，并将其列为 2010 年市人大常委会的重点立法项目。刘淇、郭金龙、杜德印同志对示范区条例的立法工作高度重视，多次作出重要批示，明确了立法的方向和要求。为了加强对示范区条例立法工作的领导，成立了以赵凤桐同志为组长、吴世雄、柳纪纲、苟仲文同志为副组长，30 多个部门负责人组成的立法领导小组。在立法过程中，立法领导小组先后 6 次听取起草和修改工作的情况汇报，协调、决策立法中的重大问题，保证了立法工作的顺利进行。

示范区条例的起草工作采取了新的组织方式，在北京市政府统筹下，由市政府法制办牵头，中关村管委会、市科委、市发改委等 30 多个部门参与，按照国务院批复和本市落实国务院批复建设中关村示范区的一系列指示精神以及"针对问题立法、立法解决问题"的指导思想，围绕解决制约中关村发展的实际问题，在保持现行政策连续性的同时，重点落实国务院批复先行先试的支持措施，对目前正在试点的一些做法及时总结、肯定，并对体现示范作用的有利于鼓励创新的体制机制创新作出探索性、引导性规定。经过一年多的深入调研,广泛听取意见,反复论证、修改,20 易其稿,按时高质量完成了起草工作任务。2010 年 4 月 13 日,市政府第 65 次常务会议讨论通过了《中关村国家自主创新示范区条例(草案)》,提请市人大常委会审议。《条例(草案)》共八章六十八条,主要内容:一是明确示范区的发展目标和功能定位;二是进一步改革工商管理措施,支持社会组织和产业联盟设立;三是进一步激发科技人员的创新活力,明确高等院校、科研院所和企业可以对科技人员和管理人员进行股权和分红激励;四是促进科技成果转化,加强知识产权保护;五是深化科技金融体系建设,加大金融对科技的支撑力度,促进技术与资本对接,草案规定;六是加强对示范区规划、建设的统筹,解决示范区在规划建设、土地使用方面存在的突出问题;七是加强政府服务创新创业的能力,优化示范区软环境建设。

2010 年 5 月 27 日,北京市第十三届人民代表大会常务委员会第十八次会议对《中关村国家自主创新示范区条例(草案)》进行了审议。会上,市人大教科文卫体委员会作了审议意见的报告,有 35 位常委会组成人员和 5 位列席人大代表发表了审议意见。审议认为:《条例(草案)》认真贯彻落实国务院批复精神,总结中关村科技园区建设的经验,适应示范区发展的新要求,在开展体制机制创新、支持创新主体的发展、推动科技研发和成果转化、科技金融创新、提高政府服务能力等方面做了一些创新性规定,对于提高首都自主创新能力,转变经济发展方式和推动产业结构调整,建设"人文北京、科技北京、绿色北京"具有重要意义;《条例(草案)》内容比较全面,框架基本合理。同时,对制度创新的方向、产业发展方向和产业布局、支持企业的设立和发展、支持创业投资机构发展、人才队伍建设、促进科技成果转化、研发和产业化用地、信用体系建设、核心区建设等提出了一些修改意见和建议。

会后,北京市人大法制委员会根据市领导的指示,对示范区立法中的重大问题进行了专题研究,通过开展系列调研座谈,听取各方面的意见,在此基础上反复协调修改,并两次向立法领导小组汇报情况。11 月 2 日,法制委员会召开会议,根据教科文卫体委员会审议意见、常委会组成人员的审议意见和其他方面的意见进行了统一审议，提出了进一步修改的意见，主要是：在第四条中明确示范区建设应当立足首都城市性质和功能定位，在服务全国中发展自己，为国家自主创新战略的实施，发挥服务、支撑、引领和辐射的作用；增加了自主创新平台建设、示范区的产业发展格局、促进科技成果转化、支持创业投资机构、核心区建设等内容，并将人才资源单设一章。在此基础上形成了条例草案修改稿。

2010 年 11 月 19 日，市十三届人大常委会第二十一次会议对《中关村国家自主创新示范区条例（草案修改稿）》进行了第二次审议。会上，常委会组成人员听取了法制委员会关于《中关村国家自主创新示范区条例（草案）》审议结果的报告，并分组审议了草案修改稿，有 16 位常委会组成人员和 1 位列席人大代表发表了意见。主要是：应进一步加强市政府对示范区建设和发展的整体统筹，推动创新资源整合和体制机制改革创新；应当根据示范区发展实际需要，建立与促进科技研发、成果转化相适应的人才引进和职称评价制度；核心区应当明确其功能定位，发挥创新资源优势，带动示范区整体发展；完善企业筹建登记制度等。

12 月 13 日，法制委员会召开会议，根据常委会的审议意见对草案修改稿作了进一步修改：根据近期上报国务院的《中关村国家自主创新示范区发展规划纲要》精神，将第四条修改为："示范区应当以科学发展观为指导，服务国家自主创新战略，坚持首都城市功能定位，推进体制改革与机制创新，建设成为深化改革先行区、开放创新引领区、高端要素聚合区、创新创业集聚地、战略性新兴产业策源地和具有全球影响力的科技创新中心。"为促进高端产业集群的发展，将第七条第二款修改为："示范区重点建设中关村科学城、未来科技城等海淀区和昌平区南部平原地区构成的北部研发服务和高新技术产业聚集区，北京经济技术开发区和大兴区整合后空间资源构成的南部高技术制造业和战略性新兴产业聚集区。"为进一步加强市政府对示范区建设和发展的整体统筹，推动创新资源整合和体制机制改革创新，将草案修改稿第十条修改为："市人民政府负责统筹、规划、组织、协调、服务示范区的建设与发展。"将第十一条第二款修改为："在示范区申请设立企业,经营范围中有属于法律、行政法规、国务院决定规定在登记前须经批准的项目的,可以申请筹建登记。对符合设立条件的,工商行政管理部门直接办理筹建登记,并将办理筹建登记的情况告知有关审批部门;企业获得批准后,应当申请变更登记。筹建期限为一年,筹建期内企业不得开展与筹建无关的生产经营活动。"为借鉴鸟巢机制,实现需求拉动创新,将草案修改稿第十九条修改为:"示范区应当推进自主创新资源配置方式改革,围绕国家自主创新战略的重大项目和首都经济社会发展的重大需求,在政府引导和支持下,以企业为主体或者采取企业化的运行模式,聚集企业、高等院校、科研院所、社会组织等各类创新创业主体,整合土地、资金、人才、技术、信息等各种创新要素,链接科技研发和科技成果产业化等各个创新环节,形成协同创新、利益共享的自主创新机制。"为支持战略科学家领衔组建新型科研机构,发挥其体制机制创新和科技创新的引领示范作用,法制委员会建议在草案修改稿中增加一款,表述为:"支持战略科学家领衔组建新型科研机构。"为提高转化科技成果的积极性,可以允许高等院校、科研院所按照有关规定使用科技成果转化获得的收益,法制委员会建议将草案修改稿第二十五条第一款修改为:"鼓励示范区内的企业、高等院校、科研院所依法转让科技成果。高等院校、科研院所按照国家和本市有关规定,可以将科技成果转化收益用于奖励和教学、科研及事业发展。"第三十七条增加一款,表述为:"本市在示范区建立与促进科技成果转化相适应的职称评价制度,为工程技术人员提供职称评价服务;对示范区内的企业引进科技研发和成果转化方面的紧缺人才,建立侧重能力、业绩、潜力、贡献等综合素质的人才评价机制和突出贡献人才的直接引进机制。"为构建高效有力的创新支持和服务平台,将第五十三条修改为:"市人民政府会同国务院相关部门建立示范区科技创新和产业化促进中心服务平台,健全跨层级联合工作机制,统筹政府的资金投入和土地、人才、技术等创新资源配置,推进政策先行先试、重大科技成果产业化、科技金融改革、创新型人才服务、新技术应用推广和新产品政府采购等工作。"增加一条"为发挥创新资源优势,推进体制机制创新,集中力量重点突破,带动示范区整体发展,根据自主创新资源分布状况,在示范区设立核心区，具体范围由市人民政府确定"。法制委员会按照上述意见提出《中关村国家自主创新示范区条例（表决稿）》。

2010年12月23日，北京市第十三届人民代表大会常务委员会第二十二次会议召开全体会议，表决通过了《中关村国家自主创新示范区条例》，自公布之日起施行。

（五）制定《北京市农业机械化条例》

农业机械是农业生产力的基本要素，是现代农业的重要基础，农业机械化是发展现代农业的根本出路。《北京市农业机械管理条例》自1997年实施以来，有力地推动了本市农业机械的发展，提高了农业现代化水平。截至2009年底，本市农业机械总动力达到271.5万千瓦，各类农业机械40万台（件），农业机械原值23.7亿元；有各类农机作业服务组织858个；农机行业从业人员近6.8万人。本市大田作物机播面积324万亩，占播种总面积的68.6%；机械收获面积达到157万亩，占播种总面积的33.2%，其中小麦机收水平达到99.9%。综合机械化水平达到61.8%，高于全国平均水平15个百分点。

随着首都现代农业的发展，农业生产结构不断调整，本市农业机械化发展呈现出以下特点：农业机械化在大田作物全程机械化生产、农业增效、农民增收、农业生态保护和农机安全等方面处于全国领先地位；拥有农业机械的主体，由过去单一的集体所有，向农业机械作业合作社、农机大户个体等主体多元化趋势发展；农业机械作业领域由传统的种植、养殖环节，向农产品加工、配送、销售环节延伸；农机应用领域更为广泛，为设施农业、健康养殖业、观赏鱼业、林果、花卉、节水灌排、农产品加工等具有首都特色的都市型农业提供农机服务；高端、高效、安全、节能、环保的农业机械新技术、新产品支撑都市型现代农业发展。

虽然本市农业机械化发展在全国处于领先，但仍存在一些问题和不足：农机推广服务能力有待进一步加强；农机社会化服务体系有待进一步完善；农机化基础设施有待进一步健全；政府扶持、服务与监管工作有待进一步强化；随着本市农业机械数量的增多，农机的质量管理更加重要，农机事故已然成为一个严峻的问题,严重损害了农民的利益,直接危及了农民群众的生命财产安全,甚至影响到农村社会的稳定。2004 年,国家颁布了《中华人民共和国农业机械化促进法》,加大了扶持和服务农机的力度,促进了农业机械化发展,对农业机械的科研开发、质量保障、推广使用、社会化服务以及扶持措施等作了规范。2009 年,国务院颁布实施《农业机械安全监督管理条例》,构建了统一、完整的农业机械安全监督管理体系,对农业机械生产、销售、维修、使用操作、安全监督等活动作出具体规定,加强了农业机械的安全管理工作。近几年,国务院还制定了一系列有关发展现代农业、推进新农村建设的文件,出台许多促进农业机械化发展的扶持、优惠措施。由于本市农机管理条例出台在前,在生产者、销售者质量安全责任、产品质量监督工作分工以及违法处罚等方面与国家规定不一致。因此迫切需要根据国家新颁布的促进的法律、行政法规,针对本市农业机械化过程中的突出问题,制定一个涵盖农业机械化全过程的地方性法规,由过去对农业机械物的监督管理,转变为对农业机械化的促进,维护农民群众的合法权益,保护农民群众生命财产安全,走出一条具有首都特色,体现世界城市水平的农业机械化道路。

为了鼓励、扶持农民和农业生产经营组织使用先进适用的农业机械,促进本市农业机械化,建设都市型现代农业,市人民政府在深入调研的基础上,根据《中华人民共和国农业机械化促进法》,结合本市的实际情况,起草了《北京市农业机械化条例(草案)》,提请市人大常委会审议。条例草案分为总则、科研开发与推广、质量保障、社会化服务、扶持措施、安全监督管理、法律责任、附则,共 8 章,45 条。条例草案的内容,一是细化农机科研和推广的具体措施;二是完善质量保障责任;三是创新社会化服务体系;四是加大政策扶持力度;五是完善农机安全监督管理制度。

2010 年 7 月 28 日,北京市第十三届人民代表大会常务委员会第十九次会议对《北京市农业机械化条例(草案)》进行了审议。会上,市人大农村委员会作了审议意见的报告,有 24 位常委会组成人员发表了审议意见。审议意见认为,立法对于扶持和促进本市农业机械化,进一步提高农业机械化水平,推动都市型现代农业的发展十分重要;条例草案立法思路清晰,紧密结合北京实际,突出了地方特色,对农业机械化科研开发与推广、质量保障、社会化服务、扶持措施、安全监督管理等方面进行了具体规范,使各级政府和农业机械化监管部门、服务机构的职责更加明确,农业机械化扶持措施得到进一步细化,突出了促进发展的内容,又进一步充实和细化了农业机械安全监督管理的相关规定,具有较强的针对性和可操作性,《条例(草案)》已基本成熟。同时,对法规名称、政府职责、科研开发与推广、政策扶持措施、质量保障、农业机械更新、农业机械所有者安全责任等方面提出了一些修改意见和建议。

会后,市人大法制委员会针对审议中的问题,到市农业局、顺义区、大兴区进行了调研,听取了农机管理部门及农机经营、操作、监理、服务等各类机构和人员的意见、建议。2010 年 11 月 1 日,法制委员会召开会议,根据常委会组成人员审议意见、农村委员会审议意见和其他各方面的意见进行了审议,对条例草案作了进一步修改:一是将法规名称修改为《北京市农业机械化促进条例》;二是在第三条第一款中增加了有关农业机械化发展目标的内容;三是在第二十八条中增加写对农业机械化扶持资金使用情况的监督的内容;四是在第三十七条中增加了对危及人身财产安全的农业机械的安全检验的内容;五是增加了关于农业机械的淘汰、报废的条款;六是增加了关于农业机械生产经营组织和农业机械所有人的安全责任的条款。在此基础上形成了草案修改稿。

2010 年 11 月 18 日,北京市第十三届人民代表大会常务委员会第二十一次会议对《北京市农业机械化条例(草案修改稿)》进行第二次审议。会上,常委会组成人员听取了市人大法制委员作的审议结果报告,并对草案修改稿进行分组审议。有 1 位委员发表了意见,认为农业机械的淘汰和报废是农业机械安全管理的重点和难点,《条例(草案修改稿)》作了规定,但还不够具体,建议就有关农业机械回收的内容再作充实。

2010 年 12 月 13 日,法制委员会召开会议,根据委员的审议意见对《条例(草案修改稿)》进行审议,将《条例(草案修改稿)》第三十八条修改为:

"本市按照国家有关规定,实行农业机械的淘汰和报废制度,具体办法由市农业机械化主管部门会同有关部门制定。明令淘汰和达到报废条件的农业机械应当停止使用并依法实行回收。市和区、县农业机械化主管部门应当监督回收单位对回收的农业机械进行解体或者销毁。"在此基础上形成了《北京市农业机械化促进条例(表决稿)》。

2010 年 12 月 23 日,北京市第十三届人民代表大会常务委员会举行第二十二次会议全体会议,表决通过了《北京市农业机械化促进条例》,并自 2011 年 3 月 1 日起施行。

## 二、集中开展法规清理

地方性法规是我国社会主义法律体系的重要组成部分。北京市人大常委会成立 30 年来,在市委领导下,与市政府密切配合,紧紧围绕全市工作大局,把立法与首都的改革发展稳定紧密结合起来,制定、修订地方性法规 300 余项。截至 2009 年底,现行有效的 137 项,内容涉及经济建设、社会发展、民生、民主法制等不同领域,保证了宪法、法律、行政法规在本行政区域的有效实施,为首都改革开放和现代化建设提供了有力的法制保障。由于本市现行法规形成于我国改革和发展的不同历史阶段,随着首都经济社会的快速发展,社会主义民主法制建设的不断推进,部分法规也存在着与当前经济社会发展不相适应、与国家新出台的法律、行政法规不一致,以及法规之间不协调的问题。

为了如期实现党中央提出的到 2010 年形成中国特色社会主义法律体系的目标,2009 年 11 月,全国人大常委会下发了《关于做好地方性法规清理工作的意见》,要求各省、自治区、直辖市和较大的市人大常委会,按照确保到 2010 年形成中国特色社会主义法律体系的要求,对现行地方性法规进行一次集中清理。着重解决法规规定中存在的明显不适应、不一致、不协调的突出问题。根据不同情况,区分轻重缓急,分类进行处理,以维护中国特色社会主义法律体系的内在和谐与统一,更好地发挥法律、法规在国家经济、政治、文化和社会生活中的规范、引导和保障作用，并要求 2010 年 6 月底前取得阶段性成果，12 月底前将清理情况向全国人大常委会报告。

北京市人大常委会对法规清理工作高度重视，把法规清理作为 2010 年市人大常委会的一项重要工作。为了保证法规清理工作质量和进度，主任会议年初通过了法规清理工作实施方案，明确了本法规清理的目标任务和重点、工作原则、组织领导及分工、实施步骤，为加强领导明确了一位副主任负责法规清理工作。

北京市法规清理工作按照全国人大统一部署和本市法规清理工作实施方案分四个阶段进行：

第一阶段从 2009 年 12 月至 2010 年 1 月，为工作准备和部署阶段。全国人大关于开展地方性法规清理工作的文件下发后，常委会有关主管副主任与市政府主管副市长就本市开展法规清理工作进行了协调，法制办公室根据全国人大对法规清理工作的要求和市人大、市政府立法工作协调会的意见，提出本市法规清理工作实施方案，经主任会议讨论通过，对本市法规清理工作作出部署。

第二阶段从 2010 年 1 月至 4 月，为初审阶段。常委会有关工作机构、市政府法制办组织政府有关部门、市高级人民法院、市人民检察院、区县人大常委会按照清理工作实施方案确定目标任务和重点、工作原则、组织领导及分工、实施步骤的要求，同步开展了清理工作，对 2009 年底前的 137 件现行有效的地方性法规是否存在不一致、不适应、不协调的问题进行了认真梳理和查找。4 月底，各单位提出了初审意见。

第三阶段从 2010 年 5 月至 6 月，为复核阶段。法制办公室对各方面提出的初审意见进行了汇总整理，并逐件进行复核。复核的重点是法规是否存在与上位法明显不一致的问题，即是否有"硬伤"。在复核工作中，法制办公室与常委会有关工作机构、市政府法制办就每件法规的问题确认及处理方式进行了沟通协调，在取得共识的基础上，形成了法规清理结果的初步意见，并向主任会议作了汇报。

第四阶段从 2010 年 7 月至 11 月，为处理阶段。法制办公室根据主任会议的意见对拟废止的法规进行专题论证,对拟修改法规的修改内容逐条反复进行研究,经广泛听取意见,反复论证,并与常委会有关工作机构、市政府法制办、市政府有关部门多次沟通协调,提出《北京市人民代表大会常务委员会关于废止部分法规的决定(草案)》和《北京市人民代表大会常务委员会关于修改部分法规的决定(草案)》,经主任会议决定,提请本次常委会会议审议。

本市法规清理工作坚持法制统一原则,按照中国特色社会主义法律体系统一性、科学性的要求,地方性法规不得与宪法、法律、行政法规相抵触,法规之间应当相互协调和衔接;坚持从实际出发,对查找出的问题在处理方式上注意把握两点:一是突出重点,统筹兼顾。把清理重点放在本市法规是否存在与宪法、法律和行政法规明显不一致的突出问题上,主要解决法规中的"硬伤",同时也要解决法规中明显不适应首都经济社会发展要求,以及法规之间明显不协调的问题。二是区分情况,分类处理。对于实际已不执行的法规采取废止方式;对于修改内容较少且主要解决与上位法不一致、法规之间明显不协调的法规,采取简易修改方式;对于存在不一致、明显不适应,但需要深入调研以进行全面修订、废旧立新的法规,采取纳入年度立法计划或立法规划进行修改的方式;对于存在不一致,但上位法已启动立法或修改工作的法规,则采取暂不处理方式,待上位法出台后再作处理。

经过清理,截至 2009 年底前本市现行有效的 137 项地方性法规中,需废止和修改的法规共 35 件,其中:

(一)需废止的法规 1 件,即《北京市小公共汽车管理条例》,该法规于 1998 年 6 月 5 日由市十一届人大常委会第三次会议通过,并于 2001 年 5 月 18 日经市十一届人大常委会第二十六次会议修改。随着本市公共交通事业的发展,曾作为公共交通补充的小公共汽车现已不存在,条例的调整对象已经消失。因此,对该法规作废止处理。

(二)需对法规部分条款作简易修改的法规 21 件,由于法规数量比较多,本市法规清理参照全国人大常委会法律清理的做法,把通过清理需要修改或删除部分内容的法规集中起来,统一作出一个修改决定进行处理,这种方式又称为打包修改。采取这种方式处理的法规包括以下五种情况：

1. 法规制定时间早于国家法律、行政法规，或者法规所依据的上位法已作了修改，造成法规的部分内容与上位法的规定不一致，需要进行修改。例如：《禁止赌博条例》第十一条第一款与《治安管理处罚法》对相同行为规定的法律责任不一致。

2. 法规所规定的部分内容已被国家明令废止或取消，需要将有关内容删除或修改。例如：2009 年国务院决定开征燃油税，同时取消了养路费。据此，删除了公路条例中涉及养路费征收的第二十二条、第二十三条、第二十四条规定。

3. 法规规定的部分内容已自然失效，需要将有关内容删除。例如：第29 届奥林匹克运动会已成功举办，《招标投标条例》第四十三条中规定的"第 29 届奥林匹克运动会场馆建设项目建设"的内容已自然失效，因此，对该内容作了删除处理。

4. 制定于不同时期的法规，彼此间存在着不协调的情况，需要按照后法的规定对前法中不协调的内容进行修改。例如：关于议案的若干暂行规定第八条规定的代表建议、批评和意见办理完毕的时间，与 2005 年修订后的代表建议、批评和意见办理条例规定不一致，据此，对前项法规中的相关内容，按照代表建议、批评和意见办理条例的规定作了修改。

5. 法规所引用的其他法规已被废止，或已被新的法规所替代，为了保证法规的有效执行和法规间的协调，需要对法规所引用的其他法规的名称进行相应修改。例如：《水利工程保护管理条例》第十一条第一款中引用的《北京市城市建设规划管理暂行办法》已于 1992 年废止，现已被《北京市城乡规划条例》所取代。

（三）需列入年度立法计划或立法规划进行修订或废止的法规 13 件：《北京市安全生产条例》、《北京市消防条例》、《北京市邮政通信条例》、《北京市实施〈中华人民共和国残疾人保障法〉办法》、《北京市老年人权益保障条例》、《北京市区、县、乡、民族乡、镇人民代表大会代表选举实施细则》、《北京市公共场所禁止吸烟的规定》、《北京市实施〈中华人民共和国防震减灾法〉办法》、《北京市实施〈中华人民共和国动物防疫法〉办法》、《北京市食品安全条例》。

北京市人大常委会主任会议根据法规清理结果,提出了法规清理工作报告和《北京市人民代表大会常务委员会关于废止〈北京市小公共汽车管理条例〉的决定(草案)》、《北京市人民代表大会常务委员会关于修改部分地方性法规的决定(草案)》,以及两个决定(草案)的说明,提请市人大常委会审议。

2010 年 11 月 18 日,市十三届人大常委会第二十一次会议听取了关于本市法规清理工作的报告,并对《北京市人民代表大会常务委员会关于废止〈北京市小公共汽车管理条例〉的决定(草案)》和《北京市人民代表大会常务委员会关于修改部分地方性法规的决定(草案)》进行了审议,没有提出新的意见和建议。

2010 年 12 月 13 日法制委员会召开会议对两个《决定(草案)》进行了统一审议,提出《北京市人民代表大会常务委员会关于修改部分地方性法规的决定(表决稿)》,《北京市人民代表大会常务委员会关于修改部分地方性法规的决定(表决稿)》。

2010 年 12 月 23 日,北京市第十三届人民代表大会常务委员会第二十二次会议举行全体会议,表决通过了《北京市人民代表大会常务委员会关于废止〈北京市小公共汽车管理条例〉的决定》和《北京市人民代表大会常务委员会关于修改部分地方性法规的决定》,并自公布之日起施行。

## 三、对立法建议进行立项论证

(一)修订《北京市老年人权益保障条例》

《北京市老年人权益保障条例》自 1996 年实施以来,对北京市老龄事业的发展起到了积极的促进作用。但与当年相比,目前北京市经济社会发生了很大的变化,老年人权益保障方面出现了许多新情况、新问题,需要进一步明确政府在保障老年人合法权益中的职责,发挥其主导作用,需要对社会力量参与老龄事业和老龄产业发展引导、规范,需要进一步完善老年人权益保障制度。市人大常委会内务司法办公室会同有关部门,围绕修订《保障条例》的必要性、可行性、可操作性等进行调研和论证,提出了立项论证报告。

2010年12月16日,市人大常委会主任会议第七十七次会议研究了《关于修订〈北京市老年人权益保障条例〉的立项论证报告》,提出了两个方面的意见:

1. 鉴于国家正在着手进行《中华人民共和国老年人权益保障法》的修订起草工作,待上位法修订后,再适时启动《北京市老年人权益保障条例》的修订工作。

2.《北京市老年人权益保障条例》的修订要结合北京市的实际,围绕老年人的特殊权益,抓住老年人权益保障的重点问题,根据《中华人民共和国老年人权益保障法》修订工作的进展情况,同步做好本市法规修订的调研论证工作。

（二）制定《北京市审计地方性法规》

审计监督是宪法规定的一项国家制度,是推动民主法治建设的重要手段,是保障经济社会健康发展的"免疫系统"。随着近年来财政资金规模的不断扩大和资金流向范围的更加广泛,审计工作面临着许多新情况、新问题,如:在跟踪审计中审计机关职责尚不明确;国有资产境外投资缺乏审计监督;对涉及公共资源、关系国计民生等重大政策落实情况开展专项审计调查的法律依据还不够充分;对使用财政资金的非国有单位配合审计的责任有待于明确;审计与政府其他部门之间的协调机制有待健全等。北京市人大常委会财经办会同有关部门对制定市审计地方性法规的必要性、可行性及立法思路和主要内容等进行了调研和论证,提出了立项论证报告。

2010年9月9日,北京市人大常委会主任会议第六十九次会议讨论了关于制定北京市审计地方性法规的立项论证报告,提出了四个方面的意见:

1. 同意《北京市审计条例》立项,列入明年立法计划。

2.《北京市审计条例》的立法工作应当以《审计法》和《审计法实施条

例》为依据,总结本市审计工作的成功经验和做法,针对本市审计工作中存在的重点问题和难点问题,增强立法的针对性和可操作性。

3.《北京市审计条例》应当包括以下内容:

(1)对使用财政资金的非国有单位、境外国有资产、政府投资项目的审计监督;(2)完善绩效审计的规范体系;(3)对政府经济政策落实情况、执行效果的专项审计调查;(4)审计结果公布制度和运用机制;(5)财政资金监管部门的分工协调机制和监督检查结果的共享机制。

4. 在立法过程中,对地方政府债务和政府投融资平台审计、经济责任审计、社会捐赠资金审计等进行研究,条件成熟的,可以在法规草案中加以规定。

(三)制定《北京市中小企业促进条例》

在北京市十三届人大三次会议上,114 位代表和顺义区代表团提出了 7件关于制定《北京市中小企业促进条例》(以下简称《条例》)的法规案,大会主席团决定交市政府研究,由市人大常委会进行立项论证。当前,北京市中小企业发展存在的突出问题:一是政府公共服务缺乏统筹协调,领导体制不健全,职责分工不明确,财政支持资金种类多、资金分散、使用效率不高,尚未形成推动中小企业发展合力;二是北京市中小企业社会化服务体系的建立还处于初步探索阶段,市与区县中小企业服务中心亟待健全规范,各种社会服务机构缺乏统一的协调、指导和监管,现有服务平台之间缺乏有机的链接机制,不能满足中小企业快速成长的需要;三是受 2008 年国际金融危机冲击及其后续影响,中小企业融资难问题进一步凸显;四是中小企业的合法权益保护力度不够;五是受规模、资金、人才、扶持政策等因素影响,北京市中小企业创新能力尚未得到充分发挥。北京市人大常委会财政经济办公室结合执法检查,围绕制定《条例》的必要性、可行性,立法需要解决的主要问题及主要制度设计等方面内容进行深入调研,提出了立项论证报告。

2010 年 12 月 16 日,北京市人大常委会主任会议第七十七次会议研究了《关于制定〈北京市中小企业促进条例〉的立项论证报告》,提出了三个方面的意见:

1. 同意立项,适时将制定《北京市中小企业促进条例》列入市人大常委会立法计划。

2.《北京市中小企业促进条例》的立法工作应当以科学发展观为指导,立足于首都城市性质和功能定位,进一步发挥政府促进中小企业发展的作用,建立健全北京市促进中小企业发展的体制机制和制度措施,解除不适当的管制,解决制约中小企业发展的突出问题,为中小企业创造有利于公平竞争的市场环境,提供更好的发展空间。同时,要大力鼓励和扶持符合首都经济发展方向和产业结构调整目标的中小企业发展,逐步限制和淘汰落后产能,促进中小企业健康发展,实现经济发展方式的转变。

3.《北京市中小企业促进条例》应当包括以下内容:

(1)区分不同类型中小企业,制定分类推进措施;(2)促进中小企业发展的综合协调机制;(3)中小企业财政支持措施;(4)中小企业社会化服务体系;(5)中小企业融资渠道;(6)中小企业产业用地机制;(7)中小企业的人才支持措施;(8)中小企业的权益保护。

（四）制定《北京市社区卫生服务条例》

发展社区卫生服务,是完善公共卫生体系,实现十七大报告中提出的"人人享有基本医疗卫生服务"目标,满足人民群众健康需求,加强社区建设,建设社会主义和谐社会首善之区的重要内容。多年来,北京市大力推进社区卫生服务工作,取得了一定成效,但也还存在一些问题:一是社区卫生服务的公益性不够明确,政府在社区卫生服务工作中的职责不清晰,部分地区对社区卫生服务工作投入不足;二是在城乡统筹中,适合北京发展的社区卫生服务体系在体制机制上还需要进一步创新,以适应农村地区的需要,保障农村地区居民的健康权益;三是社区卫生服务机构的服务模式、服务功能、服务行为、设置准入标准等有待进一步规范;四是社区卫生服务人员不足、对社区卫生服务适宜人才的培养缺乏统一规划和长效机制;五是居民和社区卫生服务机构在社区卫生服务工作中享有的权利义务不明确。市人大常委会教科文卫体办公室会同有关部门,围绕条例制定的必要性、可行性,解决的主要问题及主要制度设计等方面内容进行调研论证,提出了立项论证报告。

2010 年 11 月 25 日,北京市人大常委会第七十四次主任会议讨论了关于制定北京市社区卫生服务条例的立项论证报告,提出了三个方面的意见:

1. 同意《北京市社区卫生服务条例》立项,列入明年立法起草计划。

2. 《北京市社区卫生服务条例》的立法工作应当以科学发展观为指导,坚持以人为本,以国家社区卫生政策为依据,总结本市社区卫生实践中的经验和做法,针对工作中的重点难点问题提出解决思路,使法规具有前瞻性、针对性和可操作性。

3. 《北京市社区卫生服务条例》应当包括以下内容:

(1)明确社区卫生服务具有提高人民健康水平、保障改善民生的社会公益性质,把握社区卫生服务在公共卫生和基本医疗服务体系中的基础性作用;(2)政府应发挥主导作用,包括制定社区卫生事业发展规划、建立健全财政投入保障机制、规范设置建设标准等;(3)提高社区卫生服务的质量效率,与现有的医疗保障制度相衔接;完善服务运行机制,规范服务内容;(4)从城乡不同的特点和需要出发,建立城乡统筹的社区卫生服务体系;(5)加强社区卫生服务人才队伍建设,建立健全人才培养和激励机制;(6)建立健全社区卫生服务质量管理体系,加强对机构及从业人员的监督管理。

(五)制定《北京市河湖保护管理条例》

1999 年市人大常委会制定了《北京市城市河湖保护管理条例》,该条例颁布实施 10 多年来,对于保障北京城市水系治理,保持清洁优美的河湖景观,改善城市环境,提升城市品质,服务绿色奥运和宜居城市建设发挥了应有作用。但是,随着首都经济社会的快速发展和水务情况的的变化,《城市河湖条例》已不能完全适应统筹城乡发展和促进基本公共服务均等化的新要求:1. 不同类型河湖保护规范有待完善;2. 水文化亟待保护;3. 水生态保护的法律规范缺位;4. 对违法行为的处罚力度较弱。农村办公室继续围绕制定河湖保护地方性法规的必要性、可行性、立法需要解决的主要问题和具体措施等起草了立项论证报告。

2010 年 9 月 30 日,北京市人大常委会主任会议第七十次会议讨论了关于制定北京市河湖保护管理地方性法规的立项论证报告，提出三点意见：

1. 同意《北京市河湖保护管理条例》立项，列入明年立法计划。

2.《北京市河湖保护管理条例》的制定应当以科学发展观为指导，统筹城乡河湖保护管理工作，总结城市河湖条例实施经验，按照建设"三个北京"的要求，进一步健全河湖的规划、管理工作，加强河湖水质以及水文化、水生态的保护，完善法律责任，针对河湖保护管理中的现实问题和突出问题进行立法，立法重在解决问题，增强法规的可操作性。

3. 河湖保护管理工作涉及面广，法律关系复杂，制定条例要注意处理好和水法、防洪法、水污染防治法、城乡规划法、突发事件应对法、河道管理条例等法律、行政法规，以及水利工程保护管理条例、实施水污染防治法办法等本市地方性法规之间的关系，还要注意处理好和本市正在调研的湿地保护条例之间的关系，注意研究条例的立法空间。通过立法，打破河湖保护管理的城乡二元体制，促进城乡统筹发展，改善河湖水环境质量，提高河湖保护管理的水平和效能。

（六）修订《北京市区、县、乡、民族乡、镇人民代表大会代表选举实施细则》

北京市从 1984 年制定《实施细则》以来，根据选举法的历次修改和全国人大常委会关于直接选举的若干规定，对《实施细则》于 1986 年、1993 年、1998 年、2003 年、2005 年进行过五次修改。总的来看，《实施细则》符合本市选举工作实际，具有较强的可操作性，为推动选举工作规范化发挥了重要作用，为广大选民依法行使民主权利，保证区县、乡镇两级人大代表换届选举顺利进行提供了制度保障。2010 年 3 月，十一届全国人大三次会议审议通过了选举法修正案，实行城乡按相同人口比例选举人大代表。另外，从北京市区县、乡镇人大代表选举工作的实践看，为保证区县、乡镇人大代表选举工作的顺利进行，不仅需要改进选区划分工作，实现城乡按相同人口比例选举人大代表，还需要在人大代表的广泛性、选举机构的设立和职责、代表候选人的推荐提名和确定、投票选举程序的组织等方面予以改进。

2010 年 12 月 2 日，北京市人大常委会第七十五次主任会议讨论了关于修订《北京市区、县、乡、民族乡、镇人民代表大会代表选举实施细则》的立项论证报告,会议指出,明年即将开展区县乡镇人大换届选举工作,市人大常委会要在市委领导下,通过修订实施细则,为选举工作提供法制保障和具体指导。会议同意立项,决定由人事室继续做好该法规的修订工作,并提请明年的常委会会议审议通过。

## 四、开展立法后评估工作

《北京历史文化名城保护条例》(以下简称《条例》)由北京市第十二届人民代表大会常务委员会第十九次会议于 2005 年 3 月通过,是市人大常委会根据国家城乡规划、文物保护等有关法律法规,结合本市实际情况,对北京旧城、历史文化街区、文物保护单位以及具有保护价值的建筑等进行系统保护的一部地方性法规。《条例》实施五年来,北京市对历史文化名城保护的认识不断深化、力度不断加强,保护工作取得了可喜的成绩。为了使北京这座历史文化名城得到更好的建设和保护,2010 年市人大常委会安排了对《条例》的立法后评估工作。

立法后评估采取专题调研和座谈会相结合、书面征集意见和开设网上专栏相结合、资料研究与实地走访相结合、委托专门机构评估和市人大常委会评估工作组评估相结合等方式全面展开评估工作。在此基础上,从合法性、合理性、地方特色、立法技术及实施效果等方面,对《条例》进行了全面评估。

(一)《条例》质量的总体评价——基本符合地方性法规的质量标准

《条例》共六章,四十一条,分别从管理体制、工作原则、保护内容、保护规划、保护措施和法律责任等方面对历史文化名城保护作出了系统性的规定,为北京历史文化名城保护工作提供了行之有效的制度支持和保障,充分体现了地方立法的功效和特色。

总体来看,《条例》的地方特色鲜明,立法的内容和形式符合相关要求,立法技术规范。

1.《条例》地方特色鲜明，具有较强的针对性

北京是世界著名的文化古都，是国务院首批公布的国家级历史文化名城。但在如何有效开展文物保护工作的实践中，始终存在着认识上不清晰、做法上不统一的问题。在这样的背景下，历史文化名城保护工作有法可依就显得尤为重要，急需在总结实践经验的基础上，从制度层面明确保护的原则、内容和保护措施，将保护工作纳入法制化轨道，规范有序地开展相关工作。市人大常委会经过反复论证和三次审议，于 2005 年 3 月通过颁布了《北京历史文化名城保护条例》。《条例》关于工作原则、保护内容、具体保护措施的规定，充分考虑了北京历史文化名城这一保护对象的独特性，抓住了首都北京保护工作面临的主要矛盾，从满足保护工作实际需要出发，具有较强的针对性和鲜明的地方特色。

2.《条例》符合相关法律的规定和精神

《条例》属于创制性地方性法规，在明确历史文化名城各类各层次规划的编制主体、内容和程序时，严格依照《城市规划法》的具体规定和原则来设定。同时，有关文物保护方面的内容依照文物保护法律、法规的规定，并注意与文物保护地方性法规的衔接和协调。2008 年国务院颁布了《历史文化名城名镇名村保护条例》，经过认真分析，我们认为，《条例》与《历史文化名城名镇名村保护条例》基本精神一致，在管理体制，主要制度，公民、法人和其他组织权利义务的设定，行政程序设定等方面的内容基本相同。

3.《条例》确立的原则明确、主要制度设计合理，基本适应保护工作的需要

一是明确保护工作原则，妥善处理城市发展与历史文化名城保护之间的关系。《条例》从实际出发，确立了"统筹规划、统一管理、保护为主、合理利用"的原则，较好地处理了历史文化名城保护与城市发展的关系，并在立法中贯穿和体现了这一原则。《条例》实施五年来，历史文化名城保护工作的客观条件虽然发生了一些新的变化，但保护和发展这一对根本矛盾依然存在，立法的指导思想和确立的工作原则在现阶段仍然适应保护工作形势的需要。

二是《条例》确定的保护对象和内涵客观合理。《条例》明确规定了历史文化名城的保护内容包括旧城的整体保护、历史文化街区的保护、文物保护单位的保护、具有保护价值的建筑的保护,其中旧城的整体保护、具有保护价值的建筑的保护首次在法规中明确纳入保护范围。

三是《条例》的主要措施切实可行。《条例》明确要求市政府及其有关部门制定各类保护规划,对北京历史文化名城保护规划、相关专项保护规划和修建性详细规划的编制主体、内容、程序作出了具体规定,通过规划先导和控制,有效发挥了保护作用。设定建设项目评估程序、对保护区内既有建筑进行分类保护和整治、公众参与保护等多种方式和机制,明确了保护的具体措施和基本规范,有力地推动了古都风貌的保护。

4.《条例》立法技术规范

《条例》名称表述科学规范,准确完整,内部结构分为总则、分则、附则以及目录,其中各章节条款的使用合理规范。《条例》逻辑严密,行为模式与后果模式的设定一一对应,清晰完整,保护权利义务与相关责任基本上不存在脱节、空缺、遗漏的问题。立法语言准确规范,适用范围条款、权利条款、义务条款、奖励条款、授权条款、行政处罚条款、追究行政执法责任条款的表述适当明确,适用性和可操作性较强。文字表述简明、严谨、准确,法学术语、概念、范畴严谨、统一、无歧义。

(二)《条例》实施效果评价——基本适应历史文化名城保护工作的需要

《条例》实施以来,逐步将北京历史文化名城保护工作纳入法制化、规范化轨道,在保护思想、保护内容、保护方法等方面得到了不断发展和丰富,保护工作取得显著成效,获得了社会的广泛认同,主要表现在以下四个方面:

1.《条例》的出台将北京历史文化名城保护工作纳入法制化轨道,历史文化名城保护制度框架逐步形成

《条例》实施以来,北京历史文化名城保护范围不断拓展,从过去单一的对文物保护单位的保护,发展到对历史文化街区的保护和对历史文化名城的整体保护,保护思想不断发展;从重点保护古代建筑到保护优秀近现代

建筑、工业文化遗产，保护内容不断丰富；从"整旧如旧"、"原汁原味"的保护到"保护和再利用"的有机结合，从对一点一滴的保护发展成为点、线、面结合的系统性保护，保护方法越来越多样性；从重视公共建筑到重视四合院，从物质遗产到非物质遗产，保护范围和内涵不断拓展；逐渐形成了"四个层次（具有保护价值的建筑、文物保护单位、历史文化街区和历史文化名城的保护）、两个拓展（优秀近现代建筑和工业文化遗产的保护）、一个重点（旧城整体保护）"的保护制度框架。

2.《条例》的实施促进了历史文化名城保护规划和工作规范的不断完善

《条例》体现了从规划入手实施保护的立法思想，规定规划行政主管部门，负责制定本行政区域内历史文化名城、街区、建筑的保护规划。

2005 年修编完成的《北京城市总体规划（2004—2020 年）》将历史文化名城的保护作为重点内容列入总体规划之中；为落实旧城整体保护的原则，2006 年市规划委组织编制完成了《北京旧城保护规划》。2007 年制定了《北京市"十一五"期间历史文化名城保护规划》，对旧城的人口、用地、交通等问题提出了相应要求。

为贯彻落实《条例》，北京市政府相关部门陆续制定了一系列工作规范，2005 年以来，市规划委相继出台了《北京旧城风貌保护与危房改造专家顾问小组工作规则》、《历史文化街区房屋保护和修缮管理工作流程》、《危改项目管理工作流程》等三个程序性文件，逐步规范了审批程序。2008 年，市规划委会同市建委、文物局制定了《北京旧城历史文化街区房屋保护和修缮工作的若干规定》，对本市旧城内街巷、胡同、四合院等古建筑的修缮保护、使用功能改造以及市政设施改造做出了具体规定。2010 年 4 月，市规划委制定了《关于编制北京市城市设计导则的指导意见》，将历史文化街区和文物周边区域划定为对城市整体品质具有重要影响的地区，作为开展中心城地区城市设计导则编制工作的基础。

3.《条例》实施后，历史文化名城保护效果显著

（1）《条例》实施促进了旧城改造思路和模式的重大转变。旧城危改实

现了从开发主导向政府主导的转变,政府通过制定改造计划、出台相关政策、拨付财政资金、规范工作流程等手段全程主导旧城改造工作,旧城内的危改由"大拆大建"改造向"小规模、渐进式、多样化、微循环"改造模式转变。

到 2007 年,完成了玉河、三眼井、白塔寺、烟袋斜街、前门、大栅栏等 6 片历史文化街区的保护,对旧城四合院、胡同等传统风貌采取了一系列的保护措施,这种修旧如旧,逐步推进,一点一滴的"微循环"改造方式对旧城街区和院落的保护与修缮起到了积极作用。

(2)文物保护工作进一步加强,古典园林、风景名胜区体系和古树名木保护取得进展。截至 2008 年底,市政府先后公布了六批 99 项国家级文物保护单位、七批 326 项市级文物保护单位。五年"人文奥运文物保护计划"的实施,使全市文物建筑的保护状况得到了明显改善。天坛、颐和园、周口店遗址、先农坛、历代帝王庙、孔庙、国子监等一大批文物古建筑得到了全面修缮。

为加强古典园林的保护,全市公园风景区范围内的世界文化遗产、国家重点公园、部分市级重点公园都先后编制了《文物保护专项规划》。2007 年制定了《古树名木评价标准》,2008 年制定《濒危古树名木抢救复壮技术规程》。

(3)积极探索特色文化风貌村落保护工作。《条例》实施以来,有关部门组织开展了北京远郊区县特色文化风貌村庄保护规划的编制工作,尝试推进特色村庄的保护工作。现已经完成了门头沟区斋堂镇爨底下村、灵水村和龙泉镇琉璃渠村等 5 个村落的保护规划。

4. 积极探索在新时期新条件下开拓保护工作

(1)优秀近现代建筑开始受到保护,公布了第一批保护名录。优秀近现代建筑是北京历史文化名城的重要载体,烙刻着时代印记,关系北京城市文脉的传承,是《条例》规定的具有保护价值建筑的重要组成部分。2007 年市规划委与市文物局共同编制完成了第一批《北京优秀近现代建筑保护名录》,按照普查登记、分类筛选、征求专家意见的工作程序划定建筑 71 处、

188栋。

（2）工业遗址保护和再利用开始初步实践。工业遗址也是具有保护价值建筑的重要组成部分。北京市对"798"、"北焦"、"首钢"、"二热"等四处各具特点的优秀工业文化遗产开展了保护及再利用的专题研究。

（三）存在的主要问题

北京正处于加快城市化进程的建设中，历史文化名城保护形势依然严峻，《条例》实施虽然取得了一定的成效，但也存在一些问题，这些问题有的属于立法层面的问题，有的是属于执法层面的问题。在有关部门和相关单位评估意见的基础上，我们选择了大家共同关注的几个问题，重点进行分析和评价。

1. 关于法规内容需要进一步完善的问题

（1）部分内容与保护工作形势发展的需要存在一定差距。一是历史文化名城保护工作的原则需要进一步强化。"保护为主"的原则已经不能完全适应建设"三个北京"、"世界城市"的要求和广大人民群众的更高期待，需要进一步强调"保护优先"，进一步加大历史文化名城保护的力度。二是《条例》的调整范围应根据形势的需要加以拓宽。历史文化名城的内涵既包括物质形态的城市格局、文物古迹、有特色的建筑等传统城市风貌，也包括文化传统的继承与发扬，城市文化价值的发掘。三是《条例》关于法律责任，特别是罚款数额的规定，已经滞后于经济发展的速度，起不到威慑惩治违法行为的作用。

（2）《条例》中部分规定的可操作性不强。一是关于城市景观线、对景建筑的名单由市文物主管部门牵头提出的规定与实际工作有一定的差异。二是部分制度措施需要加以强化。《条例》在制度设计上刚性力度不够，影响实施的效果。

2. 关于法规实施中存在的问题

（1）历史文化名城的基础性研究不足，对保护工作的认识理解存在一定偏差。北京市至今没有历史文化名城保护的专业研究机构，专业人才缺乏，难以组织专业研究力量系统地开展高水平的历史文化名城保护专项研究,目前整体研究水平与文化名城保护的客观要求存在较大差距。

(2)统筹管理的机制有待进一步完善。《条例》虽然已经明确规定了统一监督管理和有关管理部门分工合作的保护管理体制,但历史文化名城保护是一项综合性很强的工作,涉及政府多个行政部门的职能,文物、规划、建设等行政主管部门各管一摊,统筹协调机制不够完善。

(3)《条例》中部分条款贯彻落实尚未完全到位。《条例》第4条规定:"市文物行政主管部门应当按照本条例规定的职责,负责具有保护价值的建筑的保护工作。"2006年市文物局研究制定了具有保护价值建筑的认定标准和程序,并提出了第一批具有保护价值建筑名单并提交审议,但由于配套的管理审批程序、修缮标准等未同步到位,以至该项工作进展缓慢。第25条对"历史文化名城风貌影响评估"进行了规定,但对评估标准和程序未作具体规定,要求划定重点道路的具体范围也一直未公布。

(4)历史文化名城保护的资金相对不足。目前,北京市虽有专项资金,但数额不足,只能用于文物建筑修缮。对历史文化名城的环境风貌进行整治,则主要靠危旧房改造的模式来进行,影响了对北京旧城内具有典型城市特色的平房、胡同的有效保护,使北京旧城"天际线开阔、平缓,城市呈水平布局"的格局受到一定程度的破坏。

(四)评估建议

这次评估工作力求既对条例的合法性、合理性和可行性等进行分析评价,提出法规修改完善和提高立法质量的意见和建议,也要与进一步推进北京历史文化名城保护工作相结合,提出加强北京历史文化名城保护工作的意见和建议,因此,针对目前存在的主要问题,提出以下建议:

1. 深入研究,适时修改完善《条例》

按照中央和本市关于保护工作新的更高要求,重新审视新形势下立法原则和相关内容与实际工作需要的差距,采取简单修订的方式,适时对《条例》进行补充、修改和完善,增强法规的实效性。同时,对《条例》与《历史文化名城名镇名村保护条例》部分内容、表述不一致的情况,建议有关部门深入开展相关调研,提出解决方案。在此基础上,根据实际需要考虑对《条例》进行必要的修改完善。

2. 加强综合性保护政策的统筹研究,统一思想,深化认识

加强历史文化名城保护的工作研究,设立专业的研究机构,提供专项研究经费,解决相关科研单位人员、编制等问题。继续加大专项资金保障支持力度,最大限度地发挥财政资金的导向作用。

3. 健全完善统筹协调机制,提高监管水平

进一步健全和完善统筹协调机制,强化市政府对历史文化名城保护工作的统一领导,加强对保护实施情况的监督检查。各相关部门需要进一步整合资源,明确各自的监管要求,细化监管职责,制定联合执法机制,从而达到减少监管盲点、提高监管水平的目的。提高社会公众在保护工作中的参与程度。

4. 进一步加大《条例》的贯彻实施力度

根据法规的要求和实际工作需要,进一步完善相关配套实施办法,建议尽快制订《北京市具有保护价值的建筑保护管理办法》,建立历史文化名城保护名录制度。

## 五、进一步加强和改进立法工作

一年来,常委会围绕提高立法质量,进一步加强对立法工作的统筹协调,推进立法工作机制的完善。一是改进常委会法规审议工作。实行“二审三通过”的审议程序,将原来由全体会议进行二审,审议后在当次会议上表决通过,改为二审分组审议,会后进行修改,再提交下一次常委会全体会议通过,以便于常委会组成人员充分发表意见和法规的进一步完善。如《水污染防治条例》,在二审分组审议时,共有16位常委会组成人员和3位列席代表提出了40多条意见,其中有20多条意见被采纳。实践证明,这种方式有利于集思广益和深入研究解决重点问题,有利于提高法规质量。二是开展和深化法规立项论证工作。制定了立法论证工作规程,开展了6项法规的立项论证。通过法规立项工作,增强了人大常委会在立法工作中的

主导作用,密切衔接了法规起草和法规审议的各个环节,保证了立法工作的质量。三是抓好立法后法规宣传和实施的监督检查工作。法规颁布后,协同市政府及有关部门通过召开学习贯彻座谈会、开辟媒体专版专栏、举办法规培训班、组织法规宣传月、开展对法规实施情况的视察和检查等多种活动,促进法规的普及,推动法规的实施。四是继续开展立法后评估工作。对北京历史文化名城保护条例进行了评估,为进一步完善条例和促进历史文化名城保护工作提供了重要依据。五是进一步推进立法的民主参与和公开工作。每项法规草案均向区县人大常委会和市人大代表征求意见,并邀请代表参加立法调研。利用门户网站平台,公开征求群众意见,做好对社会公开工作。

（王振龙执笔）

# 2010 年北京市依法行政工作报告

## 北京市人民政府法制办公室

2010 年,北京市各级行政机关深入贯彻落实科学发展观,紧紧围绕市委、市政府中心工作,认真贯彻国务院《全面推进依法行政实施纲要》(以下简称《纲要》)和《国务院关于加强市县政府依法行政的决定》(以下简称《决定》),特别是以贯彻落实全国依法行政工作会议精神为契机,大力推进依法行政,加强法治政府建设,为加快首都经济发展方式转变,保障和改善民生,维护首都和谐稳定,实现"人文北京、科技北京、绿色北京"发展战略,推动中国特色世界城市建设,提供了坚强有力的法治保障。

## 一、加强组织领导,依法行政意识和能力显著提高

一是认真组织全国依法行政工作会议精神的学习贯彻。组织各区县政府和市政府各部门主要领导、分管领导进行分组讨论;专门印发通知,组织各级领导干部和公务员认真学习,重点学习温家宝总理的重要讲话和《国务院关于加强法治政府建设的意见》(以下简称《意见》);按照国务院《意见》要求,紧密结合实际,研究起草了市政府关于加强法治政府建设的工作规划,提出了今后一个时期本市加强法治政府建设的指导思想和工作目标、主要任务和措施。二是切实加强依法行政检查指导和监督考核。认真落实

《北京市人民政府关于印发北京市市级国家行政机关绩效管理暂行办法的通知》和《北京市人民政府关于印发区县政府依法行政考核办法(试行)的通知》,制定完善了年度市级国家行政机关和区县政府依法行政考核实施细则,明确了具体考核指标及分值,认真组织了对市级国家行政机关和区县政府的检查考核。三是继续加强依法行政学习培训和宣传教育。进一步完善和落实领导干部学法制度,认真组织开展依法行政培训,创新培训方式方法,联合市委组织部,依托北京大学、政法大学等著名高校,举办了领导干部依法行政素能专题研讨班和法制干部培训班。积极采取多种形式开展重大法制宣传教育活动,认真组织"五五"普法检查验收,各级行政机关工作人员尤其是领导干部依法行政的意识进一步增强。

## 二、深化行政管理体制改革,政府职能进一步转变

一是深入推进行政审批制度改革。进一步下放审批权限,将 50 个重点村城市化改造有关核准权限下放区县办理。进一步完善绿色审批通道机制,建立市固定资产投资行政审批服务大厅,17 个市级部门进驻大厅,131 项审批和服务事项能够在大厅办理,实现各部门并联审批、一条龙服务。推动区县行政服务中心建设,完善街道和乡镇便民服务中心运行机制。全程办事代理制度不断向基层延伸,全市全程代办行政许可、审批和服务事项达 300 万件。二是政府信息公开制度进一步完善。以财政预算和工程建设领域信息公开为重点,主动公开内容进一步深化,全市 44 家部门预算首次通过"首都之窗"门户网站向社会公开。开展信息公开效能监察,进一步加强主动公开信息涉及工作,积极推进规划拆迁、教育医疗、社保就业等涉及民生领域的信息公开。畅通公开渠道场所,群众查阅信息更加方便快捷。严格依申请公开程序,不断完善工作机制,稳妥办理重点疑难公开申请。

### 三、坚持科学民主依法决策，制度建设质量明显提高

一是高质量完成年度立法工作任务。圆满完成市政府年度立法工作计划，完成《中关村国家自主创新示范区条例（草案）》、《禁止违法建设若干规定》等17项立法项目，其中提请市人大审议的地方性法规草案5项，制定、修改政府规章8项，废止4项，内容涉及推动科技创新、保障和改善民生、保障城市管理运行、维护公共安全以及促进首都现代化农业发展等方面。二是进一步完善科学民主立法工作机制。坚持完善公众参与政府立法机制，通过公开市政府立法工作计划，召开座谈会、论证会、听证会和实地调研等形式，广泛征求社会公众意见，并及时将听取和采纳意见情况向社会公开。首次向社会公开征集市政府立法项目建议，进一步拓宽了公众参与渠道。进一步发挥市政府立法工作法律专家委员会的作用，组织专家对地方性法规和政府规章草案进行法律审核，共提出法律审核意见500多条。完善《地方性法规和规章立项论证工作实施办法》，研究制定《政府规章立法技术规范》、《政府规章立法听证办法》等制度，立法工作程序进一步规范。三是认真完成地方性法规、政府规章和规范性文件清理工作。按照市人大常委会的要求，对107项现行有效的地方性法规进行了研究，向市人大常委会提出了保留、废止、修改的建议。认真落实国务院办公厅通知要求，组织开展了市政府规章和规范性文件清理工作，召开全市清理工作会议，明确清理工作范围、标准和完成时限，截至2010年12月底，共对255项现行有效的市政府规章进行了认真清理，其中保留220项、修改24项、废止11项，以市政府令的形式予以公布，维护了法制统一和政令畅通。

### 四、扎实推进社会矛盾防范化解工作，促进首都和谐稳定

一是加强信访问题源头预防，完善信访督查工作机制。深入开展信访积案化解年活动，全市信访积案年内基本达到化解目标，一大批疑难复杂问

题得到解决。加强对解决重大复杂疑难矛盾纠纷的决策指导、统筹协调和督察考核,确保问题解决在基层。全面落实重大矛盾化解专项资金保障机制,市和区县分级设立专项资金,为化解疑难案件提供有力保障。加强专项督察和案件督查,制定《关于依法处理"涉访"违法行为的意见》,实现对有权处理部门和上访群众的双向规范。二是深入开展人民调解,调解工作基础进一步夯实。认真贯彻落实人民调解法,大力推动人民调解组织建设和队伍建设,积极拓展人民调解工作领域,建立健全街乡社会矛盾调处分中心,搭建了基层大排查、大调解工作平台。加强安全稳定信息员队伍建设和管理,举办 300 余名安全稳定信息员骨干培训班。开展社会矛盾专项攻坚调处活动,组织开展地毯式矛盾纠纷排查化解工作,通过定期排查、专项排查和重点攻关等多种方式,开展攻坚调解工作。三是行政复议化解社会矛盾的作用进一步增强。坚持依法、公正、及时原则,认真把好行政复议事实关、法律关、裁决关和善后关,积极促进行政复议调解、和解方式结案。研究起草行政复议立案标准审查规范,进一步发挥行政复议委员会作用,积极探索非常任委员参与案件审理工作机制和考核评价机制,积极推进了区县行政复议委员会试点工作。印发《北京市人民政府关于进一步加强行政应诉工作的意见》,进一步加强了行政应诉工作。

## 五、认真履行执法职责,强化了对行政行为的监督

一是进一步加强和改善行政执法。针对本市行政执法中存在的问题,制定《北京市人民政府关于进一步加强和改善行政执法工作的意见》,建立行政执法工作联席会议制度。建立行政执法与刑事司法衔接工作联席会议制度,与市检察院等部门组织召开"北京市行政执法与刑事司法相衔接工作联席会议"。二是深入推进行政执法责任制落实。认真落实行政处罚案卷评查、行政执法协调等制度,制定《北京市行政许可案卷评查标准(试行)》,行政执法责任制向纵深推进。规范行政处罚自由裁量权行使,对弹性空间分档设限,细化、量化裁量标准。加强行政处罚执法人员资格和证件

管理,组织开展行政处罚执法资格考试和培训,开展行政执法人员资格管理数据库建设,认真做好行政执法证件发放工作,组织开展了法规规章实施准备和评估报告工作。三是强化对规范性文件的备案监督。建立规范性文件备案情况定期通报制度,每季度通报规范性文件备案情况,提高了按时报备率和按时公布率。加强了对全市规范性文件备案工作的督促和指导,对2009年存疑漏备较多和"零报备"的单位进行了重点抽查,共发现漏备规范性文件114件,认真进行了纠正。截至2010年12月底,共收到市政府各部门和各区县政府报送备案的规范性文件367件,其中准予备案登记351件。四是加强效能监察和审计专门监督。创新监察方式,对保障性住房管理开展全市统一立项,对50个重点村城市化工程、基层信访工作、信息公开工作开展联合立项。完成行政监察现代化工程一期建设,初步实现与各部门及区县的连通和数据交换功能。全面推进绩效审计,深化预算执行审计,重点对财政预算执行情况、财政资金使用效果和效益、财政经济安全和政府债务情况等进行审计监督。加大了对建设周期长、资金量大的轨道交通建设、地震灾区援建、土地储备开发项目等基础设施和重点项目的审计力度。

# 2010 年北京高级人民法院审判工作报告

北京市高级人民法院

在最高法院的指导、市委的领导、市人大及其常委会的监督下,全市法院贯彻落实科学发展观,坚持公正高效司法,坚持公开透明办案,坚持依法独立行使审判权,切实履行宪法和法律赋予的职责。

## 一、发挥审判职能,化解社会矛盾,维护社会公平正义

全年立案 433862 件,同比上升 2.2%。北京市高级法院制定《关于加强案件审限管理的实施细则》,严格落实审限制度,全市法院审结案件441424 件,同比上升 4.8%,法定审限内结案率达 96.4%。同时,加大立案前化解矛盾的力度,全市法院在立案前化解纠纷 37150 件,使矛盾在初始阶段得到解决,减轻了当事人的诉累,促进了社会和谐稳定,立案数量增长速度也低于近 10 年平均 8.7% 的增幅。

(一)依法严惩严重刑事犯罪,维护首都社会稳定

2010 年全年审结刑事案件 22696 件,判处罪犯 24158 人。严格执行《关于办理刑事案件排除非法证据若干问题的规定》,没有证据的事实不予认定,存有疑问的证据不予采信,非法证据予以排除,切实做到程序公正、定罪准确、量刑适当。依法严惩严重危害社会治安的暴力犯罪、多发性侵财犯

罪。依法严惩集资诈骗、非法吸收公众存款等涉众型经济犯罪,北京市高级法院制定了《关于审理涉众型经济犯罪案件的意见》。依法严惩贪污贿赂犯罪,审结了国家开发银行原副行长王益受贿案、中国核工业集团原总经理康日新受贿案。依法对醉酒驾车致人伤亡、擅自制作网游外挂销售牟利等新类型犯罪行为予以定罪处罚,发挥了刑事审判对社会行为的规范指引作用。贯彻宽严相济的刑事政策,对情节较轻、社会危害性较小的犯罪,依法从宽处罚,对未成年人犯罪,坚持"教育、感化、挽救"方针,对345名未成年被告人适用缓刑。加强刑事审判中的人权保障,充分尊重辩护律师的执业权利,确保无罪的公民不受刑事追究,依法宣告7名被告人无罪。

（二）依法审理各类民事纠纷,保护当事人的合法权益。全年审结民事案件302963件,占审结案件总数的68.6%

以保障民生为重点,审结婚姻、赡养、继承等案件40402件,注重保护妇女、儿童、老年人、残疾人的合法权益;审结邻里纠纷、物业服务纠纷17204件,促进社区安定;审结土地承包经营权流转、农村房屋买卖等涉农案件8996件,保护农民合法权益,维护农村稳定;审结劳动争议案件33903件,保护劳动者权益和企业用工权益;认真审理涉军案件,依法维护国防利益和军人、军属权益;加强环境司法保护,审结环境保护类案件471件,有的法院还成立了专门的环境保护审判庭。

以规范市场秩序、保障交易安全为重点,审结借贷、证券、票据等金融类案件28467件,规范不良债权处置,维护金融安全,保护投资者公平享有经济增长成果;审结买卖、房地产开发等合同类案件150349件,维护交易稳定,营造诚实守信的市场环境;审结股东权益、解散清算等公司类案件3095件,保护公司、股东、债权人合法权益;审结涉外、涉港澳台案件3059件,坚持平等保护原则,优化投资环境。

以鼓励自主创新为重点,审结专利、商标、著作权等知识产权案件10547件,同比上升30.7%。北京市法院知识产权案件数量大、类型多,许多典型案例被确立为全国知识产权保护标准。世界知识产权组织授予市高级法院知识产权保护金奖,是全国法院唯一获奖单位。

贯彻调解优先、调判结合原则,全年以调解撤诉方式结案 150498 件,一审案件调解撤诉率达 54.3%。在 358 人与某公司因企业改制引发的劳动争议案件中,为防止发生群体性事件,避免刚刚恢复经营的企业重新陷入混乱,影响几千名在岗职工的生计,法院组织了 21 名审判人员,召集当事人集中调解 16 次,找当事人单独谈话 1000 余人次,院长、庭长亲自做工作,经过 5 个多月的艰苦努力,促使达成调解协议,双方都送来锦旗表达对法院的感谢。

坚持司法为民,不断完善便民举措。在落实下乡巡回办案、节假日预约开庭、远程立案、远程电子盖章等便民措施的基础上,新建了"二审远程视频庭审"系统,远郊区县的当事人,在当地法院或派出法庭就可参加二审。怀柔汤河口镇的当事人反映,通过在当地派出法庭参加二审视频庭审,不用往返市区 240 公里,省时方便。当地群众也可以就地旁听二审,接受法制宣传教育,受到广泛好评。

(三)监督和维护行政机关依法行政,保护行政相对人的合法权益

全年审结行政案件 9116 件。在涉及南水北调、京沪高铁、轨道交通、城乡一体化建设等重点项目的征地拆迁案件中,法院通过依法审查和司法建议,促进行政机关完善行政行为,同时多做矛盾化解工作,保障重点工程建设,保障当事人合法权益。根据诉讼管辖的规定,以国家部委为被告的行政案件均由北京市法院审理,针对此类案件政策性强、社会影响大的特点,坚持进行合法性审查,注意在国家经济社会发展大局中考虑个案处理,取得社会效果和法律效果的统一,全年审结相关案件 2430 件。

## 二、坚持从严治院,加强审判管理,确保公正廉洁司法

公正司法必须靠严格公开的审判管理制度来保障。北京市法院加强对审判权的监督制约,增强审判工作的透明度,切实做到依法公正审判,维护法律的严肃性,维护司法的公信力。

（一）严格审判质量管理，严肃追究责任

从 2010 年 3 月初至 9 月底全市法院开展了万件重点案件检查工作，着重检查当事人信访投诉的案件、上级法院改判发回重审的案件、人大代表和政协委员提出意见的案件，并邀请人大代表、政协委员、特邀监督员和律师共同参与。在检查的 10053 件案件中，发现引用法条不准确 17 处、程序瑕疵 24 处、文书错别字 103 处。各法院召开全院大会，点名通报，公开讲评；对 19 件案件依法提起再审，对 3 名责任人予以纪律处分，在全体审判人员中产生很大震动；针对法律适用认识不统一的问题，市高级法院确定了 22 个重点调研课题，制定了审理医疗损害赔偿案件、审理房屋买卖合同案件等指导性文件 12 件；针对监督管理不到位的问题，建立了司法公开、责任倒查等方面的制度 11 项，做到了庭审活动全程录像、过问案件全程留痕、审判工作全程公开。北京市一中院、二中院、朝阳法院、海淀法院被确定为全国司法公开示范法院。同时，着力加强审级监督，发挥二审、再审的纠错、补救功能，审判质量进一步提高。全市法院一审服判息诉率达 83.4%，申诉、申请再审案件同比下降了 47%，信访投诉同比下降了 42.1%。

（二）严格监控审判流程，切实提高审判效率

北京市高级法院明确规定了审判工作各个环节的工作标准和时限要求。针对当事人反映上诉移转用时较长的问题，制定专门的流程规范，每月通报各法院所有上诉案件移转用时，全市法院上诉移转平均用时由上年的 39 天减少为 23 天。进一步推进繁简分流，科学配置审判资源，对小标的买卖合同、民间借贷等简易案件，由速裁庭 1 个月内快审快结；对破产、保险、证券等案件，实行专业化审判，办出具有指导意义的精品判例。基层法院 80% 的民事案件通过简易程序解决，全市法院案件平均审理天数由 76.5 天减少为 50.5 天。坚持科技强院，将所有案件的全部工作环节纳入信息化管理，实现了信息化建设与审判管理的深度融合。国家工信部在市高级法院召开了全国电子政务建设经验交流现场会，各部委、各省市 150 多人参加会议，对北京法院信息化建设和审判管理给予了高度评价。

（三）严格规范执行行为，强化执行管理

一年来，全市法院积极探索执行工作新机制。市高级法院在有关部门支持下，建立了全国首家执行信息查询中心，经过严格审批后，对拒不履行法律义务的被执行人的房产、账户、车辆等 20 多项信息进行集中查询，并采取相应的查封冻结措施。全面推行分段集约执行工作机制，改变一名执行法官"一包到底"的传统执行模式，通过分权制约加强了内部监督，通过集中办理提高了执行效率。为解决执行人员经常外出办案，当事人联系执行人员不便的问题，全市法院将每月第一、第三个周五作为统一的接待日，三级法院全体执行人员集中接待、现场办公，迅速解决当事人请求事项 1 万余件，涉执行信访明显下降，在最高法院"涉执行信访排位通报"中，北京法院的涉执行信访最少。同时，加大强制执行力度，在媒体上对 355 名拒不执行人予以曝光，司法拘留 530 人，限制出境 341 人，追究刑事责任 23 人，震慑了拒不履行法院判决的被执行人，维护了法律的严肃性。全年执结案件 106606 件，执结标的额 426.1 亿元。

# 三、强化队伍管理，提升司法能力，培养高素质审判队伍

审判人员的素质是实现司法公正的决定性因素，全市法院注重队伍建设，培养了一批审判专业人才和先进典型，宋鱼水等被评选为全国审判业务专家，厉莉被授予"百姓爱心明星奖"，在 2010 年五一表彰的全国劳模中，北京法院有 4 名法官获此殊荣，另有 17 名审判人员荣获北京市先进工作者称号。

（一）坚持从严管理，确保队伍公正廉洁

明确规定法院各级领导不得违反工作程序越级过问案件，所有审判人员不得打听非自己承办案件的案情，不得为当事人转递材料，对违反规定的严肃追究责任。在审判执行业务部门设立廉政监察员 516 名，随时监督执行廉政制度的情况。为所有审判人员建立了业绩档案、廉政档案，对每名审判人员的工作量、服判息诉率、审限内结案率、投诉情况，每月进行一次考核

公示,工作绩效一目了然,形成了创先争优、公正廉洁办案的良好氛围。最高法院司法巡查组对北京三级法院开展巡查后认为,北京法院制度严格,审判管理到位,审判质效高,专业人才和先进典型不断涌现。

（二）加强教育培训,提高审判专业水平

对《侵权责任法》、《国家赔偿法》等新实施的法律、法规、司法解释进行系统培训,市高级法院全年举办各类培训班 50 期、培训 9688 人次,每名审判人员都至少接受 100 学时的脱产培训。通过比庭审、比裁判文书、比法庭记录、比法律知识,在各个审判业务领域评选了 117 名业务尖子。全市法院审判人员中研究生以上学历的占 57%,全年有 242 名法官走上高校讲台,为在校学生讲授审判实践知识。

（三）增强群众感情,提高化解社会矛盾的能力

各法院组织审判人员进农村、进社区,开展"听呼声、走百家、送服务"活动,了解群众的司法需求,提供司法服务,化解社会矛盾,开展法制宣传。市高级法院组织 8 名先进典型,在各法院巡回报告服务群众、化解矛盾的做法,如民事法官李红星设身处地为当事人着想,在实践中总结出高效的纠纷化解方法,5 年审结案件 4537 件,未出现一例差错,调解率达 81.2%,在全市法院发挥了典型示范作用。

## 四、主动接受人大和社会各界监督,在监督下不断改进工作

北京市法院把接受监督作为公正廉洁司法、不断改进工作的保障和动力,完善和落实接受监督的各项工作机制。

（一）认真落实市人大及其常委会的有关决议

向市人大常委会专项报告了关于加强制度建设、强化内部监督、确保司法公正的情况。根据市人大常委会 2009 年对市高级法院商事审判专项报告的审议意见,制定了整改措施,报告了整改情况。落实市人大常委会《关于加强人民检察院对诉讼活动的法律监督工作的决议》,市高级法院与市检察院联合签署《关于建立沟通机制的若干规定》,定期通报、反馈、研究诉

讼监督工作,共同促进司法公正。2010 年,全市法院审结检察机关抗诉案件 109 件,依法改判、发回重审 30 件,市高、中两级法院邀请检察长列席审判委员会 65 次。

(二)加强与代表的联络沟通

在北京法院网开通人大代表、政协委员监督平台,通过网上办公便利代表和委员履行职责。开通"法情专报"手机短信平台,保证代表及时了解法院工作。开展"请代表进法院"活动,全市法院邀请人大代表旁听庭审、视察法院、参加座谈、检查案件共 1554 人次。市高级法院成立了督促检查办公室,加强代表建议的督办工作,主办的 17 件建议已办理完毕,均得到了代表满意或同意的评价。

(三)自觉接受社会各界监督

聘请 50 名人大代表、政协委员和社会各界人士担任市高级法院特邀民意咨询员,对全市法院开展明查暗访,反馈社情民意,提出意见和建议。人民陪审员全年参审案件 25231 件,同比提高 12.8%,邀请人民陪审员见证执行、参与调解,扩大了监督范围。认真接受政协委员、律师、新闻媒体的监督,加强司法宣传工作,建立新闻发言人制度,主动向社会通报法院工作情况。

我们感到全市法院审判工作仍存在以下主要问题:一是社会矛盾化解能力有待提高。法院的法定职责主要是查清事实、判明是非、确保法律的正确适用,在社会主义初级阶段社会矛盾凸显的情况下,法院还要强调案结事了、息诉服判。诉讼调解机制有待完善,审判人员化解矛盾的能力有待提高,向当事人释法说理的工作有待加强。二是法律的严肃性和司法的公信力有待增强。在法院的生效判决中,当事人不服提出申诉信访的案件占 0.83%,法院的生效判决总体上受到社会和当事人的尊重,但目前还存在着拒不履行法院判决,甚至暴力抗法的现象。一方面,需要法院提高公正司法的水平,另一方面,维护法制的权威、提高司法的公信力,还需要整个社会做出不懈努力。三是审级监督有待加强。目前北京市两个中院负责审理 16 个区县法院的上诉案件,全年审结案件 56530 件,比 1995 年原市中级法院分为两个中级法院时增长了 485%，过大的审判压力影响了审级监督职能的发挥。四是激励机制有待完善。北京市法院法官人均结案连续多年居全国法院之首，审判人员长期超负荷工作。我们通过公正、廉洁、为民司法核心价值观教育、通过科学的绩效考评、通过法院文化建设等措施，增强队伍凝聚力，提高干警积极性。但是，审判管理机制还有待完善，激励机制不健全的问题仍然存在，法官职业保障有待加强。

# 2010 年北京检察工作报告

### 北京市人民检察院

2010 年,北京市检察机关认真贯彻落实中央、市委、高检院的部署,以深入推进三项重点工作为载体,坚持"强基础、抓落实、促深化、求创新"的要求,不断强化法律监督、强化自身监督、强化高素质检察队伍建设,统筹推进各项检察工作,努力为首都经济社会发展大局服务。

## 一、认真履行检察职责,保障首都经济社会平稳较快发展

结合北京市委关于推动首都科学发展、加快转变经济发展方式、实施"人文北京、科技北京、绿色北京"战略、建设中国特色世界城市的总体部署,全市检察机关自觉把检察工作融入首都中心工作,综合运用打击、监督、教育、预防、保护等职能,积极为经济社会发展提供有力的司法保障和法律服务。

(一)严厉打击刑事犯罪

2010 年,全市检察机关充分履行审查批捕、审查起诉等法定职责,全年共审查批捕各类刑事犯罪 15377 件 20894 人,同比分别减少 4.5% 和 6.2%。审查起诉 19354 件 26485 人,同比分别减少 1.4% 和 3.3%,努力遏制刑事犯罪易发、高发的势头。在市检察院指导下,各级院持续深入开展打

黑除恶专项斗争,受理打黑办挂牌督办的涉黑涉恶案件,批准逮捕51人,提起公诉197人（包括2009年受理的110人）,办理了王爱国等57人组织卖淫、协助组织卖淫、敲诈勒索案,密云县王晓雷恶势力团伙盗采河道砂石案等一批严重扰乱社会秩序的涉黑涉恶案件,有效打击了涉黑涉恶犯罪分子的嚣张气焰,得到社会各届和人民群众的高度肯定。组织开展"扫黄打非"、"打击网络赌博"、"打击侵犯知识产权和制售假冒伪劣商品"等专项行动,依法批捕了石景山"西山枫林"售楼诈骗案、"太阳城"系列网络赌博案、"7·16"特大制售假药案、"12·7"非法提供公民个人信息、非法获取公民个人信息案等一批有影响的重大、新型案件,切实维护首都正常生产、生活秩序。

为适应首都发展的形势要求,维护社会主义市场经济秩序,针对当前诱发经济犯罪因素不断增多、案件形态复杂多样、危害日益严重的形势,2010年,全市检察机关突出打击危害国家经济安全和市场经济秩序的犯罪,依法批准逮捕破坏市场经济秩序类犯罪1175件1582人、提起公诉1425件1989人。重点打击非法吸收公众存款、集资诈骗、非法传销、电信诈骗等涉众型经济犯罪,加大惩治发票犯罪、信用卡诈骗等破坏经济管理秩序犯罪的力度,认真开展了打击侵犯知识产权和制售假冒伪劣商品犯罪专项活动,依法打击涉及证券等新型犯罪案件,成功办理了国美电器、鹏润地产原法定代表人黄光裕等人非法买卖外汇、内幕交易、单位行贿涉案金额22亿元等社会影响重大的案件。

（二）深入查办和预防职务犯罪

查办职务犯罪是检察机关的重大政治责任,也是中国特色司法制度关于检察职权配置的重要特点。全市检察机关始终把查办职务犯罪放在突出位置来抓,努力以查办和预防职务犯罪的实际成效服务发展、取信于民。2010年,406人被依法起诉,包括中国核工业集团公司原总经理康日新、国家开发银行原副行长王益、公安部经济犯罪侦查局原副局长相怀珠、商务部条约法律司原副司长郭京毅等一批职务犯罪分子得到法律制裁。

2010年,全市检察机关切实加大查办贪污贿赂职务犯罪力度,共立案侦查贪污贿赂犯罪 356 件 418 人，同比分别增加 11.6% 和 13.3%，为国家挽回经济损失 1.5 亿余元。进一步加大查办大案要案、窝案串案的力度，立案侦查县处级以上要案 108 人，其中部级 1 人，局级 31 人，处级 76 人，占查办案件总数的 22.6%；立案侦查百万元以上大案 57 件，同比增加 42.5%。立案数、大案比例和局级人员要案数量创 2003 年以来新高。集中查办了一批人民群众关注度高、社会影响大的职务犯罪案件，包括辽宁省人大常委会原副主任宋勇（副部级）涉嫌受贿 1025 万元、昌平区财政局工作人员杨立强涉嫌挪用、贪污公款 5000 余万元等案件。针对职务犯罪在一些重点领域易发多发、商业贿赂滋生行业"潜规则"的新趋向，深入分析发案特点，认真研究犯罪规律，不断提高发现犯罪和深挖犯罪的能力。深入推进治理商业贿赂、治理工程建设领域突出问题等多个专项行动，依法查办人民群众关注、涉及民生和发展的案件。全年立案侦查商业贿赂犯罪 115 件 121 人，其中大案 77 件、要案 26 人，涉及工程建设领域 41 件 46 人、医药购销领域 28 件 28 人、电力系统 4 件 4 人、土地出让领域 3 件 3 人、产权交易领域 3 件 3 人、商业保险 3 件 3 人、银行信贷 2 件 2 人、政府采购 1 件 1 人及其他环节 30 件 31 人。立案侦查工程建设领域职务犯罪 70 件 87 人，其中大案 43 件、要案 12 人，涉及工程建设实施和质量管理环节 15 件 26 人、招投标环节 12 件 12 人、物资采购和资金安排使用 11 件 11 人、城乡规划管理 3 件 3 人、工程项目决策环节 2 件 4 人、土地矿业权审批和出让 1 件 1 人、其他环节 26 件 30 人。立案侦查涉农职务犯罪案件 37 件 54 人，其中大案 10 件、要案 1 人，涉及农业 4 件 4 人、林业 6 件 8 人、水利 3 件 3 人、土地 17 件 30 人、扶贫 1 件 2 人及其他 6 件 7 人。根据有关部署，反贪污贿赂部门在全市范围内启动了追逃专项行动，积极探索境外追逃工作长效机制的建立，协查工作继续在全国检察机关保持前列。全年共协查 1123 件，涉外协查 9 件；抓捕在逃犯罪嫌疑人 41 人，其中抓捕北京市在逃犯罪嫌疑人 21 人，协助外省市抓捕犯罪嫌疑人 17 人，成功缉捕和劝返了 2 名境外在逃犯罪嫌疑人，高质量完成了高检院反贪总局交办的多项全国性大要案的协助任务，树立了北京市检察机关的良好形象。

　　国家机关工作人员滥用职权、玩忽职守等犯罪，以及利用职权实施的侵犯公民人身权利、民主权利的渎职侵权犯罪，不仅使公共财产、国家和人民利益遭受重大损失，而且严重损害党和政府的形象。2010年，全市检察机关紧紧抓住影响发展的突出问题和人民群众关注的热点问题，健全举报宣传、线索管理、内外部协作等机制，不断加大查办渎职侵权职务犯罪力度，努力推动反渎职侵权工作取得新进展。全年共立案侦查渎职侵权犯罪57件60人，同比分别增加21.3%和17.6%，为国家挽回经济损失1400余万元。其中，重、特大案件30件，同比增加42.9%；要案12人，同比增加9.1%。查处工程建设领域渎职犯罪取得突破，共立案侦查14件14人，占立案总数的24.6%，涉及国家储备土地开发、南水北调、市政工程拆迁、城区重点工程改造等领域，4名乡镇或地区办事处副职受到追究，办案工作得到当地党委和政府的大力支持。保持查办危害司法公正渎职侵权犯罪的力度，共立案侦查12件13人，其中公安人员11件11人（含保安员1人），审判执行人员1件1人。严厉打击责任事故背后的渎职犯罪，积极介入事故调查37起，立案侦查5件5人，涉及工程建设、化工生产、水利开发、市政工程施工、能源资源等。严肃查办涉及民生、群众关注的重点领域职务犯罪案件，如北京市社会保险基金管理中心工作人员赵君滥用职权致使70余人非法获得社会保障金、养老金案。2010年，市检察院反渎职侵权局还研究制定了《北京市检察机关渎职侵权犯罪案件快速协查工作办法》，全市各级反渎职侵权部门共接待外省协查任务60余次，布置市属有关各院查询通讯信息170次、银行存款、房产登记等协查12次，使办案资源配置更趋合理，节约了成本，提高了办案效率。

　　按照党的十七大提出的"更加注重治本、更加注重预防、更加注重制度建设"的要求，全市检察机关立足检察职能，在2010年深入开展职务犯罪预防工作。结合办案，加强对典型案件发案原因、特点和职务犯罪易发多发行业、领域犯罪态势的分析，开展职务犯罪预警预测研究，积极向党委、人大、政府及有关行业主管部门提出职务犯罪预防对策和建议。积极探索侦防一体化机制，在重点领域和行业推行预防介入侦查工作，增强查办和预防职务犯罪的效果。加强重点工程职务犯罪预防工作,坚持预防关口前移。2010年,全市检察机关认真组织开展了拆迁领域预防职务犯罪专项工作,通过预防调查,查找分析拆迁工作各环节可能引发职务犯罪的风险点 39 个,查找机制、制度漏洞近百条,提出检察建议 185 份,帮助有关单位完善内控机制 72 项,得到了各区县党委、人大领导的充分肯定和有关单位的好评。在近年工作的基础上,注重进一步抓好系统预防,在金融、医药卫生、教育等领域搭建预防网络,不断完善行贿犯罪档案查询系统。

(三)强化对刑事诉讼活动的法律监督

刑事诉讼监督是我国社会主义司法制度、检察制度的重要特色之一,是人民检察院法律监督性质和职能在刑事诉讼领域的重要体现。2010 年,全市检察机关严格依法履职,认真执行 2009 年下发的刑事立案、侦查活动、刑事审判监督细则,强化对刑事诉讼活动的法律监督。

一是不断加强对刑事立案的监督。全市检察机关依法监督有案不立、非法立案等情形,重点监督纠正实践中立案难、以罚代刑、非法插手经济纠纷等问题,加强延伸监督工作力度,切实解决立而不侦、侦而不结、违法撤案的问题。2010 年,要求侦查机关说明不立案理由 218 人,监督立案 161 人,监督撤案 40 人,比 2009 年均有显著增长,其中监督立案人数同比增加 342.6%。

二是不断加强对侦查活动的监督。全市检察机关结合办案,重点监督纠正违法采取强制性侦查措施、强制措施,刑讯逼供、暴力取证,以及错捕漏捕、错诉漏诉等问题,建立对公安机关拘留后未报捕、侦查后未移送审查起诉案件的跟踪监督机制,强化对自侦案件的监督制约。2010 年,全市各级院纠正漏捕 218 人,纠正漏诉 251 人,纠正侦查活动违法 80 件,同比分别增加 115.8%、76.8% 和 11.1%。纠正漏捕后已起诉 280 人(含 2009 年),法院作出有罪判决 258 人。侦查监督部门严格办理延长侦查羁押期限案件,依法不批准延长 12 人。

三是强化对刑事审判活动的监督。全市检察机关重点监督有罪判无罪、无罪判有罪,量刑畸轻畸重和职务犯罪、经济犯罪案件量刑失衡,以及严重违反审判程序等问题,加强法院适用简易程序审理公诉案件、死刑立即执行改判缓刑二年执行案件、第二审书面审理后改变第一审判决案件、自行决定再审案件、变更强制措施不当案件的监督。2010年,提出刑事抗诉80件,提抗率为4.7‰,其中二审程序抗诉74件,审判监督程序抗诉6件,法院改判18件,发回重审5件,采纳率为42.6%。

　　四是加强对刑罚执行和监管活动的监督。2010年,市检察院制定加强监所检察工作意见以及减刑、假释、暂予监外执行等监督细则,各院严格落实,并根据部署全面开展看守所安全管理大检查专项活动。全年共开展安全防范检察7101次、卫生防疫检察3858次、羁押期限检察8483次、法律手续检察7407次、交付执行检察6067次、收押释放检察10848次、使用械具和禁闭检察2958次、执法监管检察3849次、待遇生活检察5218次。以防止监管场所发生脱逃、破坏监管秩序、群体病疫、伤残和非正常死亡等重大事件为重点,在安全防范检察中加强对监管干警执法活动和落实监管执法规章制度的检察,对监管干警在岗值班、通道巡视、管理病犯、警械具使用、劳动现场管理等易发生事故的环节进行重点检察,针对监管机关存在的安全隐患提出建议139次,有效维护了监管场所的持续安全和稳定。切实加强对刑罚变更执行和监外执行活动的监督,依法监督减刑、假释、保外就医等刑罚变更执行,纠正刑罚执行和监管活动中违法情形796次。开展久押未决导致超期羁押案件清理工作,纠正超期羁押9件。制定被监管人死亡事件调查办法,对18件被监管人员死亡事件开展了独立调查,按照程序核实言词、监控录像、被监管人诊疗记录等证据,积极答复被监管人家属提出的疑问,消除被监管人家属对监管机关执法和管理工作的误解。同时,各院监外执行检察人员主动深入到各乡镇、街道,通过走访公安派出所、司法所,查阅监外执行和社区矫正档案,与管教民警、村(居)委会工作人员、罪犯亲属座谈,约见监外执行罪犯谈话等多种途径,对全市8486名监外执行(社区矫正)罪犯的监管矫正情况进行检察,发现存在违法行为或者倾向性、苗头性问题的,及时提出口头纠正161次,书面纠正79次,纠正监外执行罪犯脱管16件,漏管5件,对于违法、违规的监外执行罪犯,及时建议有关机关收监执行或者予以治安处罚,对促进社会稳定发挥了积极作用。

（四）开展民事行政检察工作

民事、行政诉讼监督是检察机关诉讼监督的重要组成部分,也是检察系统长期以来的薄弱环节。全市检察机关正视差距和挑战,在 2010 年全面加强对民事审判活动和行政诉讼的监督,努力维护司法公正和司法权威。全市民事行政检察部门以裁判结果的公正性和诉讼程序的合法性为监督重点,市检察院及其分院从认定事实、适用法律、审判程序三个方面进一步明确抗诉标准,强化了对抗诉理由的释法说理,提高了案件研讨质量。各级院尤为注重监督纠正涉及民生和损害国家、社会公共利益,以及因严重违反法定程序或审判人员贪赃枉法、徇私舞弊导致的错误裁判,切实加大提出抗诉和再审检察建议力度,在全年受理的 1677 件民事、行政申诉案件中,向人民法院提出抗诉 62 件,同比增加 14.8%;提请高检院抗诉 3 件;抗诉案件改变率为 81.3%,较 2009 年有显著提高。发出再审检察建议 41 件,同比增加 49%;再审检察建议被人民法院当年采纳 25 件,累计改判 34 件。其中,市检察院首次就 4 件劳务合同纠纷案件发出再审检察建议。围绕审判程序中的违法情形以及苗头性、倾向性问题,发出检察建议和纠正违法通知书 106 件,同比增加 48%。其中,督促人民法院整改了庭审程序、文书制作、送达程序等方面的突出问题,有效促进了司法行为的规范和统一。在对民事执行活动的法律监督和对法院调解案件的监督工作中,全市民事行政检察部门按照高检院司法改革的工作要求,以怠于或错误执行、虚假调解、侵犯第三人利益的执行和调解案件为监督重点,受理审查执行申诉案件 18 件,提出监督意见 11 件,受理审查调解申诉案件 25 件,提出监督意见 9 件。同时,扎实做好不抗诉案件的息诉服判工作,促使双方当事人达成和解 48 件,并注意引导当事人做好与人民法院执行程序的衔接。积极探索"检调对接"机制,推动息诉工作与行政调解、司法调解、人民调解、公益律师调解的有效衔接。

（五）加强控告申诉检察工作

2010 年,北京市检察机关共受理各类信访 10265 件,其中来信 6852

件、来访 1894 件、来电 109 件、网上举报 1410 件。完善涉检信访办案工作机制，建立联席会议制度，形成化解案件、源头治理的工作合力；执行涉检信访案件化解情况月通报制度和新增案件月报告制度，跟踪该类案件数量减存控增情况；进一步加强案件的督办催办工作。组织开展了涉检信访案件排查和建设拆迁领域涉检信访专项排查、世博会安保专项信访工作，共排查出建设拆迁领域具有信访风险的案件 4 件，涉及沪籍企业、沪籍人员具有信访风险的案件 6 件。办结中政委交办重复进京访 8 件，中政委挂账督办案件 20 件，涉检信访积案 30 件，市院挂账督办案件 104 件。通过办案，追捕追诉犯罪嫌疑人 4 人，督促司法机关作出撤案决定 1 件，协调给予信访人救助 182 万余元，还帮助信访人及家属解决了低保等社会救助。新增涉检信访案件较 2009 年减少 29.4%。各级院在市检察院和区（县）委政法委的领导下，进一步落实责任，积极组织开展案件评查活动，完成涉检信访案件评查 124 件，区（县）委政法委交办评查案件 370 件，发现包括检察机关在内的司法机关执法过错瑕疵 64 件，并向有关部门进行了反馈，评查结果已有部分运用于追责工作。

在办理刑事申诉、刑事赔偿案件方面，市检察院通过出台审批程序规定、刑事被害人救助工作实施办法，进一步规范办案程序，加强工作指导。全年各院共立案复查刑事申诉案件 236 件，经过复查提出抗诉意见 1 件，改变原决定 2 件，发出纠正违法通知 1 份，发出检察建议 12 份，发出再审检察建议 3 份，追诉犯罪嫌疑人 2 人，提请高检院抗诉 1 件。各级院积极组织学习新修订的国家赔偿法，专项清理刑事赔偿积案，决定给予赔偿 33 件，共同赔偿 1 件，赔偿金额 103 万余元。对 22 名刑事被害人实施了救助，救助金额 198 万余元。同时耐心做好申诉人、赔偿申请人的释法说理工作，努力提高案件息诉率。

## 二、创新举措、完善机制，扎实推进三项重点工作

全市检察机关深刻认识推进三项重点工作的重大意义和深远影响，按

照中央政法委书记周永康对北京政法机关提出的"创造经验,作出表率"的要求,认真贯彻落实高检院下发的关于深入推进三项重点工作的实施意见,努力确保取得实效。

(一)全力化解社会矛盾

首先,扎实开展涉检信访积案清理和涉法涉诉案件评查专项工作。排查涉检信访案件 106 件,已办结 104 件,其中化解涉检信访积案 31 件,较好地完成了减存控增任务,为实现涉检信访案件一年半全部化解的任务打下了良好基础。根据市人大常委会和市委政法委的要求,为有效解决"案结事不了"、"信访不信法"的问题,开展了涉法涉诉百件案件评查分析专项工作,对市人大常委会、法院等提供和检察机关掌握的 364 起案件逐案剖析,分析上访原因、提出改进对策,向市人大常委会、市委政法委作了专门报告。

其次,大力推进检务接待方式改革创新。全市检察机关把创新检务接待作为服务群众需要、化解社会矛盾的重要方面,着力建设统一的联系和服务群众、化解社会矛盾的平台。为此,制定下发了《关于加强检务接待工作的决定》,探索成立检务接待中心,推广"一站式"检务接待模式,整合 12309 举报电话、网上举报、来信、来访形成"四访合一"窗口,统一对外答复群众,进一步方便人民群众反映诉求。在全市部署开展了举报电话号码统一改号工作。完成触摸屏配置,配合有关部门开展案件查询系统调研。大兴、密云、延庆、房山等区县检察院进一步加强接待室硬件建设。全年共受理群众来信 7698 件,接待群众来访 12258 件 22863 人,接听群众电话 6764 件。市检察院网上接收举报线索 477 件,接收刑事、民事、行政申诉线索 221 件。接待集体访 204 件 6061 人,妥善处置告急访、办理联名信 342 件,维护了正常信访秩序。向群众答复反馈各类信访事项 8015 件,72.4% 的来信和 81.1% 的来访解决在初次办理环节。

第三,妥善办理敏感和涉众型刑事案件。2010 年,全市检察机关加强对重大、复杂、敏感案件审查逮捕、审查起诉工作的管理,确保案件得到妥善处理。市检察院先后下发通知,要求各院定期报送涉及稳定案件信息、涉众型经济案件办理等情况,及时掌握案件动态,有效提高应对能力。各级院严格执行上报协调制度,妥善办理了上访人员爬塔案、因抢建违章建筑引发的系列重大责任事故、妨害公务犯罪等发生在城乡结合部、重点地区涉及拆迁整治的案件及非法吸收公众存款数额特别巨大、被害人众多的一批涉众型案件。全市共妥善处理敏感、涉众型案件200余件,有效避免了群访事件的发生。

第四,不断健全落实宽严相济刑事政策的工作机制。依法对轻微犯罪从宽处理,对没有逮捕必要的不予批准逮捕1791人,对情节轻微的决定不起诉456人。积极推进轻微刑事案件快速审理办案机制,12个区县检察院轻微刑事案件快速办理试点工作,共起诉案件799件885人,切实提高了司法效率。推进海淀、朝阳等区检察院积极探索成立少年(未成年)检察处等工作新模式,努力促进社会和谐。

第五,不断完善化解社会矛盾的工作机制。

一是全面开展释法说理工作。出台了全市检察机关进一步加强释法说理工作的规定,把释法说理作为贯穿执法办案全过程的必经程序,使化解矛盾贯穿到执法办案全过程。全市侦查监督部门注重规范和拓展对案件当事人说理、诉讼监督说理以及经常性的说理工作,积极推介昌平区检察院"释法说理会"的创新形式,全年经公安机关提请复议复核后改变原决定意见6件7人,继续维持较低比例。全市公诉部门不断提高说理的规范性和有效性。进行释法说理共计1488次,同比增加24%。各院不断加强和完善机制建设,出台释法说理工作细则,对法律文书制作、各环节具体工作内容作出明确要求,并确定敏感案件、涉众型案件、不起诉、不抗诉案件为工作重点,建立说理与疏导相结合的工作模式,切实做到案结事了,有效推动矛盾化解。

二是全面加强审查逮捕阶段犯罪嫌疑人及其委托辩护人听取意见工作。除个别案多人少、看守所驻地分散等导致办案压力突出的区县检察院外,全市检察机关在年内基本实现了全面听取的预期目标。东城区检察院的"远程听取制度"、海淀区检察院的"律师介入热线电话"模式,均取得新的成效。

三是健全执法办案风险评估预警机制。全市一线检察人员切实提高风险评估能力,在办案中树立风险意识和风险控制意识,将风险评估作为办理各类案件的重要环节,不仅对职务犯罪案件、重大敏感案件和作出不捕、不诉、不立案、不抗诉、不赔偿及撤案决定的案件加强风险评估预警工作,而且在审查批捕、审查起诉、控告申诉检察等日常工作中都注意了解有无影响社会稳定的重大、敏感、热点问题,科学制定处置预案,提高风险控制能力,有效防止因执法不当引发新的矛盾。3 个分院、16 个区县检察院全面启动执法办案风险评估预警工作,重点排查、预防、化解办理的重大敏感案件和执法办案关键环节中的风险,切实从源头上防范和化解矛盾。

四是积极探索检调对接机制。11 个基层检察院与司法局建立协作息诉机制,探索建立与行政调解、人民调解的联动机制,努力把刑事和解、民事申诉和解、息诉罢访工作纳入社会"大调解"工作格局。全市各院在市检察院指导下进一步规范刑事和解的适用范围,积极开展悔罪教育,妥善办理和解案件。2010 年,共办理刑事和解案件 162 件,同比增加 47%,其中大兴、海淀、房山、昌平、顺义五个区检察院办理和解案件占全市总量的近 70%,有效缓和了社会矛盾。昌平区检察院出台了《办理刑事案件和解工作细则》,海淀区检察院将和解工作纳入业绩考核范围,大力推进未成年人案件的刑事和解工作。

五是探索推进检察联络室建设。在 10 个基层检察院部署开展联系基层人民群众工作试点,在街道、乡镇挂牌设立检察联络室 45 个,配合地方党委、政府做好拆迁整治、化解社会矛盾等工作。

(二)积极促进社会管理创新

针对 2010 年北京市加快推动经济发展方式转变、启动大规模城乡结合部建设等工作,全市检察机关积极部署开展专项活动,促进社会管理水平提升。

首先,积极开展服务城乡结合部建设专项活动。城乡结合部建设关系到经济社会发展全局和群众切身利益。按照市委的部署,市检察院制定《充分发挥检察职能积极服务保障城乡结合部建设的实施意见》,各级院及时打击破坏拆迁的刑事犯罪，严肃查办城乡建设拆迁整治中的职务犯罪，依法批准逮捕和决定逮捕 47 件 93 人。门头沟区检察院结合查办的诈骗棚户区拆迁补偿款系列案制作了电视专题片，在该区电视台晚间黄金时段播出后引起强烈反响，起到了较好的法制宣传和警示教育作用。各级院还积极配合地方党委、政府，深入村镇做好重点村拆迁职务犯罪预防、矛盾化解等工作，形成了风险防控对策，积极向各级党委、政府提出预防建议，规范拆迁秩序，维护被拆迁人合法权益，确保城乡结合部建设顺利推进。2010 年底，市委书记刘淇对检察机关服务城乡结合部建设和重点地区集中整治专项工作作出批示："市检察机关服务城乡结合部城市化和重点地区专项整治工作，取得明显成效，有力地服务中心工作，维护社会和谐稳定。对今后工作的建议应予重视，以便更好地完成既定目标。"副市长牛有成也感谢检察机关对城乡结合部建设的支持，并要求相关部门研究改进工作的对策和建议。

其次，积极服务农村改革发展稳定大局。一是认真开展服务农村"两委"换届选举专项工作。农村"两委"换届涉及基层组织建设和广大农村群众利益，影响面较大，市检察院作为全市农村"两委"换届领导小组成员单位，为了促进"两委"换届的顺利推进，市检察院制定下发了服务农村"两委"换届选举工作方案，积极配合党委、政府做好换届选举举报信访、法制宣传等工作。换届期间，13 个区县检察院开展法律咨询、教育培训 195 次，受理信访举报 402 件，努力为换届选举营造良好环境。市检察院还在广泛调研的基础上，联合部分基层院成立课题组，深入查找导致涉农职务犯罪案件多发的原因，以及在机制、制度上存在的漏洞，形成了《对农村基层组织人员职务犯罪情况的调查与思考》专题调查报告，及时报送给市"两委"换届领导小组等部门，为领导决策提供参考依据。二是依法查办和预防危害农业和农村发展的各类犯罪。针对农村经济社会发展的新特点，深化涉农案件快速办理、专业化办案组等工作举措，依法立案侦查涉农职务犯罪 37 件 54 人；结合查办案件中发现的在农村社会治安、支农惠农政策落实、村务公开等方面存在的问题，积极向基层组织、上级党委提出对策建议。三是探索向基层延伸法律监督触角的新举措。深化"法制村长"、"检察官联络室"

工作机制,先后在乡镇设立联络室 37 个,积极开展受理举报、化解涉检信访、法制宣传等工作,努力为农村改革发展稳定服务。

第三,积极参与社会治安综合治理工作。一是扎实推进平安北京建设。充分发挥检察机关在参与社会治安综合治理中的作用,结合市委政法委部署的 50 个挂账重点村、重点地区的集中整治工作,加强与综治、维稳部门的配合,针对执法办案中发现的社会管理漏洞,发出检察建议 1206 件,收到整改回复 997 件,有效督促发案单位堵塞漏洞、建章立制,促进社会治安防控体系建设。二是积极推动重点人群的服务和管理工作。针对流动人口犯罪高发的现象,积极配合公安机关依法打击犯罪的同时,认真研究犯罪特点,举办专题论坛,提出减少犯罪的对策。进一步深化未成年人犯罪案件办理工作。全市各院深入推进分案审理制度,共分案起诉 314 件,提供法律援助265 次(含未成年被害人),办理亲情会见 279 次。积极参与对学校、幼儿园及其周边地区的专项整治,加强对违法犯罪青少年的教育挽救,引入社会专业力量开展涉案未成年人品行调查、心理疏导等工作。切实维护被监管人合法权益,在监狱、看守所建立检察官信箱、约谈检察官等制度,加强刑罚执行监督,依法对监管场所发生的死亡事件、重大事故开展独立调查,促进监管场所依法、严格、文明、科学管理。为加强对监外执行罪犯、刑满释放人员的帮教管理,西城区检察院在区司法局内建立了全市第一个社区矫正检察官办公室,怀柔区检察院在 4 个乡镇分片设立了社区矫正巡回检察工作站,平谷区检察院积极协调被矫正人员的就医、就业问题,其他区县院也通过机制探索,加强对社区矫正的法律监督,积极帮助被矫正人员解决实际困难。三是积极参与"网络社会"建设管理。坚决打击利用网络实施的危害国家安全、诈骗、传播淫秽色情信息等各类犯罪,依法批捕和起诉"太阳城"网络赌博系列案,努力净化网络环境。

(三)大力提高公正廉洁执法水平

首先,健全执法监督制约机制。认真落实自侦案件审查逮捕由上级院决定的改革,健全覆盖全部检察工作的廉政风险防控管理网络,完善了重点案件、敏感案件备案复查、请示汇报制度,认真落实检务督察、执法档案、执法过错责任追究等制度,逐步建立起符合首都检察工作实际的执法监督管理体系。

其次,深入推进信息化管理。结合首都检察信息化"集中建设、立体应用、统筹推进"的发展格局,集中建设完善基础网络平台、应用中心、数据中心和运维管理中心,进一步完善业务、队伍、管理、保障四大信息化系统,开发运行辅助执法办案、扣押冻结款物管理、案件质量考核等系统,使子系统增加至 134 个,初步实现了执法办案信息网上录入、流程网上管理、活动网上监督、质量网上考核;研发在建检察长办公与决策分析系统,辅助办案支持系统,扣押、冻结款物管理系统和职务犯罪预警预测系统。年内,还完成了全市检察机关二级专线网与全市 46 个派驻监管场所检察室的联网铺设任务。全年无信息安全突发事件。

第三,进一步深化检务公开。市检察院制定下发了《进一步深化"检务公开"工作的实施意见》,重点落实执法办案环节权利义务告知,推行办案流程等公开,完善答疑说理、公开听证制度,切实加强检察长接访、检察开放日、联系基层群众等举措,努力把"阳光检务"提高到一个新水平。2010 年下半年,市检察院经与市公安局监管总队多次协调后确定,在全市看守所1000 余个监室内设置了在押人员权利义务、检察官信息公开栏,为全市派驻检察室统一配置了设于监室内的检察官信箱 1482 个,使监所检察检务公开工作在宣传内容、范围和覆盖面上较以往有较大突破。各院利用举报宣传周,设立宣传点 31 个,深入企业、社区开展宣传 39 次,制作宣传展板 361块,发放宣传材料 22280 份。市检察院在举报宣传周期间向社会公布了近三年的举报数据。这些举措得到了高检院、市政法委领导的肯定和广大人民群众的积极回应。

第四,完善接受人大监督、政协民主监督和社会各界监督的机制。认真贯彻落实市第十三届人大三次会议决议,探索建立向人大及其常委会报告工作、重大监督事项报备制度,认真办理代表议案和建议,广泛征求代表对检察工作的意见。积极推行人民监督员制度,年内人民监督员参与监督职务犯罪案件中拟作撤案、不起诉处理和犯罪嫌疑人不服逮捕决定的"三类案件"29 件;2010 年底,市检察院相继组织完成了推荐人选、留任人民监督员征询意见、考察确认、社会公示等选任人民监督员的前期准备工作,拟选任人民监督员 119 人,从而为落实高检院部署、全面推行人民监督员制度奠定了良好的基础。不断完善特约监督员和专家咨询监督员制度,主动向政协委员、民主党派和社会各界通报工作,自觉接受各界群众和社会监督,切实以监督促公正、保廉洁、赢公信。

## 三、深入贯彻高检院部署,推动检察业务工作科学发展

北京市检察机关切实把思想和行动统一到高检院的部署上来,紧紧围绕服务首都发展大局,坚持执法办案数量、质量、效率、效果的有机统一,努力推动各项检察业务工作实现新发展。

(一)明确发展方向,加强业务工作的领导

北京市检察院党组专题学习了高检院各业务工作会议精神,研究部署了贯彻落实的思路和举措,先后召开公诉、查办与预防职务犯罪、民事行政检察工作会议,明确了各项检察业务的重点任务和工作要求。

首先,进一步明确了执法办案要向化解矛盾、预防犯罪延伸,努力适应经济社会发展需要,拓展发挥检察职能作用的空间。

其次,进一步明确了职务犯罪侦查"有力遏制犯罪、降低腐败机会"的价值目标,制定了加强职务犯罪侦查与预防工作的意见,努力走办案力度大、质量优、效率高、效果好的科学发展路子。

第三,进一步明确了民行检察工作的监督属性、职能定位、基本要求和主要任务,集中力量、下大力气逐步扭转民行检察工作相对薄弱的局面。

第四,进一步明确加大办案力度要落实在数量、质量、效率和效果的统一上,这既是推进三项重点工作的需要,也是今后执法办案中必须遵循的原则。各级院检察委员会认真贯彻高检院下发的检委会组织条例、议事和工作规则,市检察院制定的检委会议事和工作细则等文件精神,进一步加强检委会工作规范化建设。完善检委会议题管理制度,丰富讨论案件的类型,加

强对重大业务事项的研究，提高议事决策的民主性和科学性，保证检委会决定的严格执行，充分发挥检委会在检察业务建设中的领导作用。全市各院组织召开检委会491次，共审议议题1630件，其中审议案件1164件，审议事项466件，组织检委会学习156次。结合2010年上半年高检院考核省级院业务工作情况，市检察院检委会专题研究部署，召开了考评情况通报会，认真分析存在的突出问题和原因，部署了改进措施，推动各项检察业务工作全面开展。

（二）改进执法办案方式，加大办案力度，提高办案质量

一是注重查办与预防相结合。深化侦查和预防一体化工作机制，坚持查办和预防工作同步开展，加强职务犯罪预警预测研究。2010年，在清华大学、中国社会科学院、市纪委、市公安局的支持配合下，市检察院结合对一定时间区间内检察机关、纪检监察机关受理职务犯罪举报线索的统计分析和查办职务犯罪的情况分析以及对社会民众对反腐倡廉工作感知情况的调查分析，依据准确的科学方法和严密的逻辑推理，归纳职务犯罪发生的行业、领域等特点，分析影响其发生发展的因素和社会背景，总结其发生发展规律，进而形成《北京地区职务犯罪趋势预测报告》等成果，努力从源头上、制度上预防和减少职务犯罪的发生。健全检察机关参与社会大预防网络建设，形成了与国资委、教育、农业、医疗卫生等部门共同预防职务犯罪的制度平台。积极开展行贿档案查询，为各类企业、单位招投标等活动提供行贿档案查询2850次。大力开展法制宣传，积极深入高校、大型国有企业开展预防工作，增强职务犯罪预防的实效。

二是注重保护当事人的合法权益。特别是在查办涉众型经济犯罪的过程中，采取提前介入侦查等措施，积极做好追缴赃款和挽回被害人损失工作，最大限度地修复被犯罪侵害的社会关系。出台《北京市检察机关开展刑事被害人救助工作实施办法》，积极开展救助工作，切实体现司法人文关怀。

三是注重坚持理性、平和、文明、规范执法。认真落实检察官职业行为基本规范、检察机关文明用语规则，慎重使用查封、扣押、冻结等强制性侦查

措施,认真执行讯问职务犯罪嫌疑人全程同步录音录像制度,努力提升执法规范化水平。

四是注重加强案件质量管理。市检察院进一步探索案件集中管理等模式,修改完善 2009 年开始试行的案件质量考核办法和办理贪污贿赂、渎职侵权、刑事立案监督与审查逮捕、公诉、刑事申诉与刑事赔偿、民事行政申诉及监所检察部门办理职务犯罪侦查、罪犯又犯罪及劳教人员犯罪等七类案件标准,由法律政策研究部门组织全市检察机关开展案件质量考核工作,并针对工作中存在的问题,牵头相关部门积极调研,提出改进措施,完善考核系统。市检二分院还成立了专门的案件质量监督管理办公室。在强化案件质量监控方面,侦查监督部门坚持以捕后无罪处理、复议复核改捕案件作为监控重点;公诉部门在复查无罪、撤回起诉、法院改变指控等六类案件的基础上,新增判决免予刑事处罚、普通程序审理的未成年人犯罪等十类重点案件的常规复查工作,2010 年审查上述六类复查案件和十类重点案件共 3100 余件。各业务部门严格执行上下级检察院案件指导和重大专项案件督办制度,通过实行重点案件捕前向市检察院报告和捕后网上备案制度、开展超审限办案情况专项检查等手段,提高了对案件质量重要指标的动态监控水平。

五是切实提高案件质量和执法规范化水平。2010 年,全市检察机关通过努力,完成了办案任务,多项统计结果和指标显示执法办案质量和水平有所提升。职务犯罪案件侦查终结数、起诉数、有罪判决数均有一定幅度上升,办案周期明显缩短。其中,反贪污贿赂部门共侦查终结 315 件 368 人,同比增加 1.94% 和 5.44%;提起公诉 313 件 359 人,同比增加 36.09% 和 35.47%;法院作出有罪判决 217 件 247 人,同比增加 29.17% 和 33.51%。反渎职侵权部门共侦查终结 56 件 58 人,同比增加 21.73% 和 13.72%;在侦查终结的案件中,移送审查起诉 48 件 49 人,同比增加 29.72% 和 22.25%;提起公诉 46 件 47 人,同比增加 119.04% 和 80.76%;法院作出有罪判决 27 件 31 人,同比增加 17.39% 和 29.16%。受理举报线索 4794 件,审查处理 4728 件,其中控申初核 956 件,移送自侦部门查办 357 件,署名举报做到件件答复,没有发生线索丢失、超期办案、失密等问题,维护了举报人的合法权益。在公安机关对不批捕决定提出异议并提请同级检察机关复议的376人中，经复议维持原不批捕决定373人，维持率99.2%。捕后无罪处理率降至0.77%。纠正漏捕人数同比增长1.16倍，追诉漏罪件数同比增长2.34倍。

（三）认真落实关于检察改革的各项部署

积极贯彻《北京市检察机关2009—2012年检察改革实施意见》，按要求抓好2010年完成的4项改革任务及2009—2010年实施的25项改革措施的推进工作，制定工作方案，有计划、分步骤地加以实施。加强对检察改革工作的组织领导，充分发挥检委会、牵头部门、责任部门、各级院的主动性和积极性，市检察院对重点改革任务确定联系、试点单位，加强工作指导、成果转化和总结推广，促进全市检察机关、各个改革项目的均衡发展。对于高检院出台的抗诉工作与职务犯罪侦查工作内部监督制约机制、规范检察建议、强化诉讼监督等改革措施，进一步细化工作程序，抓紧实施完善。对于职务犯罪审查逮捕程序改革实施情况，及时总结与完善。建立健全侦查监督、公诉部门介入职务犯罪侦查工作、引导取证的工作机制。为切实提高引导侦查工作的质量，各院着力加强引导侦查的程序规范和机制建设，西城等区检察院的侦查监督、公诉部门对附条件逮捕案件进行了提前介入，部分院深入开展了类案引导侦查，市检一分院与海淀分局、海淀区检察院会签实施办法，详细规定介入侦查经济犯罪案件的范围、工作方式、程序等内容，海淀院还制定了针对侵犯知识产权犯罪案件提前介入工作实施办法。2010年，全市检察机关公诉部门介入、引导侦查案件298件。自2007年在全市推行职务犯罪嫌疑人全程同步录音录像制度，各级院已在办案工作区建立同步录音录像讯问室47个，在看守所建立专用讯问室9个。全面试行量刑规范化改革以来，全市公诉部门共提出量刑建议6656次，同比减少17%，法院采纳5823次，采纳率达到87%以上，同比增加了4个百分点。部分基层检察院在原有工作机制的基础上，进一步制定工作细则，市检一分院将该项工作纳入业绩考核，市检二分院与法院就案件范围、提出量刑建议的时间及方式、量刑幅度等问题充分交换了意见，确保该项工作顺利进行。《关于办理死刑案件审查判断证据若干问题的规定》、《关于办理刑事案件排除非法证据若干问题的规定》出台后,市检察院于 2010 年 8 月邀请最高人民法院专家对全市检察机关业务部门人员进行了专门辅导讲座。认真筹备和积极开展《关于侦查活动监督有关问题的规定(试行)》等侦查监督"四项改革规定"的落实工作,昌平区检察院率先与公安机关建立了刑事案件信息通报机制。初步探索对公安派出所刑事执法监督的试点,西城区检察院与区公安分局会签了《关于对公安派出所加强法律监督的实施意见》。在改革和完善检察机关信息和技术保障机制方面,按照统一规划、统一设计、统一规范、统一实施的要求,检察技术部门大力推进检察信息化建设,完成了机关网络的分级保护工作,开通了触摸屏案件查询系统;开展了分院、区县院网站备份数据有效性检测,完善了专项业务系统及基层院建设考评系统,为依法履行法律监督职能提供强有力的技术保障。加强人民检察院司法鉴定机构和鉴定人管理工作,与高检院司法鉴定中心共建司法鉴定实验室,通过《北京市人民检察院关于加强司法鉴定工作的意见》,规范工作运行方式,完善鉴定门类建设,全年全市法医检验鉴定及文证审查案件共 219 件,法医咨询案件 200 件,文件检验鉴定案件 100 件,司法会计鉴定案件 33 件,电子证据鉴定案件 35 件,痕迹指纹鉴定案件 5 件;声纹鉴定案件 10 件;心理测试案件 6 件,配合高检院完成各类鉴定案件 160 件,切实提高服务保障办案水平。

(四)深入贯彻落实高检院《意见》和市人大常委会《决议》

2010 年 9 月,北京市人大常委会专门听取了市检察院对两年来深化诉讼监督工作情况的报告,最高人民检察院检察长曹建明也在该报告上作了批示,对全市检察机关推进该项工作、促进执法司法公正提出了更高的要求。全市检察机关深入贯彻落实高检院《关于进一步加强对诉讼活动法律监督工作的意见》和市人大常委会《关于加强人民检察院对诉讼活动的法律监督工作的决议》,从加强诉讼监督能力建设、把握诉讼监督发展规律入手,着力完善诉讼监督外部机制,不断加大诉讼监督力度,切实增强了诉讼监督效果。

首先,进一步加强诉讼监督能力建设。统一思想认识,将诉讼监督纳入三项重点工作整体格局,以深入推进公正廉洁执法为目标,以解决群众反映强烈的问题为重点,坚持把监督纠正个案中的问题与监督纠正普遍性问题、开展经常性监督与开展专项监督、加强诉讼监督与查处司法腐败、强化监督制约与加强协作配合有机结合起来,不断改进监督方式方法,提高监督能力水平,优化评价激励机制,努力做到敢于监督、善于监督、依法监督、规范监督。增强检察决定和法律文书的说理性,将诉讼监督工作置于社会各界和人民群众的监督之下,提高执法透明度和公信力。

其次,结合司法改革进一步明确诉讼监督方向。按照中央和高检院关于深化司法改革和检察改革的要求,落实好已经出台和即将出台的各项改革措施。与公安机关建立刑事案件信息通报制度,加强对公安机关立案活动的监督,注重对监督立案后侦查工作的跟踪督促。完善审查逮捕阶段讯问犯罪嫌疑人的制度,探索对强制措施及搜查、扣押、冻结等侦查措施的监督,建立对侦查活动中违法行为的调查制度。切实抓好中央政法各部门联合下发的《关于办理死刑案件审查判断证据若干问题的规定》、《关于办理刑事案件排除非法证据若干问题的规定》的学习宣传和贯彻落实,认真总结经验、吸取教训,进一步强化对自身执法活动的监督制约,在确保自身依法办案的同时,加强对公安机关取证活动的监督。

第三,不断完善诉讼监督工作机制。推进行政执法与刑事司法"两法衔接"等工作机制。由市政府法制办和市检察院牵头,建立了市公安局、监察局等22家单位参加的联席会议制度。下发《行政执法与刑事司法衔接工作办法》,在顺义、昌平等区着手启动"两法衔接"网络平台建设。2010年底,顺义区检察院"两法衔接"平台已投入使用。通过"两法衔接"机制发现立案监督线索13件,监督公安机关立案5件,会同公安机关、行政执法机关研究处理了"天线视频网站"侵犯网络音视频著作权、以销售新技术产品为名骗取代理加盟费等一批破坏市场经济秩序的新型犯罪案件。同时,积极完善与其他执法司法机关工作联系机制,市检察院与市高级法院会签《关于建立沟通机制的若干规定》,与市公安局会签《关于进一步加强和完善公安监管执法与检察监督工作联系制度的意见》。进一步推进检察长列席审判委员会等制度,年内,全市各院深入贯彻市检察院《关于贯彻执行〈最高人民检察院关于各级人民检察院检察长、副检察长直接办理案件的意见〉的实施意见》,将检察长列席法院审委会作为强化法律监督、提高案件质量的重要手段,全年列席审委会讨论重大疑难复杂案件 264 件,为加强诉讼活动监督提供制度保障。

第四,重视诉讼监督效果。积极做好息诉服判工作,对 1752 件不支持抗诉的民事行政申诉案件耐心细致地开展息诉罢访工作,积极促使当事人达成和解,努力维护司法权威和当事人权益。加大司法腐败行为的查处力度,立案侦查司法机关工作人员职务犯罪案件 23 人,努力维护司法的公正廉洁。全面开展侦监、公诉、监所、民行等部门诉讼监督十大精品案评选活动,市检察院先后开展两次诉讼监督精品案经验推广与宣讲活动,并在二级网页开辟专栏,刊发各院的经验做法和典型案例,进一步巩固和扩大了经验交流、推广的效果。积极把评选结果运用于教育培训、对外职能宣传,深化诉讼监督的效果。

第五,切实加强诉讼监督理论研究。2010 年,北京市检察院举办了首个全国性诉讼监督论坛,专题研讨诉讼监督与人大监督的关系以及内外部工作机制等重要问题;市检一分院、市一中法联合举办了二审程序理论研讨会,在京知名专家学者和各地检、法机关代表与会研讨,不仅形成了一批有分量的研究成果,也促进了检、法、学等共商机制的形成。2010 年 11 月,市检察院牵头成立中国法学会检察学研究会刑事诉讼监督专业委员会,并举办第一届刑事诉讼监督论坛,为深化诉讼监督工作提供理论保障。围绕民事检察、诉讼监督的改革与完善等专题,在知名报刊上发表理论成果 18 篇;市检察院组织编写的《法律监督原论》获北京市哲学社会科学优秀成果一等奖。最高人民检察院副检察长朱孝清评价该书是"在法学界、法律界产生了较大影响的关于检察制度的论著之一"。

## 四、强基础、抓基层,统筹推进各项检察工作全面发展

2010 年,全市检察机关狠抓领导班子、高素质专业化队伍和基层院建

设,进一步打牢科学发展的根基。

（一）切实加强领导班子建设

在北京市委、高检院的支持下,全市检察机关先后调整交流局级领导干部 22 名,局级领导干部本科以上学历比例上升到 93% ,一批年富力强的优秀干部进入各级班子。全面实行市检察院对下级院班子巡视工作以及专家学者挂职副检察长制度,积极开展分院、基层院检察长向市院述职报告工作制度。按照市委关于首都核心功能区调整的工作部署,组建完成新东城、西城区检察院领导班子,各项检察工作稳步推进。同时,从首都检察事业长远发展出发,制定了《2009—2013 年北京市检察机关领导班子建设实施意见》,为实现首都检察工作可持续发展奠定了基础。

（二）切实加强队伍专业化建设

北京市检察机关高度重视队伍思想政治和职业道德教育,部署开展"恪守检察职业道德、促进公正廉洁执法"主题实践活动,深入开展创先争优活动,大力弘扬彭燕等先进典型立足本职、无私奉献的精神。不断优化专业化结构,截至 2010 年底,全市检察队伍总量较"十五"末期增长 12.2% ,具有硕士以上学位的比例由 11.2% 上升到 14.4% 。加快推进高层次人才队伍建设,开展业务专家评审、业务技能竞赛等活动,全年先后有 5 人被评为全国检察业务专家,24 人被评为检察理论研究人才,2 人荣获全国"十佳公诉人"称号(连续四届共 9 人获此称号,占全国总数的 22% ),1 人荣获全国"侦查监督十佳检察官"称号。扎实推进大规模教育培训工作,坚持培训资源向基层倾斜、向执法办案一线倾斜,完善专项业务培训、自主选学、在线学习等模式,累计培训 1.2 万余人次。完善调研工作指导和管理机制,搭建理论研究平台,全年公开发表调研成果 765 篇,组织完成专著 7 部、论文集 8 部,30 篇成果被中央、高检院、市领导批示,队伍的素质和能力得到进一步提升。

（三）切实加强基层检察院建设

北京市检察机关深入贯彻全国基层检察院建设工作会议各项部署和市委常委会精神,加强对基层院的指导和帮扶力度,启动为基层院办实事折子工程,部署了 36 项办实事项目,把 2009 年以来新增中央政法专项编制的 80% 充实到了基层检察院,认真推进基层业务部门负责人按副处实职配备政策的落实,13 个区县院新增副处实职 169 人;市、分院从基层院选拔局级、处级领导干部 22 人,遴选优秀检察官 23 名,选派上级院检察人员到基层任职 15 人,逐步做到重心向基层下沉、资源向基层倾斜、人才在基层培养。开展基层院结对共建工作,完善考核体系,加快基层院经费、装备建设,全面提升基层检察工作水平。2010 年,顺义区检察院荣获"全国模范检察院"称号、西城区检察院荣立集体一等功,创先争优的良好氛围逐步形成。

(四)切实加强内部监督制约体系建设

北京市检察机关按照《2008—2012 年惩防体系建设工作规划》的要求,促进各院惩防体系建设。制定下发党风廉政建设和反腐败工作任务分工,严抓落实,将党风廉政建设情况纳入基层院建设考核体系。加大对各级领导干部的监督力度,经常性派员参加民主生活会,开展领导任前廉政谈话,接受领导干部个人有关事项报告 52 人次,查处处级以上干部 4 人。加强对重要决策、干部提拔、大额经费使用等"三重一大"事项的同步监督。加强巡视,不断提高内部监督机制的实效性,市检察院对 8 个基层院、2 个派出院进行了巡视回访,通过听取汇报、实地检查、干警谈话等形式,及时纠正问题,促进整改意见的落实。深入开展"反特权思想、反霸道作风"专项教育活动,面向社会各界广泛征求意见和建议,共查找出 6 个方面 11 个问题,开门整改。举办北京市检察机关反腐倡廉教育展,使全体检察人员受到一次深刻的廉政教育,被市委、人大、政协等领导给予高度评价。2010 年 3 月,高检院在原崇文区检察院召开现场会,把北京市检察系统廉政风险防范的做法向全国推广。

综上所述,在各级党委的正确领导、人大及其常委会的有力监督和政府、政协和人民群众的大力支持下,2010 年的北京检察工作取得了成效,为"十一五"圆满收官。在总结成绩的同时,全市检察机关及全体检察人员也清醒地认识到,与首都经济社会发展、人民群众的期待和首都的特殊地位相比,检察工作中还存在一些不完全适应的方面,突出表现在:一是执法思想、执法理念需要进一步转变,服务大局的意识和能动性有待进一步增强,全面、准确把握中央、市委重大决策和部署对检察工作提出新要求的能力需要提高。有的不善于统筹执法办案与服务大局的关系,就案办案、机械执法等倾向仍然存在,不注重执法办案的法律效果与政治效果、社会效果的关系;有的对检察职能的认识和理解不够全面、深刻,延伸检察职能的意识还不够强,打击、监督、预防、教育、保护等职能作用发挥不够到位,一定程度上影响了检察机关服务经济社会发展的广度、深度和成效。二是三项重点工作需要进一步推进,有的对三项重点工作的重要性、长期性认识不足,对检察机关在推进三项重点工作中的地位和作用把握不好,在找准结合点、经验的整合完善、机制创新等方面需要进一步提高。三是执法办案的规模、质量需要进一步提升,诉讼监督工作虽然取得了明显成效,但相对薄弱的局面还没有从根本上得到改观,各项业务工作亟需在加大力度上下功夫,努力实现数量、质量、效率和效果的有机统一。四是队伍的专业素质、特别是做群众工作能力需要进一步提高,继续在深化职业道德教育、群众观点教育、检察人才培养、推进大规模教育培训上取得更大实效。五是检察改革需要进一步深化,完善法律监督机制、执法办案管理、检察队伍专业化建设和经费、科技装备等管理机制的任务更加繁重。

# 2010 年北京司法行政工作报告

## 北京市司法局

2010 年,在市委、市政府和司法部的坚强领导下,全市司法行政系统紧紧围绕全市中心工作和重点任务,以深入推进三项重点工作为载体,努力在夯实基础上下功夫、在活跃工作上下功夫、在破解难题上下功夫,全系统工作呈现出亮点纷呈、整体推进、全面提升的良好发展态势,为维护首都政治稳定和社会安定,促进全市经济社会全面协调发展做出了积极贡献。

## 一、扎实推进律师管理与服务工作,北京律师管理新模式初步形成

围绕创新律师管理与服务,我们集中力量、反复研究,提出了"加强教育、理顺体制、推进党建、规范管理、科学规划"的总体思路,并通过落实"七个一"的具体措施,逐步加以推进,取得了明显的阶段性成果。通过实施律师党员动态化管理、发展律师新党员、在所有具备条件的律所建立基层党组织、依托司法所建立地区党支部、依托大所建立联合党支部以及为无党员的律所指派党建联络员等措施,初步实现了首都律师行业党的组织和党建工作全覆盖,律师党组织的凝聚力和吸引力明显增强,有效促进了业务工作的开展。积极推进市、区两级律师管理机构建设,11 个符合条件的区县全部

完成组建律师协会的任务,律师"两结合"管理体制更加健全。深入开展警示教育,加大对重大敏感案件协调指导力度,坚决果断查处一批违法违纪案件,制订出台一批律师管理实践亟需的制度规范,有效促进了律师行业规范化、制度化建设。

## 二、着力完善工作网络和工作机制,人民调解工作社会影响力进一步增强

开展"人民调解进万家"主题宣传活动,聘请12位社会知名人士担任特聘人民调解员。扎实开展"社会矛盾专项攻坚调处活动",共调解征地拆迁纠纷7182件、医疗纠纷70件、劳动争议1860件、环境污染纠纷4222件、物业管理纠纷4561件。深入推进专业性、行业性人民调解组织建设,在外企集团成立了全国第一家跨行业、跨地区的人民调解组织,在交通物流业建立了全国第一家以社团组织注册的调解中心,在公交集团建立了调解组织体系。与市总工会、市人力社保局、市信访办、市高级人民法院联合召开全市劳动争议联动工作大会,建立了五方联动机制;与市公安局联合举办了联合调解室揭牌仪式,在全市推广人民调解进派出所的经验,人民调解与行政调解和司法调解的衔接机制进一步完善。全年共调处矛盾纠纷26.7万余件,同比增长71%。

## 三、认真落实"首要标准",特殊人群的教育改造和管理工作成效明显

监狱劳教系统以"岗位大练兵　执法大培训"、非正常死亡集中整治活动为契机,进一步完善监所安全稳定措施,实现了连续14年监所安全稳定无事故。监狱系统依照危险程度和改造需求,完成了全局罪犯的三次分类,实现了相对科学的分押分管;积极延伸监狱维护稳定的社会责任,规范了无缝衔接的7个工作环节和工作标准,为罪犯刑满释放后能够纳入社会有效

控制提供了条件。劳教系统建立了心理健康状况动态监控机制,建立了教育矫治网站,深入开展个别化矫治;大力加强班组和大队建设,"一所一策"的工作格局初步形成;戒毒工作科学化水平不断提高,短刑犯教育改造工作取得显著进展。社区矫正和安置帮教领域配合市检察院制定出台了《监外执行(社区矫正)检察工作细则》,进一步强化了社区矫正的刑罚执行力。全面推进阳光中途之家建设,全市 16 个区县全部完成了规划制订工作,12 个区县落实了办公场所,3 个区县完成了选址工作,8 个区县的中途之家已开始运行,为落实社区矫正各项管理帮教措施提供了有力支撑,进一步提升了社区矫正工作的层次和水平。

## 四、自觉服务全市中心工作和重点任务,法律服务的社会效果日益突出

组建律师行业应诉工作服务团,为各级政府提供专业化的行政应诉服务;组建涉法涉诉公益律师服务团,积极参与"清理化解涉法涉诉信访积案专项活动"。在担负城中村改造任务的 9 个区县组建了由 3000 余名律师参加的重点地区排查整治工作法律服务团,在服务基层党委政府依法决策、引导拆迁企业依法依规办事、维护群众合法权益方面发挥了重要作用。积极拓展公证服务领域,开展建设领域矛盾纠纷专项服务,为逐步解决建筑工程市场长期存在的虚假担保等难题提供了保障。全面开展司法鉴定质量评查活动,妥善处理司法鉴定信访投诉,解决了一些多年缠讼上访、久拖不决的案件。积极落实市政府实事项目,全市在远郊区县建设和规范公益法律服务中心 149 家,农村公益法律服务范围更加宽广。深入开展"法律援助便民服务"主题实践活动,组织开展农民工法律援助专项维权服务。2010 年,全市共办理公证法律服务事项 579624 件;办理司法鉴定案件 30780 件;办理法律援助案件 14775 件。圆满完成 2010 年度北京地区国家司法考试工作。

## 五、全面落实"五五"普法规划，法制宣传的针对性和实效性进一步增强

调整充实法制宣传教育领导机构，全市普法工作领导机制更加完善。针对社会治安重点地区排查整治、城中村改造、"两委"换届选举、南城行动计划等重点工作，广泛开展相关法律法规宣传，为从源头上预防和减少社会矛盾做出了贡献。开展"崇尚法律、共筑和谐"法制宣传咨询周，"小手拉大手"家庭法律知识大赛等主题宣传活动，举办以"发挥法治保障作用、服务世界城市建设"为主题的法治论坛，"百家企业共承诺、依法用工促和谐"等"12·4"法制宣传系列活动，在全市营造了良好的法治氛围。圆满完成"五五"普法检查验收工作，"六五"普法规划研究制订工作进展顺利。

## 六、着力强化基层基础工作，司法行政工作的根基更加牢固

信息化建设取得突破性进展，全系统363家基层单位实现了与市局内网办公平台互联互通。其中，区县法援中心和矫正中心的连通率达到100%，司法所达到98%。数字安全认证系统全面启动，实现了全系统统一身份认证。业务系统建设深入推进，信息化建设已覆盖90%以上的司法行政业务。积极推进司法所办公用房建设，加强司法所规范化建设，统一了司法所办公场所标识，规范了司法所工作职能、工作流程和工作规则。完善执法资格管理，开展执法知识考试、执法规范用语竞赛等活动，全系统依法行政能力进一步增强，全年未发生被撤销和败诉的行政诉讼和行政复议案件。加强政务信息和对外宣传工作，成功举办京津沪渝粤五省市工作年会，司法行政工作的社会认知度明显增强。

## 七、大力加强队伍建设，广大干警和法律服务工作者的综合素质进一步增强

深入开展创先争优活动和公证行业"恪守职业道德　维护公正公信"主题教育，隆重表彰"五好"律师党支部和优秀律师党员，集中宣传刘凝律师的先进事迹，队伍思想建设和作风建设明显加强。加大各类各层次人员培训力度，认真组织监狱劳教人民警察执法大培训、岗位大练兵活动，7764名干警参加并通过考核，有效促进了干警业务水平和执法水平的提高。加大干部交流和到基层锻炼挂职力度，积极开展从基层考录和遴选公务员工作。强化机关内部建设，坚持带队伍重在培育作风、严标准重在健全规范、抓调研重在突破难点、促落实重在加强督查、清积案重在塑造形象，努力培养快、准、细、实的机关作风。市局先后召开 11 次全系统视频会议，对阶段性工作进行动员部署和总结讲评；对已部署的工作盯住不放，多次由市局领导带队进行实地督促检查，有效地促进了各项工作的落实。

# 2010 年北京市信访工作报告

## 北京市信访办

2010 年,在北京市委、市政府的正确领导下,经过各地区、各部门共同努力,全市信访形势总体向好、平稳可控,呈现"信访总量、重复信访、到市集体上访"三个下降态势。自下而上的正金字塔形信访结构进一步巩固,"无重大重复上访户、无信访群体性事件、敏感时期无非正常上访"工作目标全面实现。中央信访工作督导组对北京市信访工作给予充分肯定,认为"北京市对信访工作规律的探索和把握更加理性和自觉,信访工作思路更加明晰;信访工作机制不断健全完善,信访工作的领导体系和新格局基本形成;信访机构和队伍建设普遍受到重视、得到加强,信访干部精神状态良好"。

## 一、市领导高度重视,党委、政府领导力度明显加大

市委、市政府先后 2 次听取信访工作汇报,5 次以领导干部会议、联席会议形式部署工作,以市委、市政府两个办公厅文件下发了全年工作意见。市领导多次对信访工作作出重要批示和指示,并亲自参加信访调研、亲自协调处理重大案件。2010 年,刘淇、郭金龙等领导同志多次对信访工作作出批示。市领导听取专题汇报 11 次,参加重点案件协调会 18 次,参加信访会

议和调研检查 40 余次；市委组织部安排 2 批 50 余名局级后备干部到信访部门挂职锻炼。各级党委、政府认真落实信访工作责任制，把信访工作摆上重要位置，主要领导亲自抓、分管领导具体抓、其他领导"一岗双责"，带动和促进了信访工作稳步推进、整体提高。

## 二、抓源头抓防范，矛盾纠纷预防、排查化解机制作用发挥明显

按照刘淇同志"下好先手棋，打好主动仗"的要求，坚持事前抓排查预防、事中抓受理疏导、事后抓协调解决。一是着力推动信访维稳评估制度，并作为各级党委政府实施重大决策的必经程序，最大限度地从源头上预防和减少涉众性信访问题。二是扎实开展领导大接访活动，全市区（县）局级领导干部坚持定期接待群众来访，积极包案处理重要复杂疑难问题。三是深入开展矛盾纠纷排查化解工作，全年共组织了 2 次定期大排查和 7 次专项排查，排查各类矛盾纠纷 90% 以上得到化解。四是开展春季信访大调研，深入 81 个街乡、社村，对市、区级重点工程项目潜在矛盾隐患进行排查，对拆迁村可能引发群众信访的问题进行摸底，对市级重点矛盾进行调研。针对发现的征地拆迁、突出的联名信、季节性上访等信访热点，及时报送专题调研报告，得到市领导批示，各级及时跟进工作，有效扭转了信访上升势头。

## 三、加强协调督导，推动"事要解决"取得明显进展

一是深入开展信访积案化解年活动。对久拖不决的"骨头案"、"钉子案"、"停尸案"，因案施策、专案攻坚，解决了一批疑难复杂问题，信访"存量"逐步减少。二是加强各级联席会议综合指导、统筹协调和督查考核力度。建立了市联席会议季度例会、市联席办和各专项工作组月例会制度。市联席会议挂账一批重大涉众信访问题得到妥善化解或取得新突破。三是全面落实重大矛盾化解专项资金保障机制。市、区县分级设立专项资金，且

上不封顶，加大资金投入力度，化解了一批信访突出问题和重大矛盾纠纷。四是建立完善矛盾化解联动机制。先后与市人大、市委组织部、市纪检监察部门、市民政局、市司法局等部门和相关群团组织建立了14项联动机制。通过建立市信访办、市总工会、市人保局、市司法局、市高院劳动争议案件调解五方联动机制，调解成功了一批劳动争议案件。

## 四、推动重心下移，基层基础明显加强

一是建立健全了街乡信访工作机构和社会矛盾调处分中心，与街乡综治维稳中心搭建了基层大排查、大调解工作平台，各区县社区、农村建立了安全稳定信息员队伍，基层基础工作进一步加强。二是先后总结推广了原崇文区"信访代理"工作机制，昌平区"一单式"工作法和门头沟区"连民心恳谈室"经验做法，取得了良好效果。三是进一步加大对基层的督导检查力度，市信访办与市监察局建立了联合效能监察机制，组成机关干部下访联合检查组，对16区县贯彻落实市委市政府工作部署和完成各阶段工作目标情况进行了督导检查，有力地促进了工作落实。

## 五、推进社会服务管理创新，取得明显成效

一是成立了全国首家信访矛盾分析研究中心，充分利用信访资源，完成了若干重要的研究报告，举办信访矛盾分析研究中心成立一周年暨第三次信访工作理论研讨会，形成了一批理论成果，荣获2010年中国"政府倾听民意"积极进取奖。二是加大了电话热线资源整合力度，非紧急救助服务实现了市民生活全覆盖，12345品牌知名度和群众满意度大大提高，

## 六、狠抓自身建设，信访干部队伍能力素质明显增强

一是抓干部培训。一年来，市信访办先后有248人次参加各级各类教

育培训 35 个班次,有效提高了党员干部做群众工作的能力。二是抓公开选拔和竞争上岗。三是抓优化干部结构。本科以上学历干部比例进一步扩大。四是抓干部交流轮岗。交流轮岗的处室占市信访办处室的一半。五是抓开展创先争优活动。制定了《关于全市信访系统深入开展创先争优活动的实施意见》,推动了干部能力素质提升。

# 2010 年北京市律师协会工作报告

### 北京市律师协会

2010 年,在北京市司法局党委的正确领导下,北京市律师协会认真学习贯彻党的十七大、十七届四中、五中全会精神,深入学习实践科学发展观,大力推进首都律师的形象建设、品牌建设和基础建设,着力深化律师行业自律管理与服务体制改革,各项工作按照年度计划平稳有序地推进,取得了较大的进展。

## 一、明确责任使命,创新工作机制,以党建为龙头带动和加强全市律师队伍建设

为建立科学规范、权责一致、运转高效、充满活力的党建组织体系,市律协党委指导区律师协会在组建成立后同步推进了区县律协党组织建设,市、区、所三级党组织架构基本完善。为了畅通行业信息沟通渠道,协会以"五好党支部"为基础组建了 53 人信息员队伍,并成立了巡回指导组,建立了信息报送制度。据统计,一年来,协会党委办公室共编发《律师党建信息》近百期,《北京律师政工研究》4 期 57 篇,发布网站信息上百条。为了更广泛地团结青年律师,发挥律师团员青年的先锋模范作用,为党组织输送更多的优秀人才,协会组建成立了中共北京市律师协会团工委,为青年律师工作

的加强和改善提供了有效的组织保障。

根据司法部和市委的统一部署,律协党委配合市局党委,在全市律师基层党组织和律师党员中组织开展了创先争优活动。"七一"前,组织召开了近年来规模最大、规格最高的表彰大会,隆重推出 29 个律师事务所"五好"党支部和 50 名优秀律师党员。以"寻找身边好党员"创先争优 DV 作品大赛为载体,进一步激发了广大党员积极参与创先争优活动的主动性和创造力。

2010 年 11 月 24 日上午,在全国律师党建工作会议前夕,司法部、中组部领导以及与会代表 200 余人,参观考察了北京市律师行业党建工作和创先争优活动开展情况。中组部、司法部、市领导充分肯定了北京市律师行业党建工作的思路和各项举措,高度赞扬了北京市律师行业创先争优活动取得的成效。

为帮助广大律师及时了解国家政治经济形势,强化大局观念,协会先后邀请了北京市委研究室副主任江涛、联想控股有限公司董事长柳传志、国防大学教授金一南为北京律师举办了《北京作为世界城市的定位与发展战略》、《联想的经验教训总结》及《国家安全筹划中的战略思维》的讲座,受到了会员的广泛欢迎。

## 二、深入开展律师队伍警示教育活动,着力推动律师执业环境的优化和改善

2010 年以来,根据司法部、市委政法委及市司法局的部署和要求,协会在全市律师队伍中组织开展了警示教育活动。律协党委、会长会议专题研究将警示教育工作方案中涉及协会的工作逐项分解、责任到人,形成了以协会党委负总责、主管会长抓落实的联席工作机制;为统一思想认识,组织编印了警示教育系列材料《先进事迹学习材料汇编》、《警示教育典型案例汇编》并发放到全市各律师事务所;为了以点带面,协会组织开展了警示教育工作经验交流活动,并组建了优秀律师事迹宣讲团,通过各种形式广泛宣传

先进律师群体和优秀律师的典型事迹，树立北京律师的良好社会形象。配合警示教育活动的开展，协会编印了近60期《警示教育专刊》向各律师事务所发放。

以警示教育活动为契机，协会在推动优化律师执业环境方面组织开展了一系列行之有效的工作：一是针对年初行业税收政策的调整，及时与市地税局召开了数次座谈会，就新政策的实施进行了充分的沟通与协调；二是与市一中院召开座谈会，就如何构建法官与律师的良性互动机制进行了深入的探讨；三是与朝阳区检察院共同组织召开了控辩交流专题座谈会，就诉前沟通、建立和谐控辩关系等主题进行了坦诚的交流；四是与房管局、国土局等部门进行了积极的联系，探讨如何扩大律师调查取证权问题；五是与海淀公安分局签订了《保障律师会见权益规范法律服务协议书》，就双方建立密切联系机制、保障律师会见权益等作出了具体的规定；六是为净化法律服务市场，聘请海淀分局法制监所相关人员为律师执业监督员，对周边法律服务市场进行监督检查，还在海淀看守所设立了北京律协宣传屏，提醒当事人聘请执业律师；七是召开了"北京市律师执业行为规范与律师权益保障研讨会"，与市司法局、市检察院、市一中院及市公安局就律师执业环境的优化进行了专题研讨；八是组建了律师行政应诉工作服务团，为律师介入各委办局及区县政府的行政应诉工作搭建了平台。

## 三、彰显发展成就，提升行业影响，成功举办第二届北京律师论坛

2010年11月27至28日，以"规范与超越"为主题的第二届北京律师论坛在北京会议中心成功举办。本次论坛是在首届北京律师论坛举办八年之后、北京律师行业步入一个规范化长足发展阶段，同时又在已有业务模式基础上寻求创新和突破的一次盛会。司法部、全国律协、市司法局的相关领导、100余名专家学者、1600余名北京律师界精英汇聚一堂，纵论法律实务热点话题、研讨社会进步发展对策、展示北京律师专业成果、展现律师行业

精神风貌。

论坛设开幕式、主论坛及十二个分论坛。协会首次编制并在主论坛发布了《北京律师社会责任报告》,向社会全面客观地反映了北京律师 30 年来履行社会责任的发展历程。十二个分论坛分别就律师事务所管理、公司证券法律、金融法律、知识产权法、房地产与建筑工程、侵权责任法、民事诉讼与仲裁、环境资源法律、WTO 与国际贸易、公益法律服务、文化创意产业及刑事法律业务共十二个专题进行了深入地研讨,覆盖了诉讼、非诉、公益业务领域以及利益冲突与律师事务所管理等,涉及了社会、经济生活的方方面面。

为全面展示北京律师业的发展成果,论坛面向全市律师公开征稿,从中精心编选了 500 余篇论文,结集出版了六卷论文集,对律师业务交流与业务水平的提高起到了积极的促进作用。论坛务求创新,充分利用网络信息技术实现电子报名系统,论坛开幕式进行的"沙画表演"演绎了首都律师 30 年的发展历程,论坛采取了"主讲式"、"研讨式"、"对话式"及"互动式"等各种活泼新颖的形式。论坛为广大律师提供了一个业务交流、学术碰撞和思想交汇的平台,也受到了业内外的广泛关注与高度评价。

## 四、强化管理责任,规范执业行为,加大对律师事务所规范化管理的指导力度

为了充分发挥协会在监督指导与规范会员执业行为方面的职能作用,协会修订、制定了执业纪律与执业调处委员会规则、投诉立案规则、投诉调解规则、听证规则、执业纠纷调解处理规则、处分决定执行细则等 6 个行业规范,大大提高了会员惩戒工作的规范化标准化水平。鉴于律师执业中的利益冲突问题在律师业务多样化以及律师事务所规模不断扩大的过程中日渐突出,协会组织举办了利益冲突管理论坛,为减少律师执业纠纷中的利益冲突、规范律师执业提供了有益的借鉴。为了帮助广大会员学习掌握与执业相关的法律、法规和规范性文件的规定,协会编辑出版了《北京律师执业

规范手册》，并从近年来受理、查处的投诉案件中，选取了 55 个涉及违反律师事务所管理、违反诚信、工作不尽职、虚假宣传和利益冲突等几种主要类型的具有代表性和教育意义的典型案例，编辑出版了《律师执业警示录》，向各律师事务所发放。根据投诉案件查处工作中发现的一些带有普遍性的问题，协会在首都律师网发布了有关涉及律师函的使用、利益冲突的认定、律师办理刑事案件应注意的问题等 3 份规范执业指引，以提示全体会员对频繁引起投诉的不规范执业行为，提高警惕并采取防范措施。

为把好行业入门关，协会增设了申请律师执业人员管理考核工作委员会，负责对申请律师执业人员进行审核、培训及面试考核、对重新申请律师执业人员及变更律师执业机构人员进行先期面试审查考核工作；审议出台了《申请律师执业人员实习管理办法》、《重新申请律师执业人员和异地变更执业机构人员审查考核办法（试行）》；同时，选聘资深律师组建了申请律师执业人员集中培训讲师团，保证了实习培训工作的授课质量；吸收理事、监事、市局律管处和协会秘书处工作人员担任面试考核官，提高了实习律师面试考核工作的质量。据统计，截至 2010 年 12 月底，在共计 54 期实习期满申请律师执业人员面试考核工作中，共有 100 名实习律师因不合格被延长了实习期，有效保证了新入行人员的质量。

新修订的《律师法》强化了对于律师事务所合伙人管理职责的要求，针对律师事务所对于提升管理水平、规范管理制度的需求，协会在加强对律师事务所管理的指导方面开展了一系列的活动。一是组建了律师事务所管理人沙龙并举办了"《律师事务所管理评价体系标准及评估指南》在律师事务所中的应用"、"新律师内部培养制度和方法"以及拓展训练等活动，为合伙人交流管理经验、沟通发展信息搭建了平台；二是启动了新设立律师事务所合伙人管理培训工作，分别就律师事务所管理要素、合伙制律师事务所组建初期应当注意的几个问题等为 100 余名新建所合伙人提供了具体的指导；三是为帮助律师事务所准确适用《劳动合同法》及《劳动合同法实施条例》，依法规范用工管理，组织起草并在协会网站发布了律师事务所劳动合同范本，并邀请劳动合同范本的起草人为律师事务所的管理合伙人及行政主管举办了专题培训;四是根据市发改委、市司法局发布的《北京市律师服务收费管理实施办法(试行)》,制定并提请理事会审议通过了《北京市律师事务所计时收费指引》,为规范北京市律师法律服务收费计时收费行为、依法维护委托人和律师的合法权益提供了制度保障;五是根据司法部部颁规章关于律师事务所应当建立律师执业年度考核制度的相关规定,起草了《律师事务所对律师执业活动的考核指引》(征求意见稿);六是为探讨信息化的时代发展对律师事务所规范管理水平、提升运营效率带来的新的发展机遇与挑战,成功举办了律师事务所管理与信息技术应用研讨会,就信息化背景下律师事务所标准化、规范化管理的方式分享了成功的经验。

## 五、立足帮助会员提升执业能力与执业水平,积极开展业务培训与业务指导工作

为帮助会员提升执业能力,拓展业务领域,协会大力加强对会员的业务培训与业务指导工作。根据会员需求,组织了 14 期内容涉及财产犯罪的认定、侵权责任法、担保法审判实务等主题的业务大培训,举办了 136 次专业研讨交流及小型培训活动;同时,在首都律师网站专门开辟了名为"专业领域"的栏目,将专业委员会业务研讨内容及成果一一上传,会员可根据需要随时下载,对于促进会员间的业务沟通与交流,帮助会员了解前沿业务知识起到了一定的导向作用。

为从行业战略发展角度继续加大对青年律师的培养、扶持力度,协会先后举行了第二期、第三期北京青年律师阳光成长计划培训班,共有 400 余名执业不满 3 年的青年律师参加,培训课程以职业道德、职业取向、执业素养和执业技能为主,授课导师由业界资深律师担任,采用分组小班形式授课,并采取了现场提问、场景模拟、互换角色、辨析互动等多种形式与青年律师进行互动,受到了青年律师的广泛好评。

为帮助北京律师提升国际竞争力,协会积极探索与海外教育机构合作开发境外法律学历及非学历教育项目。年内共派出了四批 14 名律师作为

美国华盛顿大学法学院亚洲法研究中心访问学者赴美学习，并分别与美国福德汉姆大学法学院、明尼苏达大学法学院就相关培训项目达成了新的合作协议，选派 5 名律师赴美参加了项目培训。同时，协会先后邀请美国明尼苏达大学法学院教授、美国贝克麦坚时律师事务所高级合伙人等为广大会员举办了"墨西哥湾漏油事件的法律后果"、"美国诉讼——中国公司新趋势"等讲座，受到了会员的广泛欢迎。

为加强中外律师的交流与合作，树立北京律师的国际形象，协会与中华仲裁协会、台北律师公会、中国国际经济贸易仲裁委员会联合举办了"两岸仲裁、调解及争议审查委员会（DRB）制度及实践研讨会"，组团参加了第十八届北京市律师协会—首尔地方律师协会交流会议、2010 英国法律年开年仪式等，接待了德国法兰克福律师代表团、英国事务律师公会及英国出庭律师公会代表团等来访；为了使更多北京律师能够"走出去"与国外同行进行交流，应广大会员的要求，首次组织了律师自费团出访日本，受到了大家的欢迎。

## 六、大力开展对外宣传与交流，着力打造北京律师公益品牌形象

为贴近会员的实际需求，体现首都律师的特点，协会对《北京律师》进行了全面改版，从封面设计、正文版式、栏目设置及文字编辑到色彩、纸张和印刷均做了很大的改变。与此同时，首都律师网站二期改版工程已经进入实施阶段，二期工程包括"会员服务系统"和"秘书处办公服务系统"，完成后可实现会员网上报名、网上培训、在线交流、在线投诉等功能，使网站成为一个风格独特，功能健全，使用便利的对外标志性窗口。为树立北京律师的良好形象，协会组建了北京律师援助中西部讲师团，并选派专业律师远赴新疆举办了律师实务讲座，促进了北京律协与中西部省市律协的交流与合作；此外，协会还组团赴山东、江苏省律师协会就省、市两级行业协会的工作衔接、规章制度建设、会费收缴和使用、律师准入制度以及行业税收政策等问

题进行了调研和交流,为协会今后工作的开展提供了参考和借鉴。

为向社会展示和弘扬首都律师强烈的社会责任意识,总结北京律师在履行社会责任过程中积累的宝贵经验,协会以北京律师行业 30 年来通过各种途径参与为公众与社会服务的状况为素材起草并发布了《北京律师社会责任报告》,有效地增强了社会公众对北京律师群体勇于承担与履行社会责任的认知。为了大力宣传优秀律师事务所和律师,树立首都律师行业楷模,协会在年底组织开展了"北京律师行业 2010 年度公益大奖"和"北京市百名优秀刑辩律师"的评选工作,本着公开、公平、公正的原则,坚持标准,严格程序,经过两次集中评审,由业内外专家学者组成的评委会从参评的 49 家律师事务所和 208 名律师中,遴选出了公益大奖 28 个,优秀刑辩律师 106 名,于 2011 年初通过业内外媒体对获奖名单进行公示,并在全市律师新春团拜会上对获奖者进行了隆重表彰。与此同时,为持续打造北京律师的公益品牌形象,协会继续组织了一系列行业公益活动。一是加大了北京公益律师服务热线宣传力度,通过北京人民广播电台、《北京晚报》、公益灯箱广告及公交车移动电视显示屏等各种宣传媒介进一步扩大公益热线的覆盖面和知名度;二是组织了为西南旱区及青海玉树地震灾区捐款献爱心活动,累计收到捐款 474 万余元,并落实了云南大理和云阳水利工程的援建项目,与青海省律协签订了援助青海省律师发展的协议;三是组织了对宁夏、陕西两所北京律师希望小学的回访,并在全市律师事务所中开展了为希望小学捐赠的活动,收到捐赠物品价值达 7 万余元;四是在北京市圆满完成对口支援什邡恢复重建工作之际,参加了北京市律师希望小学暨回澜镇陈家观小学的命名仪式,给学生们带去了 17000 余元的捐赠物资;五是积极组织优秀律师参与"1+1"中国法律援助志愿者行动,年内配合市司法局选派 8 名律师赴贵州、云南等四省区内没有律师的县,为当地群众提供法律服务;六是选派优秀专业女律师坚持每季度到大兴区天堂河北京市女子监狱为服刑人员提供义务法律咨询,参加全国妇联信访法律咨询活动及市妇联 96156 姐妹驿站电话咨询,并出资 5000 元为北京 SOS 儿童村筹建了家庭图书室。

为积极宣传北京律师人大代表、政协委员在参政议政领域所做出的贡献，协会编辑出版了《律师话政》第二辑，汇集了 2010 年来自于律师行业的优秀提案和建议案，向社会展现了首都律师关注民生、热心公益、积极履行社会责任的专业风采。

2010 年，北京律师充分发挥专业优势，在扩大社会参与、深化社会影响方面发挥了积极的作用。9 月 28 日，协会协调组织 15 名律师参加了由北京市高院组织召开的"市高级法院审判管理工作情况通报会"，就法院审判工作提出了相关意见和建议。人大、政协两会前夕，北京市政府在草拟市政府 2010 年工作报告过程中召开征求意见座谈会，协会受邀并指派资深律师参加，发表了富有建设性的意见和建议，受到了市领导的点名表扬。

为促进与国际律师组织、兄弟省市律师协会的沟通交流，协会主办或组队参加了第六届两岸三地律师高尔夫球邀请赛、律师世界杯足球赛、京津沪渝粤五省市律师羽毛球联谊赛等赛事活动，并组织了艺术团的律师在新春团拜会、第二届北京律师论坛等活动中献上了精心准备的文艺活动，受到了与会人员的好评。

## 七、规划行业发展，完善行规体系，积极推进行业基础建设

为了对北京市律师行业中长期发展目标进行科学规划，协会组织起草了北京市 2011—2015 年律师业发展纲要，为今后 5 年律师行业的发展指明了方向；针对北京律师行业中职业认同感与荣誉感有待进一步加强的现状，协会举办了律师行业文化建设研讨会，并通过北京律师行业文化建设课题的调研，对 30 年来律师行业文化的内涵进行提炼与总结，以增强行业的凝聚力与忠诚度。同时，为了向社会全面展示北京律师行业的发展状况，扩大行业影响，协会编制并拟于 2011 年向社会发布《北京律师行业发展蓝皮书》，从行业协会的角度对北京律师行业 30 年来的发展历程、发展状况、典型事件、重点问题、北京律师业年度大事记以及律师参政议政的情况等进行总结和提炼；为了对行业税收相关问题进行前瞻性研究，协会选派专业律师

组建成立了北京律师税收政策研究课题组,就稳定行业税收政策、促进行业健康发展与地税部门进行了多次沟通,并正在着手起草制订北京市律师事务所会计核算办法。

根据广大会员的要求和形势的发展,2010 年,协会调整了会费标准,个人会费每人每年由 2500 元降到 2000 元,下降幅度达到 20%,对新律师实行"一免两减"的政策,对年满 70 岁的老律师免收会费,充分体现了协会对青年律师的扶持以及对老律师的人文关怀。

为了进一步提高协会会费预算编制工作的科学化和规范化水平,协会对预算编制工作进行了改革,通过举办预算编制工作联席会的形式,增加了与各专门工作委员会就各自年度工作计划及经费使用建议进行当面沟通的程序,取得了很好的效果。

为完善协会组织体系建设,协会增设了 3 个专门工作委员会,制定发布 10 个行业规范,汇编出版了《北京市律师协会行业规范汇编》,筹备翻译并即将出版发达国家律师协会的相关行业规范汇编。

根据市局的总体工作安排,2010 年,协会积极参与了朝阳、海淀、东城、西城、丰台、顺义等 10 个区律师协会的筹建工作,从章程制定、规则起草到代表资格审查以及选举程序设定等方面都给予了具体的指导,并在年度会费预算中就区县律师协会的工作经费作出了具体安排,为区县律师协会的筹建及运转提供了经费保障。同时,协会还就尚不具备成立律师协会条件的区县如何有效地开展会员服务工作等问题进行了专题研讨。为给区县律师协会的工作提供具体指导,协会就区县律协工作规则模板、受理投诉及案件调查、为辖区会员提供服务与管理等问题组织了多次研讨会,出台了《关于区(县)律师协会纪处工作若干问题的指导意见》,并组织了由区县律协相关人员参加的交流座谈会;为了规范市区两级律协职能分工及工作对接,协会启动了北京市律师行业两级管理架构专题调研活动,就市区两级律师协会之间的职能划分、工作对接及信息沟通进行研讨论证,研究建立相应的工作机制和工作流程。

# 2010 年北京市仲裁工作报告

**北京市仲裁委员会**

2010 年北京市仲裁委的工作主要分为五个方面：

## 一、案件情况

（一）2010 年仲裁委员会共受理案件 1566 件，比 2009 年减少 264 件，下降 14.43%。结案 1528 件，比 2009 年减少 453 件，下降 22.87%。2010 年的结案率为 97.57%。2010 年和 2009 年案件数对比情况见下表：

案件减少，一是金融危机造成的滞后效应；二是案件结构发生了变化，案情简单，争议不大，小标的案件以及集团案件进一步减少（2010 年简易程序案件比 2010 年减少 242 件，占减少案件数的 90%），专业性强、案情复杂、争议金额大，以及涉及新型法律关系的案件在逐步增加；三是我们自身的工作还有需要改进的地方，我们需要继续提高仲裁质量和效率，真正做到案结事了，实现法律效果和社会效果统一，满足当事人、代理人日益提高的仲裁要求。

为了扭转近年来案件下滑的趋势，我们将加强宣传和业务拓展工作，通过机制创新，在维持我们优势业务的同时，不断开拓新的业务增长点，以北京市仲裁委员会为平台建立广泛的合作关系，拓展新的发展空间。

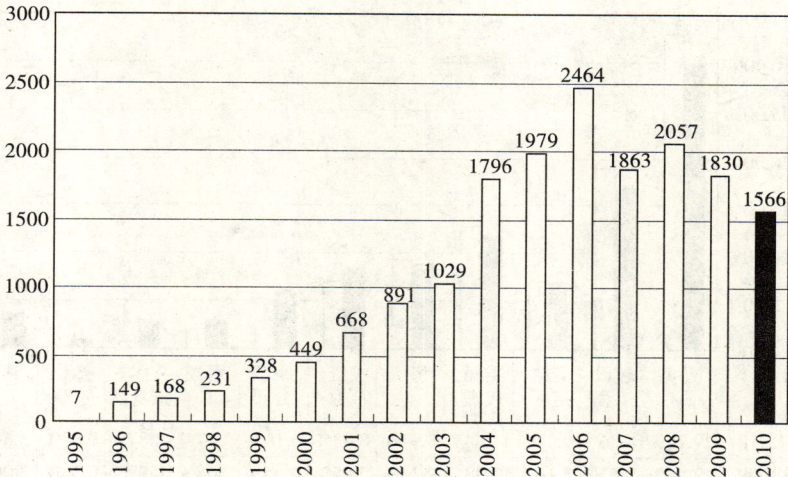

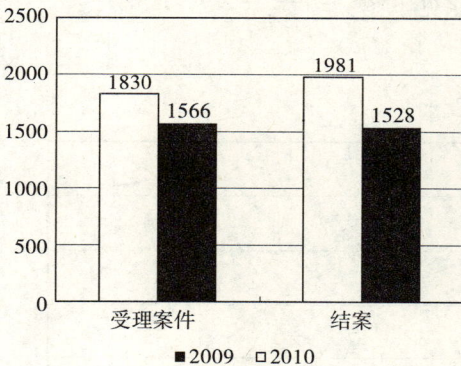

·2010 年仲裁委员会共受理案件立案 1566 件，比 2009 年减少 264 件，下降 14.43%

·2010 年结案 1528 件，比 2009 年减少 453 件。2010 年结案率为 97.5%

（二）2010 年案件标的 93 亿，比 2009 年增长了 5 个亿，增长率为 5.57%。平均个案争议金额 593.9 万，比前年增加 23.73%。

（三）在受理的案件中，案件类型分布见下图：

2010 年受理的案件中，买卖合同占 29.76%；建筑工程合同纠纷占 16.86%；委托、代理合同纠纷占 11.94%；租赁合同纠纷占 8.94%；借款、担保合同纠纷占 7.02%；投资金融纠纷占 8.43%；新型合同纠纷占 6.19%；承揽合同纠纷占 2.87%；信息网络纠纷占 1.85%；技术合同纠纷占 1.02%；知识产权纠纷占 0.83%；其他纠纷占 3.64%。

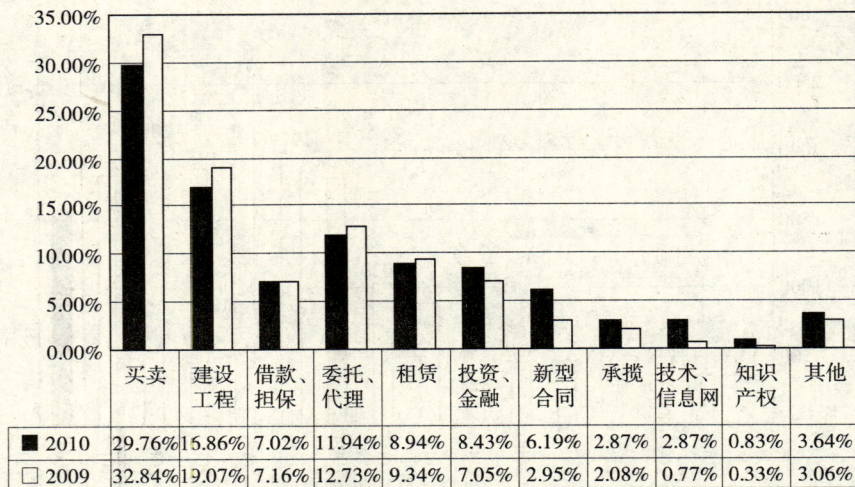

| | 买卖 | 建设工程 | 借款、担保 | 委托、代理 | 租赁 | 投资、金融 | 新型合同 | 承揽 | 技术、信息网 | 知识产权 | 其他 |
|---|---|---|---|---|---|---|---|---|---|---|---|
| ■ 2010 | 29.76% | 16.86% | 7.02% | 11.94% | 8.94% | 8.43% | 6.19% | 2.87% | 2.87% | 0.83% | 3.64% |
| □ 2009 | 32.84% | 19.07% | 7.16% | 12.73% | 9.34% | 7.05% | 2.95% | 2.08% | 0.77% | 0.33% | 3.06% |

2010 年与 2009 年相比，案件变化见下图：

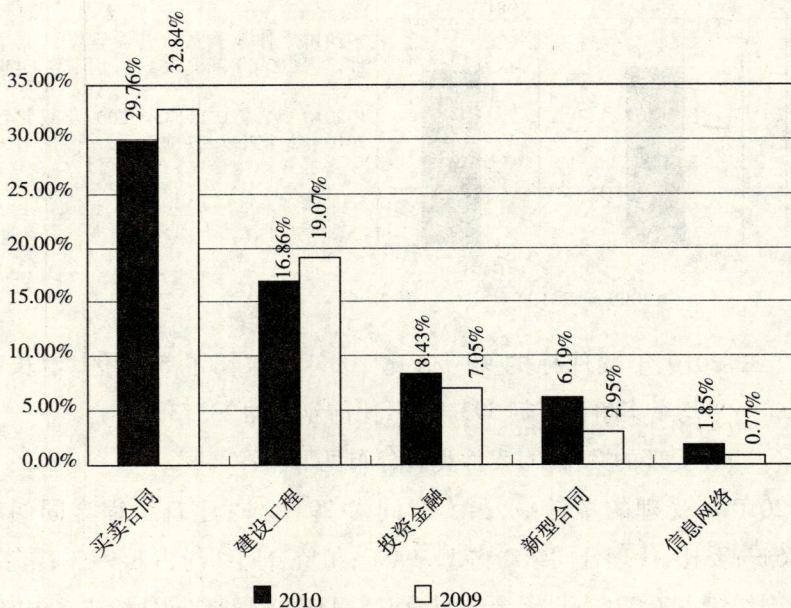

2010 年，买卖合同纠纷、建筑工程合同纠纷、借款担保合同纠纷、委托合同纠纷、租赁合同纠纷等传统纠纷类型都略有下降，平均下降 1—2 个百

分点,其中买卖合同从 32.84% 减少到 29.76%,案件总数减少 135 件;建筑工程合同纠纷从 19.07% 下降到 16.86%,案件总数减少 85 件。2010 年案件数减少 264 件,这两类纠纷就减少了 220 件,占到 83%。

我们也注意到,一些新兴领域的纠纷类型逐渐增长,如投资金融纠纷、新型合同纠纷(特许加盟、分时享用等)、信息网络纠纷、知识产权合同纠纷等都略有增长,其中投资金融纠纷从 7.05% 增长到 8.43%,案件总数增加 3 件,标的比前年增加了 2.5 个亿(22.11 亿到 24.55 亿);新型合同纠纷从 2.95% 到 6.19%,案件总数增加 43 件;信息网络纠纷从 0.77% 到 1.85%,案件总数增加 15 件。

(四)2010 年,当事人一方或双方为外地的案件一共是 526 件,约占全部案件总数的 34%;比前年减少了 17 件,减少 3%;当事人双方为外地的 92 件。案件数及所占比率变化见下图。

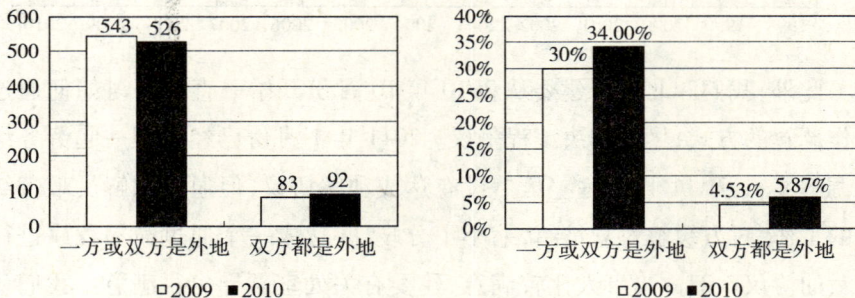

2010 年涉外案件 32 件,比前年减少 40 件,减少率 56%。其中涉港澳台的案件减少 34 件。具体情况见下图。

(五)2010 年,调解成功 2 件国际商事案件,一起是中国公司与外国公司,一起是台商与大陆企业,争议都十分复杂,牵涉到若干个关联案件,前一个案件,双方聘请来自自己所在国、地区的两位调解员进行合作调解;并且取得成功,取得了比较好的社会效果。这种合作调解方式在国际商事争议中具有广泛的应用价值和前景。

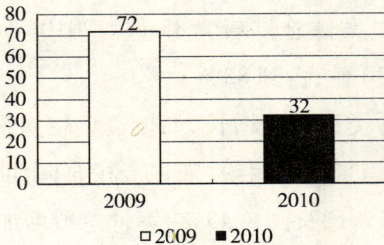

涉外案件受理数

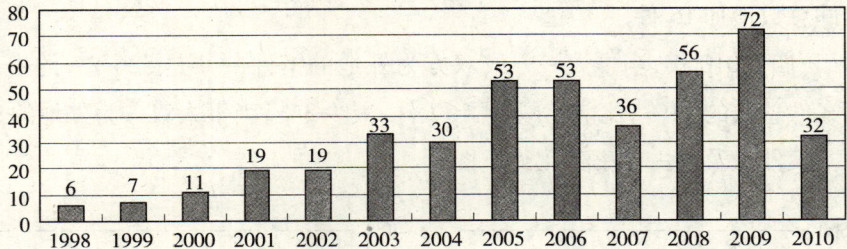

此外,我们和北京市建委从 2010 年 10 月份开始一直在商讨如何通过合作调解的方式,尽快解决工程争议。2011 年 1 月份已经受理一起劳务纠纷调解案,1 月 11 日开庭。虽然没有达成和解协议,但通过调解员艰苦细致的工作,对方缓解对立情绪,缩小了分歧,并达成一个通过简易程序进行仲裁的协议。双方当事人比较满意,建委有关处室领导也很满意。我们认为,此案意义重大,我们不仅可从中摸索出快速工程争议的方法,发挥调解、仲裁在解决建筑工程争议方面的作用,而且还可建立北京市仲裁委员会与有关部门合作推广多元争议解决的新途径。

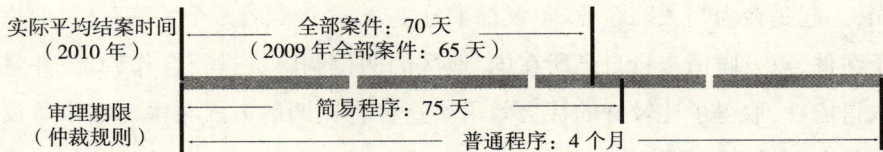

（六）2010 年每个案件从组庭到结案平均时间 70 天,比前年增加 5 天。

2010 年审结的案件中,裁决结案的 855 件,占 56%,比例与前年齐平,但总数比前年减少 254 件。调解结案的 260 件,占 17.02%,比例比前年增加 3.32%,总数比前年减少 12 件。当事人和解撤案的 353 件,占 23.1%,比例比前年减少 3%,总数减少 165 件;当事人因其他原因撤案的 56 件,占 3.66%。具体变化见下图。

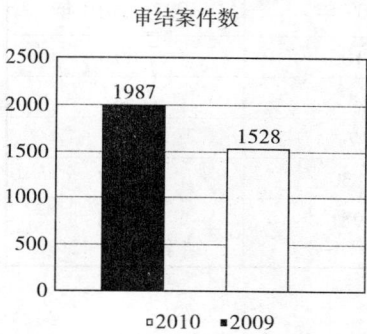

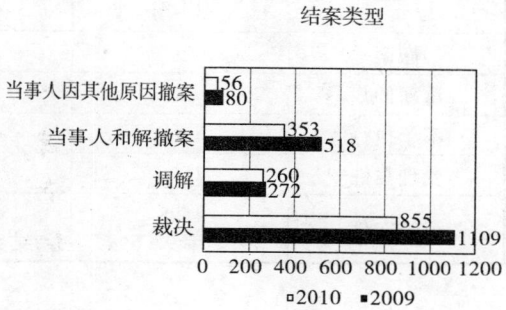

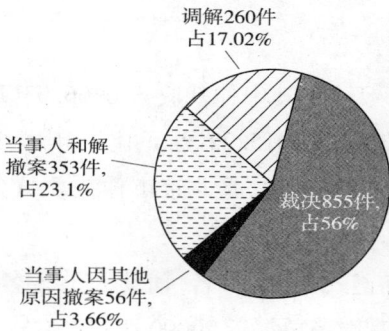

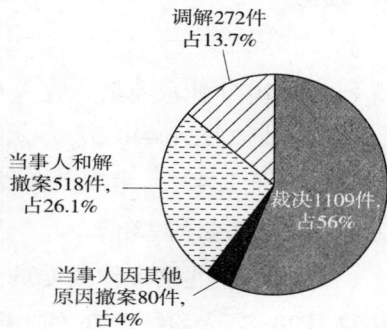

审结案件数

| | 1987 | 1528 |
|---|---|---|
□2010 ■2009

结案类型

当事人因其他原因撤案 56 / 80
当事人和解撤案 353 / 518
调解 260 / 272
裁决 855 / 1109

0 200 400 600 800 1000 1200
□2010 ■2009

调解260件
占17.02%

当事人和解
撤案353件,
占23.1%

裁决855件,
占56%

当事人因其他
原因撤案56件,
占3.66%

调解272件
占13.7%

当事人和解
撤案518件,
占26.1%

裁决1109件,
占56%

当事人因其他
原因撤案80件,
占4%

　　2010 年人民法院裁定撤销的案件 9 件,有 5 件是经过重裁而撤销,2010 年重新仲裁的 2 件,裁定不予执行 9 件,其中有 7 件是当事人隐匿证据而不予执行。2010 年撤销、不予执行或重裁的案件比较多。对此我们会进行实事求是的分析,属于我们自身的问题我们要汲取教训并及时改进,属于立法和法院执法的问题,我们要研究和总结并向有关部门积极反映,提出解决的意见和建议,努力创造有利于仲裁发展的宽松环境。

截至 2010 年年底,仲裁委员会共受理案件 17457 件,审结 16658 件,结案率 95.42%。据不完全统计,在审结的案件中,被人民法院裁定撤销(含部分撤销)裁决的案件 60 件,裁定重新仲裁的 22 件,裁定不予执行的 36 件,总计占结案总数的 7‰。

结案相关情况

| | 2010 年 | 2009 年 | 1995—2010 年 |
|---|---|---|---|
| 撤销 | 9 | 10 | 60 |
| 重新仲裁 | 2 | 8 | 22 |
| 不予执行 | 9 | 7 | 36 |
| 受理案件 | 1566 | 1830 | 17457 |
| 审结案件 | 1528<br>结案率 97.6% | 1981<br>结案率 108% | 16658<br>结案率 95.42% |

## 二、绩效

(一)2010 年仲裁委员会收入 6806.6 万元(其中仲裁收入 6366.03 万元,房租及其他收入 440.57 万元),上交税款 1415.22 万元比上年减少 35.29 万,降低 2.43%,累积上缴税款 9818.85 万元,是北京市仲裁委员会成立初期财政拨款的 22 倍。

(二)2010 年北京市仲裁委员会共有正式员工 28 名,辅助人员 3 名。其中秘书 20 名,人均结案 76 件。财务处理财务单据近 20000 张;计算支付仲裁员报酬约 1863 笔,网上明细申报 2897 人次,开具完税明细 272 张,除此之外,工作人员还承担了宣传、培训、理论研究、会议组织、国际交流、网站建设、计算机管理软件开发等工作。

## 三、委员会委员及仲裁员任期延长及人员变动情况

(一)根据 2006 年《章程》第六条"本会委员每届任期三年"的规定,本

（单位:万元）

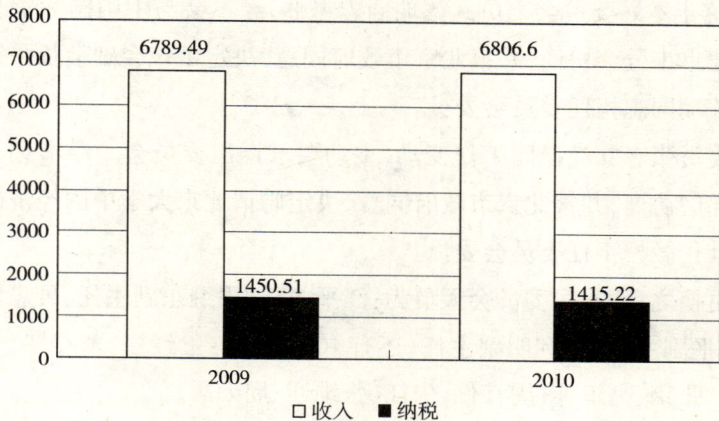

| | 2009 | 2010 |
|---|---|---|
| 收入 | 6789.49 | 6806.6 |
| 纳税 | 1450.51 | 1415.22 |

□ 收入　■ 纳税

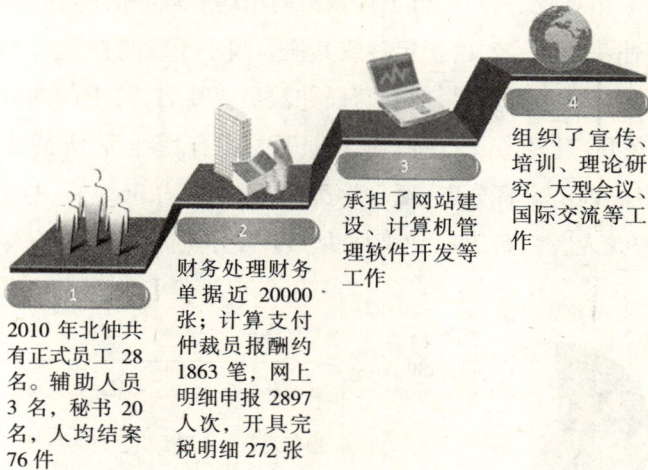

1　2010 年北仲共有正式员工 28 名。辅助人员 3 名，秘书 20 名，人均结案 76 件

2　财务处理财务单据近 20000 张；计算支付仲裁员报酬约 1863 笔，网上明细申报 2897 人次，开具完税明细 272 张

3　承担了网站建设、计算机管理软件开发等工作

4　组织了宣传、培训、理论研究、大型会议、国际交流等工作

届仲裁委员会的任期应于 2010 年 9 月 28 日截止。2008 年 2 月 1 日,本届委员会于 2008 年修订并通过了新的《北京仲裁委员会章程》。将仲裁委员会的任期从三年延长为五年,主要是考虑经过四次换届,委员会的治理结构和各项方针政策已经日渐成熟,没有必要将任期规定的太短,而且频繁换届也需花费大量的时间和精力。因此,经委员会主任会议讨论,并报北京市政府同意,本届委员会的任期按照新《章程》规定自动顺延 2 年,于 2012 年 9

月 28 日届满。

（二）鉴于本届委员会委员武德瑞同志退休，经本会与中国国际贸易促进委员会北京市分会协商，并报北京市政府同意，决定由该会副会长张钢同志代替武德瑞同志担任委员会委员。

本届委员张春霖教授因工作变动，主动要求退出委员会。经本会与北京大学等部门协商，并报北京市政府同意，决定聘请北京大学中国经济研究中心的周其仁教授担任委员会委员。

人员更换之后，本届委员会人员为：江平主任、周继东副主任、吴志攀副主任、李燕平副主任、王利明副主任，还有 10 名委员：王红松、董春江、梁慧星、车丕照、张钢、马玉萍、周其仁、朱江、张维迎、周天勇。

（三）2010 年为了使仲裁员聘期与修订后章程确定的第五届委员会任期 5 年的期限相对应，我们进行了仲裁员的增聘、续聘和仲裁员队伍的调整工作。新聘仲裁员 27 名，由于年龄或其他原因不予续聘仲裁员 54 名。

换届之后，本届委员会目前共聘任仲裁员 370 名，其中国内仲裁员 299 名，外籍仲裁员 71 名。在现有仲裁员中，具有博士学历的 139 人，占 37.6%，比上届高 1 个百分点；硕士学历的 136 人，占 36.7%，与上届持平；学士学历的 95 人，占 25.7%，比上届少 1 个百分点。

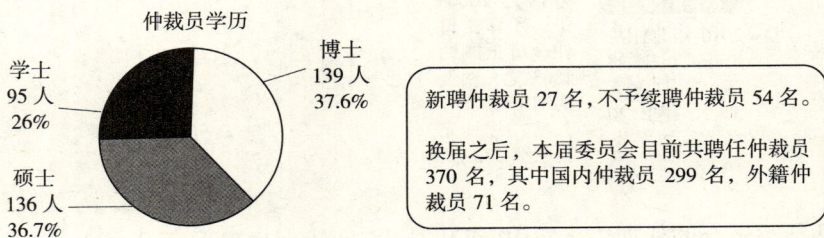

仲裁员学历

学士 95 人 26%
博士 139 人 37.6%
硕士 136 人 36.7%

新聘仲裁员 27 名，不予续聘仲裁员 54 名。

换届之后，本届委员会目前共聘任仲裁员 370 名，其中国内仲裁员 299 名，外籍仲裁员 71 名。

## 四、对外宣传交流

（一）2010 年北京市仲裁委员会参与国际性、区域性会议、组织出访活动共 5 次，主要包括：

1. 3 月 15 日、我们应邀赴米兰参加关于中国仲裁的专题研讨会并发表主题演讲,3 月 19 日应邀参加剑桥大学国际争议解决大会并作题为"机构仲裁的中国经验"的基调发言。该发言稿被英国《建设工程法律评论》采用发表。在此期间,我们先后走访了英国、意大利的 3 家争议解决机构、两个法学院和八家国际律师事务所,全面推进本会与英国法律界的合作。

2. 6 月,我们参加英国 BLP 律师事务所主办的全球优先合作律师事务所诉讼会议 Preferred Firm Litigation Conference,并与伦敦国际仲裁中心的副总干事 Jams Clanchy 就"东方抑或西方——应该选择哪里进行仲裁(East or West-where to arbitrate)"发表同一主题演讲。通过这一活动,我们进一步与多个国际律师事务所建立了联系。

(二)2010 年我们重点加强了国内的宣传工作,利用本会先进设施共与境内外高等院校、律师事务所、商业协会及企业合作举办专题研讨会 20 多次,接待外国政府、高校师生、争议解决机构、律所来访,开展学术交流活动 60 余次,参与人数达 3000 余人。无论是会议次数,参会人数都比前年大幅度增长。

1. 2010 年度,我们与英国皇家特许建造学会、清华大学 CIOB 学习中心、设计建造公会、天津大学国际工程管理学院等单位共同举办了 15 期"联合建设管理讲座",演讲者均为国际和国内知名的建设法律和建设管理专家学者,演讲主题围绕建设管理的热点、难点问题,其中两次管理案例分析会,现场参加者 200 余人,另外还有百余人通过本会网络视频参与会议。到目前为止,参加讲座的人员超过千人,参加者几乎遍及各大建设工程类企业以及众多律师事务所。联合建设管理讲座已引起了建设业界和法律业界的广泛关注。

2. 3 月 6 日,我们与中国法学会证券法学研究会、中央财经大学法学院、《法制日报》,联合举办了资本市场投资者保护的重大法律问题的专题研讨会。这是我们第二次在两会期间召集、并邀请全国人大、政协代表参加的金融会议,对推动证券领域的法治建设产生积极影响。

3. 3 月 29 日至 31 日期间,美国培普丹大学葛瑞迪欧商业管理学院的

MSOD( Master of Science of Organization Development,组织发展学研究生)项目组连续五年第五次来北京市仲裁委员会学习考察。北京市仲裁委员会的独立调解制度成为 MSOD 项目组的研究课题,通过对美国调解机构的比较研究、该项目组对北京市仲裁委员会调解业务的发展提出了建议。

4. 4 月 15 日,我们与北京市律师协会举办了"建设工程价款纠纷案件工程造价鉴定专题研讨"活动。来自北京市第一、第二中级人民法院相关庭室的资深法官、北京市仲裁委员会建设工程专业的资深仲裁员以及律协建设工程专业委员会专业律师共聚一堂,就工程价款纠纷中所涉的工程造价鉴定问题进行了探讨。

5. 5 月 18 日,沙特阿拉伯王国亲王、国王顾问、沙特仲裁委员会主席萨尔曼博士在沙特阿拉伯王国驻华大使及随从人员的陪同下到访北京市仲裁委员会。我们向萨尔曼亲王一行介绍了中国仲裁制度特点和北京市仲裁委员会发展的情况,特别是北京市仲裁委员会在保障机构独立和仲裁员公正性、专业性方面采取的措施和成果。班达尔亲王是到访北京市仲裁委员会级别最高的外国元首,这说明北京市仲裁委员会实际上成为一个窗口,在展示中国改革开放、促进对外交流方面发挥更积极的作用。

6. 2010 年 5 月 21 日及 27 日,由中国政法大学主办、北京市仲裁委员会协办的第七届"学术新人"论文大赛颁奖典礼暨中国法学高峰论坛在中国政法大学成功举行。北京市仲裁委员会对高校的重大教学科研活动始终给予关注和支持。鉴于中国政法大学一年一度的"学术新人"论文大赛暨中国法学高峰论坛组织严谨,公信力强,自 2008 年开始,北京市仲裁委员会一直赞助该项活动。

7. 6 月 29 日,我们与中欧仲裁中心联合举办了"欧盟国际私法最新发展及其对国际合同起草的影响研讨会"。本会仲裁员及其他专业人士参加了本次研讨会,并与中欧仲裁中心的代表就中国国际私法的相关规定、中国法院对外国裁决的认定及态度、中德仲裁机构的比较等问题进行了深入的讨论。

8. 9 月 16 日,我们与北京跨国公司法务部律师联络网共同组织了主题为"中国集团公司法律风险管理机制之现状与改善"的秋季晚餐会。

9. 10 月 9 日，为纪念仲裁法实施十五周年，我们与清华大学法学院联合主办了中国仲裁论坛第四次会议。此次会议的两个议题分别为"自收自支体制下仲裁机构的财税问题"和"仲裁员的管理制度和职业操守问题"。中国国际经济贸易仲裁委员会（贸仲）、上海仲裁委员会、广州仲裁委员会等 20 多家国内仲裁机构的代表和清华、北大、政法大学、外交学院、武汉大学等单位的专家学者参加了本次会议。中国仲裁论坛主席梁慧星教授到会致辞。会议深入探讨了当前的仲裁体制改革及仲裁员的道德建设问题。研讨会的一些论文发表在《北京仲裁》上，在业内引起强烈反响。

10. 11 月 23 日，我们与贸仲、《中国建设工程法律评论》编委会联合召开"中国建设工程争议评审论坛"。中外法律界专家、建设工程企业法律顾问以及律师 200 余人参加了本次论坛，北大法律信息网、律商联讯（LexisNexis）、汤森路透（Thomson Reuters）、《人民法院报》、中国仲裁网等就论坛做了全程跟踪报道。

11. 12 月 6 日，我们与美国纽约州律师协会北京分会，美国天普大学法学院中国校区及美国昆毅律师事务所（Quinn Emanuel Urquhart & Sullivan，LLP）联合主办面向中国法学院学生和年轻律师的交流活动。来自清华、北大、人大、中国政法大学等全国各大知名法学院校的 70 多名学生参加了本次活动。

12. 2010 年我们还与来北京市仲裁委员会参观的香港司法机构学习考察团、台湾仲裁员参访团、美国培普丹大学法学院学生访问团、美国东北大学 MBA 学生访问团、西班牙律师学习考察团、清华大学法学院中国法 LLM 班学员进行了座谈；接待了俄罗斯、美国、英国、意大利的政府机关、商会、争议解决机构、律师事务所的来访和考察，接收来自美国哈佛大学、耶鲁大学、加州伯克利大学、加州黑斯廷斯大学、培普丹大学、威斯康星州立大学、波士顿大学、英国伦敦大学、华威大学、澳大利亚悉尼大学、迪金大学 13 名外国法学院的博士生和研究生在北京市仲裁委员会实习。到目前为止，北京市仲裁委员会共接受来自美国、英国、澳大利亚、俄罗斯、摩尔瓦多等国家约

40 名外国学生在北京市仲裁委员会实习，在对外宣传中国仲裁制度及改革开放方面发挥了积极的作用。

13. 2010 年我们应邀在新乡、运城、晋城等仲裁委员会进行仲裁员职业道德、仲裁程序方面培训；在对外经贸大学、中国欧盟商会上海分会、中国电信、北京市国资委举办的"企业总法律顾问培训班"进行"仲裁实务"等主题讲座，听课人员达 1000 余人。

（三）在 2010 年国内报刊杂志发表关于北京市仲裁委员会及多元争议解决机制文章共 7 篇；《北京仲裁》出版四期（71—74 辑），编辑刊发文章 45 篇，编发《北仲资讯》2 期，同时根据现实需要，2011 年起采用双月刊发行；参与《法律文书教程》、《世界仲裁通讯》（*World Arbitration Reporter*）、《中国仲裁手册》（*China's Arbitration Handbook*）等书籍的编写工作，向国内外读者详细介绍了北京市仲裁委员会的发展状况、仲裁资源和仲裁规则。

2010 年我们对北京市仲裁委员会五个语言版本的网站页面代码和关键字进行优化，对网站的内容进行合理编排，对部分网页页面进行了改版，使各大搜索引擎能更好地检索到有关北京市仲裁委员会的信息，方便浏览者进行阅读和查找，提高其对北京市仲裁委员会的认知度。2010 年编辑发布了专题新闻 136 条，配发图片共 390 张。英文网站新发新闻 23 篇，基本实现了关于外事活动的中英文新闻同步发布。网站浏览达 505867 人次，比前年增长 21%。其中中文网站增长 13.3%、英文网站增长 12.5%、日文网站增长 9.7%、韩文网站增长 11.8%、法文网站增长 18.5%。具体见下图：

| 语言网页 | 2009 年（人次） | 2010 年（人次） | 增长率 |
|---|---|---|---|
| 中文 | 294564 | 331524 | 13.3% |
| 英文 | 59778 | 70195 | 12.5% |
| 韩文 | 28734 | 32134 | 11.8% |
| 日文 | 36700 | 40267 | 9.7% |
| 法文 | 26789 | 31747 | 18.5% |
| 总计 | 446565 | 505867 | 13.3% |

2010年网站浏览量增加百分比

| | |
|---|---|
| 编辑发布专题新闻 | **136条** |
| 图片 | **390张** |
| 英文网站编发新闻 | **23篇** |
| 网站浏览 | **505867人次** |

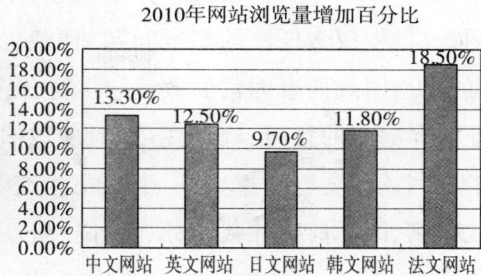

# 四、培训与理论研究

（一）培训方面，我们不断摸索与完善仲裁员培训和新律师仲裁培训的内容和方式，利用北京市仲裁委员会的平台和资源，实现了培训与推广工作相结合，相互促进、共同发展的目的。具体包括：

1. 2010 年 7 月，我们协助清华大学法学院举办了第十期仲裁员培训，共有49 名专业人士参加了培训和考核，其中 48 人顺利结业，15 人被本会在 2010 年聘为仲裁员。自培训班开办以来，共举办 10 期，培训人员 505人，参加培训的现任仲裁员 128 人，其他专业人士 383 人，在 383 名专业人士中，有 126 人被聘为仲裁员。自 2004 年 8 月《北京仲裁委加强仲裁员培训、考核工作的决定》实施以来，新聘任的仲裁员中，99% 以上经过培训和考核。培训工作不仅提高了仲裁员专业素质，而且，发扬光大了北京市仲裁委员会的价值、文化和理念。

2. 2010 年我们和市律协、中国政法大学继续教育学院三方合作，通过组织模拟仲裁庭模式进行了 8 期新律师培训，参与教学的仲裁员 32 人，参加培训的新律师 1200 余人。新律师培训自 2009 年 10 月份开办以来，到2010 年 1 月 7 日已经进行了 11 期，志愿参与教学的仲裁员累计 44 人，参加培训的新律师累计 1700 多人。经过一年多的实践，新律师培训已经成为我们与市律协、政法大学成人教育学院合作教学的品牌项目，在推广仲裁、提高律师职业素质、锻炼新仲裁员等方面都具有积极意义。

3. 2010 年我们共计举办了 13 期仲裁员沙龙,包括:建设工程法律问题探讨、侵权责任法的基本问题、仲裁工作交流、公司法适用中的若干争点分析、国际商事仲裁的救济与执行、商事争议调解的经验与技巧、裁判、证明和庭审的技巧、调解技巧、新加坡国际仲裁的法律与实务、国际仲裁中的利益冲突与披露义务、金融衍生交易—相关法律监管问题和市场实践案例、国际商事仲裁实务、海外投资新兴风险等。同时,仲裁员沙龙专业小组召开活动 3 次。共有仲裁员、其他专业人士 1100 余人参加了上述活动。

4. 2010 年北京市仲裁委员会 8 名仲裁员担任老师,协助北大法学院开设了一门合同法实务课程,该课程"汇各领域法律人士,集各家之言,理论与实务共长",学生反应很好,参加该课程的 100 名本科生,50 名硕士生平均得分在 90 以上。这不仅是北京市仲裁委员会在培训与推广仲裁方面的一个突破,也是北京市仲裁委员会对当下法学教育改革的深度参与和支持。

(二)2010 年的研究工作主要围绕企业风险防范、仲裁司法审查以及提高裁决质量等几个方面进行。主要工作有:

1. 2010 年初,我们参与了中国集团公司促进会主导的"集团公司法律风险管理机制"课题组,承担了集团公司争议解决研究的子课题项目,起草调研提纲,并参与课题组在中化、中国通用技术、联想、大唐、宝钢和万向等集团的调研活动,承办三次有央企法务代表参加的课题组会议,与中国集团公司促进会合作发起关于法律风险防范的大型征文活动,目前我们正在撰写相关的调研报告。这些活动引起央企法务部门的广泛关注。

2. 2010 年我们在 5 月 11 日、5 月 13 日以及 5 月 18 日分别邀请不同职业群体仲裁员就如何提高裁决质量和效率问题进行座谈,并根据仲裁员的意见从以下五个方面进行改进。

一是针对仲裁员提出的秘书在庭审记录、沟通技能、办案效率等需要改进的地方,办公室出台了具体整改措施,并放到仲裁员网上办公室。

二是为使仲裁员及时了解法院撤销、不予执行仲裁裁决情况,我们将 2010 年法院撤销和不予执行仲裁裁决的裁定及裁决书及时放在网上办公室。

三是通过发展委员会发动仲裁员参与案件分类指导意见的制定。2010年，发展委员会就建设工程、股份证券、房屋买卖租赁、金融纠纷等办案指导意见、以及对法院撤销、不予执行仲裁裁决裁定的分析研究和新律师培训等组织了专门的课题小组。目前，已经有 4 个课题拿出阶段性成果，包括建设工程、股份代持及股权转让、金融案件三类案件审理指导意见讨论稿和一份对本会成立以来所涉及的被法院不予执行的裁定的分析报告。我们拟将这些成果放在网上办公室，供大家学习讨论。

四是对我们以往的建设工程领域的裁决书进行汇总，目前已经整理了60 个法律问题，120 个案例，约 30 万字。

五是针对仲裁财产保全、仲裁裁决执行中出现的一些新问题，我们与市高级人民法院执行庭、市第一中级人民法院立案庭保全组进行了积极沟通，彼此交换了意见，争取了法院同志对仲裁工作的理解和支持。

今年我们会继续做好这方面的工作。

北京市仲裁委员会从成立到现在已经 15 年，从 2002 年我们鼓起勇气提出要把北京市仲裁委员会"建成一个在国际上有一定地位和影响的仲裁机构"，到现在已经 9 年。现在，虽然我们还不能说已实现了这一目标，但至少已经看到了希望和曙光。我们不仅拥有一支优秀的仲裁员、工作人员队伍，拥有雄厚的实力和先进的设施，拥有良好的信誉和广泛的影响，拥有丰富的经验、知识和智慧，更重要的是，我们已经拥有更开阔的视野、更博大的胸襟、更深邃的思想和更高尚的追求，更加成熟、自信和坚强。我们已不再满足过去的目标了。我们的下一个目标：北京市仲裁委员会不仅要成为一个国际一流的仲裁机构，还要成为一个集仲裁、调解、建设工程评审等多元争议解决的中心，一个关于多元争议解决的信息交流、研究培训、宣传和推广的中心，成为推动中国多元化争议解决发展的重要力量。提出这样的目标，绝不是头脑发热、心血来潮，而是源自我们内心深处的信仰、使命感和责任感，来自我们对形势的认识和判断。既然我们已经拥有了别人所不具备的资源和条件，我们就应该担当更大的责任，比别人做出更大的成就和奉献。北京市仲裁委员会的命运是与中国仲裁制度改革和多元争议解决制度发展紧密联系在一起的，只有事业发展，我们才能拥有更多的机会和更加美好的前景。让我们携起手来，共同创造历史，创造未来，开创新的高峰。

# 2010 年北京市法学会工作报告

北京市法学会

2010 年,北京市法学会在市委、市委政法委的正确领导下,认真贯彻落实中国法学会常务理事(扩大)会议精神和全市政法工作会议精神,以开展社会主义法治理念教育、创新法学研究机制、加强研究组织建设和法学会机关建设为重点,积极参与"社会矛盾化解、社会管理创新、公正廉洁执法"三项重点工作,努力为全市中心工作和"平安北京"建设提供法学理论支持和法律服务,推动了首都法学研究事业的发展。

## 一、制定五年发展规划,规范课题管理,为法学研究服务科学发展奠定基础

为了深入贯彻落实中政委〔2004〕5 号、〔2009〕18 号文件精神和《中国法学会章程》,充分发挥法学会的职能作用,依照《中国法学会第二个五年工作规划纲要(2009—2013)》的主要精神,在深入调查研究、广泛征求意见的基础上,制定完成了《北京市法学研究工作五年发展规划(2009—2013)》。《规划》总结了北京市法学研究工作的发展现状和面临的问题,提出了今后五年北京市法学研究工作的总体思路、目标要求、基本原则和 7 项主要任务。这是市法学会新一届理事会推动首都法学研究事业创新发展的

重要举措,《规划》得到了中国法学会的充分肯定并予以转发。

为了做好杰出青年法学家的评选工作,法学会在充分征求意见、深入分析研究的基础上,制定了"首都十大杰出青年法学家"评选办法和相关规则,为评选标准科学合理,程序规范透明奠定了基础。

## 二、对研究组织提出"六个一"的工作目标并狠抓落实,活跃了学术活动

为推动研究会、社团法学会积极开展学术研讨和交流活动,进一步活跃法学研究工作,2010 年年初市法学会在常务理事(扩大)会议上对各研究组织提出了"六个一"的目标,即"每年至少召开一个专门研讨会或年会、组织一批有影响的课题、出一本论文集、建一个网站(网页)、办好一个内部刊物、为本市中心工作或法治建设至少提一项建议或意见"。

各研究会、社团法学会认真落实上述要求,积极抓好工作落实,特别是将开好研讨会或年会作为落实"六个一"目标的关键环节,认真举办研讨会或年会。2010 年 8 月份,市法学会印发了《关于各研究会、社团法学会举办研讨会或年会进展情况的通报》,进一步调动了研究组织举办研讨活动的积极性。据统计,2010 年以来 28 个研究组织共举办研讨会或年会 40 场次,是过去的一倍多。其中物证技术学、未成年人法学、金融与财税法学、立法学、民商法学、环境资源法学研究会和市房地产法学会、经济法学会、国际法学会 9 个研究组织举办了两次以上的研讨活动,其中房地产法学会举办了 5 次研讨活动。这些研讨活动形式多样、主题鲜明,紧紧围绕党和政府的中心工作,取得了好的成效,形成各类研究成果 1100 多份。比如,劳动和社会保障法学会举办的"北京市第十二届劳动人事争议案例"研讨会,公益法学研究会组织开展的以"推动社会管理创新,促进社会矛盾化解"为主题的"第二届北京公益法律"论坛,围绕"三项重点工作"积极探讨劳动人事争议调解、法律援助、弱势群体保护等方面的问题,取得一批有价值的成果;法理学研究会举办的"世界城市法治"论坛,农村法治研究会召开的"世界城市

背景下的首都农村法治建设"论坛,围绕建设"世界城市"这一主题的相关法律问题进行积极研讨,获得一致好评;市经济法学会举办的宏观调控背景下的法律问题高端论坛进行了深入的交流、分析和研讨,对经济法治建设起到积极的推动作用。

在课题研究方面,学会系统在完成了 2009 年 3 项重大课题、20 个重点课题和 25 个专项课题的结项工作的基础上,2010 年,争取到"首都低碳经济社会发展法制保障研究"等 4 个省部级课题,市法学会立项 13 个重点课题和 29 个专项课题。由市法学会提供的研究成果《完善未成年人刑事诉讼制度的若干建议》、《北京市缩小贫富差距  化解社会矛盾的六个思路》分别被中国法学会《要报》转载。

学会还收集整理了 2008 年至 2009 年法学研究成果,公开出版发行了《北京市法学会优秀法学研究成果选编》一书。

## 三、积极推进研究组织建设,促进研究组织健康、有序发展

一是认真抓好学习培训。为了使广大法学、法律工作者了解北京经济社会发展状况,同时使各研究组织之间相互学习借鉴,学会组织召开了"市情报告会暨研究会、社团法学会经验交流会",特邀请了北京市市委研究室副主任胡雪峰博士作了题为"首都发展前瞻:新起点、新目标、新举措"的市情报告,对北京建设世界城市问题进行了详细论述,使广大法学、法律工作者及时了解首都经济社会发展形势,增强对重大问题的关注。在经验交流会上,市劳动和社会保障法学会等 6 个研究组织介绍了在组织学术活动、课题研究、对外交流和组织建设方面的经验,使各研究组织,特别是新成立的学科研究会知道了"做什么"和"怎么做",对于各研究组织之间相互学习促进、共同提高发挥了重要作用。

二是积极发挥枢纽型社会组织的作用。2010 年,市法学会认真履行枢纽型社会组织的职责,按照市委社会工委的要求,积极引导研究组织参与社会建设。上半年,组织公益法学研究会、农村法治研究会、市劳动和社会保

障法学会和消费者权益保护法学会参加了"首届北京社会公益活动周"，收到良好的社会效果。下半年，积极协调落实"政府购买社会组织服务项目"，为 11 个研究组织争取到 16 个法律服务基层项目。目前，各相关单位正按照要求逐步落实。

三是继续抓好组织建设和会员管理工作。2010 年，学会坚持巩固、提高、发展的原则，先后完成了 7 个研究会和社团法学会的换届工作，新批准成立了 3 个研究组织。截至目前，全市共有 28 个法学研究组织，基本涵盖了各法律学科和主要法律院校、法律实务部门。共完成了市法学会所属会员 5300 人的重新登记和建档工作，发放会员证 2000 多个。这些工作得到了中国法学会的肯定，《中国法学会简报》以"北京市法学会会员工作取得显著成绩"为题予以转发。

## 四、首次成功地开展了"首都十大杰出青年法学家"评选工作，并利用其人才资源开展法治宣传教育活动

根据中国法学会开展第六届"全国十大杰出青年法学家"评选活动的通知要求，北京市法学会组织开展了首届评选活动。在整个评选过程中，做到了公开、公平、公正，保证评选活动的民主性、权威性和影响力。经过下发通知、推荐候选人、投票选举、媒体公示等严格的评选程序，最终评选出了王锡锌等 10 名同志为"首都十大杰出青年法学家"，于志刚同志等为"首都十大杰出青年法学家提名奖"获得者。其中，王轶、王锡锌、于志刚 3 名同志被评为"全国十大杰出青年法学家"。

为贯彻落实中央四部委、市委四部委关于深入开展社会主义法治理念教育的要求，结合"双百"活动，学会在完成首届"首都十大杰出青年法学家"评选活动的基础上，组织"首都十大杰出青年法学家"到首都经贸大学、北京工商大学等 5 所大学开展宣讲活动，教育和引导青年大学生树立社会主义法治理念，受到一致的肯定和好评。

## 五、以提升法学研究能力和水平为目标，法学研究阵地建设取得新进展

2010 年是法学杂志创刊 30 周年，为了进一步促进杂志建设，法学杂志开办"我与法学杂志"专栏，编印了专刊，编写了《法学杂志三十年》一书。7月 22 日，市法学会与法学杂志社联合举办了"纪念法学杂志创刊 30 周年座谈会"，杂志社编委会委员等专家学者齐聚一堂，回顾了杂志 30 年来的发展历程，谋划了杂志的未来发展。

2010 年，杂志的发行量突破万份，达到 10150 份，比 2009 年增长了56％，位于全国法学类核心期刊发行量首位。市委副书记、政法委书记、市法学会会长王安顺同志在表示祝贺的同时，提出"继续注重质量，增强服务，创新发展"的要求。

2010 年，市法学会完成了网站改版建设，上半年相继开通了"首都法学网"和市法学会自动化办公系统，新改版的"首都法学网"专门为 28 个研究会和社团法学会开设了网页，对促进相互交流奠定了基础。

与此同时，学会还积极督促、指导各研究会、社团法学会建立自己的网站或网页，11 月份印发了《关于各研究会、社团法学会网站或网页建设情况的通报》。目前已经有 17 个研究会、社团法学会建立了网站或网页，占研究组织总数的 60.7％；另有一些研究会、社团法学会正在积极筹建网站或网页。这些都为繁荣法学研究创造了条件。

2010 年，学会通过承担省部级课题"首都法学、法律人才发展状况研究"，与市人大常委会法制办公室、市政府法制办公室通力合作，完成了首都法学、法律人才库的建设，收录法学家、实务部门专家和知名律师等 1000余人。这个数据库能够科学、准确、便捷地检索出有关部门所需人才并能对入库人员进行统计分析，及时掌握首都法学、法律人才的变动情况。

2010 年，学会还认真办好《法学会信息》、《首都法学动态》等内部刊物，及时反映首都法学研究情况。

## 六、进一步加强学会机关建设，不断提高工作人员素质

2010 年，我们把提高学会工作人员的能力素质作为一项重要任务来抓。在年初、年中结合工作进行讲评，肯定成绩，找出问题，提出要求；组织机关工作人员参加了市情报告会等相关培训；对全体工作人员进行了题为"以社会主义法治理念为指导，做好首都法学研究的引领、推动、服务工作"的党课教育，使大家深入了解社会主义法治理念的内涵以及在法学会工作中如何贯彻社会主义法治理念；机关处级以上干部积极参加全市 2010 年度干部在线学习，市法学会考核通过率在市级机关中排名并列第一。

2010 年，学会修改完成了《考勤管理办法》、《网络管理办法》等制度，进一步加强了规范化建设。2010 年，学会组织机关人员参加市直机关工委举办的第三届运动会，通过练习、比赛，锻炼了身体，活跃了机关生活。

2010 年，市法学会的工作虽然取得了一定成绩，但与中国法学会和市委、市委政法委的要求，与广大法学、法律工作者的期待还有很大差距。我们要统一认识，找准问题，明确措施，突出重点，力争在今后的工作中不断解决，努力提高。

专题报告

# 地方立法的价值取向问题研究

**北京市社会科学院法学研究所**

地方立法的价值取向问题是关于地方立法的发展方向和制定实施的重要问题。进行地方立法工作,首先必须具备正确的地方立法价值取向。北京作为全国的首都和政治文化中心,在进行地方立法和"三个北京"建设的进程中必须以正确的价值取向为指引。探讨地方立法的价值取向问题,不仅具有重要的法学理论意义,而且具有深远的社会实践意义。北京市社会科学院法学所在承接市人大理论研究会关于地方立法的价值取向问题的课题后,围绕该问题阅读整理了许多理论资料,并到市发改委、市规划委、市环保局等单位进行实地调研,形成了课题研究的最终成果。

## 一、地方立法的价值取向问题概述

在对地方立法的价值取向问题进行系统研究之前,先要对地方立法的涵义和类型进行明确界定。通常认为,所谓地方立法是指特定的地方国家机关依据宪法、法律和行政法规的规定,结合本行政区域内的具体情况和实际需要,依照法定的权限和程序,制定、修改、废止效力及于本行政区域的规范性法律文件的活动。根据地方立法主体的不同,可以将地方立法分为广义说与狭义说两种。广义说认为,地方立法包括地方国家权力机关①的立法和地方国家行政机关的立法两方面,即地方立法的类型包括地方性法规和地方规章两类。狭义说认为,地方立法仅仅是指地方国家权力机关的立法活动,即地方立法的类型仅指地方性法规一类。在本文中,对地方立法采狭义说,即作为本文研究对象的地方立法仅指地方国家权力机关对地方性法规的制定、修改与废止。

（一）地方立法的价值取向概念及内涵

1. 地方立法的价值取向概念

价值是"主客体之间的一种依存关系"②,意味着客体对主体需要的满足。价值取向则带有了更多的主观性色彩,意味着主体在众多价值之间的选择和取舍。

地方立法的价值取向是指地方国家权力机关在地方性法规的制定、修改与废止活动中必须遵守的价值准则。准确理解这一概念,需要注意以下两个方面的问题。第一,地方立法的价值取向应被地方国家权力机关高度认同并严格遵守。第二,地方立法的价值取向必须始终贯穿地方性法规制定、修改与废止活动的始终。

对地方立法的价值取向应当从两个维度来看待。第一,地方立法属于立法之一种,因此可以从一般立法的维度来看地方立法。在一般立法的维度上,地方立法在价值取向上要符合立法的一般标准,以民主、科学、公平等为价值取向。第二,地方立法属于地方性的立法活动,因此应当站在地方层面看待地方立法。在地方的维度上,地方立法在价值取向上要具有鲜明的地方特色,要符合地方的具体情况和实际需要。

2. 地方立法的价值取向涉及多组关系,具有丰富内涵

地方立法的价值取向问题是一个复杂的系统工程,由一系列的原则与标准构成,其调整范围涉及社会关系的方方面面。具体来说,地方国家权力

---

① 本文在提到作为地方立法主体的地方国家权力机关时,均包括有地方性法规制定权的地方人大常委会,下同,笔者注。

② 郭道晖:《中国立法的价值取向》,载《法制现代化研究》,南京师范大学出版社 1996 年版,第 142 页。

机关通过地方性法规的方式对社会关系进行调整时需要处理好地方立法自主性与国家法治统一性之间的关系、地方立法对行政权力的维护与对公民权利的保护之间的关系，需要协调好地方立法与党的领导的关系、地方立法与地方行政的关系、地方立法与地方司法的关系等等。在这个复杂的系统中，地方立法还需要保持自己的地方特色。地方立法的地方特色需要密切结合具体的经济、政治、文化环境来理解。地方特色，既不同于全国，又不同于外国。地理位置、自然条件、经济发展、政治环境、文化传统、社会阶层分布等都是在确定地方立法的价值取向时需要考虑的内容。

（二）地方立法的价值取向意义

第一，地方立法的价值取向关系到地方立法的立项问题，研究地方立法的价值取向有利于准确定位地方立法应立何法，对地方立法的立项进行把关。对地方立法的价值取向上的排序与侧重会影响到当前针对哪些内容的规范会优先上升为地方立法。比如，如果将环境治理与保护作为今后一段时期地方立法的价值取向，则预示着近年内与环境保护有关的地方立法立项会更加顺利，会出台一系列与环境保护有关的地方性法规，相比之下，支持本地工业发展的地方法立项则应该会放慢脚步。

第二，地方立法的价值取向关系到地方立法应如何立法的问题，研究地方立法的价值取向能够指导地方立法的立法方式和立法手段。不同的价值取向会在地方立法过程中指引地方国家权力机关采用完全不同的立法方式和立法手段。比如，如果完全以民主性作为地方立法的价值取向，则在地方立法过程中会更多地考虑公众参与的程度、信息公开的程度以及公众更容易接受的方式等问题；相反，如果完全以效率性作为地方立法的价值取向，则会在立法过程中更多地考虑维护行政机关管理的便利以及如何更有利于维持秩序等问题。

第三，深入研究地方立法的价值取向还有利于明确地方立法的空间和尺度。尽管我国是单一制国家，但是由于各地区情况不同、差异巨大，因此地方立法的空间非常广袤。地方性法规不仅可以对法律与行政法规的执行作出更细致的规定，而且可以对辖区内的地方性事务等问题进行立法。面对如此繁杂的立法事项和如此宽广的立法空间，如果没有价值准则的指引，则无法对立法空间进行有序划分，无法对相应条款作出有效性判断。

（三）地方立法价值取向的实践准则

地方立法的过程涉及对多种利益进行协调、平衡与取舍，地方国家权力机关在地方立法时需要妥善处理好与各方面的关系。面对瞬息万变的社会现象和复杂多样的价值标准，不同地域的地方立法机关会在不同的价值判断中选择不同的价值取向。为了统一标准，也为了便于操作，目前实践中公认的地方立法价值取向三原则是不抵触原则、有特色原则和可操作原则。这三项基本原则的提出源自吴邦国委员长在全国人大常委会立法工作会议上的讲话。吴邦国委员长指出："地方立法在坚持立法工作总的指导思想和原则的基础上，还应坚持三条原则，这就是坚持与宪法和法律不抵触的原则、坚持具有地方特色和时代精神的原则、坚持增强可操作性的原则"。这三项基本原则的提出是有严格的法律依据的，只不过散见于《宪法》、《立法法》和《地方各级人民代表大会和地方各级人民政府组织法》等法律文本中。

第一，不抵触原则。地方立法的不抵触原则是指地方性法规在制定、修改与废止过程中不能与宪法、法律、行政法规的条文规定、基本原则和精神实质相违背。《宪法》作为我国的根本大法，在条文中明确规定了地方立法应遵循不抵触原则。《宪法》第一百条规定："省、直辖市的人民代表大会和它们的常务委员会，在不同宪法、法律、行政法规相抵触的前提下，可以制定地方性法规，报全国人民代表大会常务委员会备案。"根据不抵触原则，地方性法规在制定时都要进行合法性审查，不仅不能违反上位法的条文规范，还不能背离上位法的精神与原则。不抵触原则限定了地方立法的活动范围，地方立法必须遵循不抵触原则才能有发展空间。当然，不抵触原则并不等于束缚地方立法机关的立法自主性，要求其唯中央马首是瞻，畏首畏尾。在地方立法中，"只要不违背中央立法的基本精神、基本原则就可以大胆尝试。不相抵触原则要从有利于地方的角度去解释。只有充分行使地方立法权，才能满足地方经济和社会发展对法律规则的需求，落实科学发展观。"①

---

① 崔若鸿、雷彩云：《论地方立法的不相抵触原则》，载《政府法制》2009 年第 2 期。

第二,有特色原则。地方立法的有特色原则是指地方性法规的制定应当紧密结合地方的具体情况和实际需要,彰显地域特色。对于地方立法的有特色原则,许多法律条文都有相关规定。比如,《立法法》作为规范中央和地方各级机关立法活动的基本法律,在第六十三条第一款规定:"省、自治区、直辖市的人民代表大会及其常务委员会根据本行政区域的具体情况和实际需要,在不同宪法、法律、行政法规相抵触的前提下,可以制定地方性法规。"类似的法律规定还表现在《地方各级人民代表大会和地方各级人民政府组织法》等法律文本中。① 对于地方立法应当如何突出地方特色,有专家指出,应当做到以下三点:一是要抓住本地方的特有事务进行立法,避免地方立法趋同;二是要选择国家尚未立法,地方改革发展中迫切需要立法解决的重大事项和人民群众关心的重大问题立法,突出地方立法的创制性、实验性,为国家立法积累和创造经验;三是进行实施性立法时,要针对本地的实际问题进行细化、补充,避免上下一般粗或变相照搬。② 这就意味着地方立法的有特色原则需要贯穿在执行性地方立法、事务性地方立法和先行性地方立法三个领域。③ 此外,地方立法的有特色原则需要结合地方的城市

① 《地方各级人民代表大会和地方各级人民政府组织法》详细规定了地方立法过程中应遵循实际需要原则。《地方各级人民代表大会和地方各级人民政府组织法》第七条第一款规定:"省、自治区、直辖市的人民代表大会根据本行政区域的具体情况和实际需要,在不同宪法、法律、行政法规相抵触的前提下,可以制定和颁布地方性法规,报全国人民代表大会常务委员会和国务院备案。"该法第四十三条第一款规定:"省、自治区、直辖市的人民代表大会常务委员会在本级人民代表大会闭会期间,根据本行政区域的具体情况和实际需要,在不同宪法、法律、行政法规相抵触的前提下,可以制定和颁布地方性法规,报全国人民代表大会常务委员会和国务院备案。"

② 崔若鸿、雷彩云:《论地方立法的不相抵触原则》,载《政府法制》2009 年第 2 期。

③ 《立法法》区分了三种不同性质的地方立法:执行性地方立法、事务性地方立法和先行性地方立法。《立法法》第六十四条第一款规定:"地方性法规可以就下列事项作出规定:(一)为执行法律、行政法规的规定,需要根据本行政区域的实际情况作具体规定的事项;(二)属于地方性事务需要制定地方性法规的事项。"《立法法》第六十四条第二款规定:"除本法第八条规定的事项外,其他事项国家尚未制定法律或者行政法规的,省、自治区、直辖市和较大的市根据本地方的具体情况和实际需要,可以先制定地方性法规。在国家制定的法律或者行政法规生效后,地方性法规同法律或者行政法规相抵触的规定无效,制定机关应当及时予以修改或者废止。"

定位、历史传统、经济基础等因素来理解和发挥作用。以北京为例,北京作为历史文化名城,拥有众多文物古迹,北京市人大2005年制定的《北京历史文化名城保护条例》就是具有显著北京特色的地方立法,值得借鉴和推广。

第三,可操作原则。地方立法中的可操作性是指地方立法所立的法规条文"要有针对性、适用性,要管用、实用,能解决实际问题。"①地方立法的可操作性是地方立法的关键。如果说宪法、法律、行政法规还尚可仅在宏观领域提要求、讲原则,那么,地方性法规则必须具有可操作性的内容,必须对具体的执法者和司法者来说可以拿来即用。除此之外,有学者还指出地方立法的可操作性必须对普通老百姓而言也是可以拿来即用的,认为地方立法的可操作性要做到"地方立法所创制的法律规则无内在的矛盾,并能够为其接收者所认知和理解,特别是能为广大普通老百姓所适用、所接受,正如法国民法典在制定中所追求的要让农民在油灯下也能读出他们的权利一样。"②相比较地方立法的不抵触和有特色原则,地方立法的可操作性原则贯彻落实的并不好,许多地方立法只是对上位法的简单重复或者是对其他地方立法性文件的盲目移植,过分追求体系上的大而全、小而全,能够切实起到规范效果的立法条文并不多。个中原因非常复杂,其中一个立法技术方面的原因就是地方性法规起草者在起草过程中对法律规范三要素的把握不到位。一个完整的法律规范是由假定、行为模式和法律后果组成。如果过分注重对行为模式的规范而没有相应的法律后果,则无法实现立法的可操作性。此外,还有专家指出地方立法的可操作性有一个语境问题,就是说可操作性必须首先明确是对谁而言具有可操作性。"由于地方立法大都是由政府主管部门起草的,这就很容易导致法规草案中将地方立法的可操作,简单化为部门管理的可操作,会过分强调部门管理实际,突出部门管理需要。这种可操作观,是有背法治精神的,起码是不全面的。"③

---

① 李高协:《地方立法的可操作性问题探讨》,载《人大研究》2007年第10期。
② 林开华:《谈地方立法的可操作原则》,载《吉林人大》2009年第6期。
③ 林开华:《谈地方立法的可操作原则》,载《吉林人大》2009年第6期。

（四）影响当前地方立法价值取向的主要因素

地方立法价值取向并不是一成不变的,会随着经济社会的发展不断做出调整。改革开放三十多年来,地方立法在整体价值取向上发生了巨大变化,从先前侧重通过地方立法加快建立社会主义市场经济体制,到目前注重通过地方立法落实以人为本和科学发展观。地方立法在价值取向上正在逐步走向成熟和完善。影响地方立法价值取向的因素有很多,比如地方的经济和社会发展水平、国家的法治发展状况、党在不同时期的工作重心等。当前,我国法治建设进入一个新的阶段,经济社会整体发展水平有了很大进步,特别是中国特色社会主义法律体系的形成将对地方立法价值取向产生深远影响。

到 2010 年形成中国特色社会主义法律体系是党的十五大提出的立法工作总目标。经过不懈努力,到 2010 年底,我们已经形成了以宪法为核心,以法律为主干,由法律、行政法规、地方性法规等共同构成的中国特色社会主义法律体系。对此,吴邦国委员长 2011 年 1 月 24 日在形成中国特色社会主义法律体系座谈会上的讲话中指出:"一个立足中国国情和实际、适应改革开放和社会主义现代化建设需要、集中体现党和人民意志的,以宪法为统帅,以宪法相关法、民法商法等多个法律部门的法律为主干,由法律、行政法规、地方性法规等多个层次的法律规范构成的中国特色社会主义法律体系已经形成,国家经济建设、政治建设、文化建设、社会建设以及生态文明建设的各个方面实现有法可依。"

中国特色社会主义法律体系的形成意味着社会主义法治建设迈上了新台阶,经济社会各领域的基本法律法规框架已经搭建起来。有学者甚至指出,"我国已经进入后立法时代"。[①] 中国特色社会主义法律体系的形成究竟会对地方立法价值取向产生什么样的影响? 这需要从变与不变两个层面进行分析。首先,中国特色社会主义法律体系形成后,对既有的地方立法价值取向产生了冲击。这一方面表现在法治观念的深入人心使得地方立法在

---

① 崔若鸿、雷彩云:《论地方立法的不相抵触原则》,载《政府法制》2009 年第 2 期。

价值取向上需要更多地关注公民权利保障、规范公共权力运行、关注民生；另一方面表现在先行性地方立法的空间受到一定程度的限制，地方立法在今后一段时期大规模立法的可能性降低，更多的是对既有法规的修改和补充。其次，中国特色社会主义法律体系的形成并不代表国家与地方立法已经功德圆满，可以一劳永逸，今后的地方立法仍应当在坚持党的领导、人民当家作主和依法治国的有机统一前提下继续有所作为。

## 二、地方立法价值取向的主要内容

研究地方立法的价值取向是一个具有挑战性的理论课题。一方面是因为地方立法的价值取向具有多元性，是一个复杂的系统工程。"任何一项立法，都意味着对多重价值的权衡和选择。只要社会存在着不同的价值主体、不同的价值诉求、不同的价值理念，那么，就必然地存在着价值冲突。存在着价值冲突，就必须进行价值权衡和选择。"①另一方面是因为地方立法的价值取向具有动态性，始终处在变动发展过程中，即便是同一个价值取向，在不同的发展阶段也具有不同的内涵和要求。在下文中，我们将选取几个特定的视角对地方立法的价值取向进行具体分析。总的来说，地方立法在价值取向上应当始终把握民主、科学、公平、民权等基本价值。博登海默曾说过："任何值得被称为法律制度的制度，必须关注某些超越特定社会结构和经济结构相对性的基本价值。在这些价值中，较为重要的有自由、安全和平等。"②此外，现阶段的地方立法在价值取向上还应当注重合作价值、精细化价值以及自主性价值等。

（一）民主价值

地方立法的民主价值意味着地方性法规在制定、修改、废止的全过程中

---

① 江国华：《论立法价值——从"禁鞭尴尬"说起》，载《法学评论》2005 年第 6 期。

② 【美】E. 博登海默著：《法理学——法律哲学与法律方法》，邓正来译，中国政法大学出版社 1999 年版，作者致中文版前言。

都应当符合最广大人民的根本利益,地方性法规的条文规范应当具有充分的民意代表性。地方立法是对地方上不同利益群体的利益进行协调和再分配的过程。如何处理地方立法中不同利益群体的关系问题,这就涉及地方立法的民主价值。地方立法不应当在各种利益的较量与博弈过程中忽略立法本身所必须追求的民主价值。地方立法的民主性是地方立法应当具有的基本价值取向。

地方立法的民主价值取向具有明确的法律渊源和政策依据。《宪法》第二条规定:"中华人民共和国的一切权力属于人民。"《立法法》第五条规定:"立法应当体现人民的意志,发扬社会主义民主,保障人民通过多种途径参与立法活动。"胡锦涛总书记提出制定和修改法律法规,"要坚持走群众路线,充分发扬民主,广泛听取各方面意见,力求使制定的法律法规严谨周密、切实可行。"[①]

应当说,立法的民主价值取向是我们党和国家在社会主义法治建设中高度认同并始终遵循的。在中国特色社会主义法律体系形成之后,地方立法的民主价值取向不仅不能丢弃,而且要始终坚持,还要继续推进。原因之一在于,在现代社会,民主是现代立法的正当性基础。"正确的立法价值取向不是立法者个人意志或少数人意志的体现,而是人民的共同意志的体现。要想使代表人民意志的立法价值取向得以实现,首要的选择便是坚持民主立法,建立民主立法制度。这是立法价值取向实现的首要条件和保障。"[②]原因之二在于,对于地方立法而言,民主立法具有更多的现实保障和更便利的实现条件,也具有更强烈的民主需求。地方性法规是在特定地域范围内实施的,由于对地域文化的认同感与归属感以及交通的便利等因素影响,地域范围越是局限,在该地域范围内实现民主立法的程度就应当越大。这就决定了相对于中央立法而言,地方立法应当具有更浓烈的民主价值需求。

---

① 参见胡锦涛:《在首都各界纪念全国人民代表大会成立 50 周年大会上的讲话》,2004年 9 月 15 日。

② 吴占英、伊士国:《我国立法的价值取向初探》,载《甘肃政法学院学报》2009 年第 3期。

中国特色社会主义法律体系形成之后，地方立法的民主价值取向会更加明显。

地方立法的民主价值取向应当强调地方立法服务于公共利益而非少数特权阶层的局部利益，应当通过各项制度和各种途径保障地方立法的民主性。具体来说，地方立法民主价值的提升可以从下列两方面展开：

1. 地方立法中的公众参与

地方立法中的公众参与是对代议制民主的补充，是为了弥补代议制民主制度的某些不足而逐渐发展起来的一种直接民主形式。代议制民主是贯穿我国中央立法和地方立法的根本制度，对代议制民主制度我们有明确的法律规定，对其不足的矫正也并非本文的研究对象。本文关注的是作为直接民主形式的公众参与制度在地方立法中的现状、问题与发展前景。毕竟，公众参与作为直接民主形式，在地方层面更容易展开，地域越局限，公众参与的程度就可能越充分。

地方立法中公众参与的形式具有多样性。既表现为在草案制定与修改过程中通过各种途径广泛征求公众意见，又表现为允许公民旁听相关会议。比如，北京市先后对"禁止燃放烟花爆竹"、"见义勇为人员奖励和保护"、"市容环境卫生"、"养犬管理"、"实施交通安全法"、"禁燃改限放"等专项立法鼓励公众参与，推动了北京市民主立法的进程。此外，北京市还早在1999 年就开始探索允许市民旁听市人大常委会会议，建立了北京市人大"公民旁听"制度，成为允许公民旁听省级人大常委会会议最早的地区之一。

关于地方立法中的公众参与，尚需注意两个方面的问题。第一，对公众意见的处理机制有待进一步完善。地方立法过程中，立法机关会收集到大量的公众意见，对这些意见是否每一条都需要答复，如何避免意见答复过程中的避重就轻和相互推诿是需要进一步探讨的。第二，地方立法中的公众参与不能一刀切，需要针对不同的参与人群建立切实可行的参与模式。比如，尽管北京市的城市化水平已经较高，但是城乡差别依然存在，城乡结合部问题突出，外来人口众多，由此，公众参与立法实际上处于城乡二元结构状态,形成城区市民的参与、京郊农民的参与以及外来人口的参与三大参与类型。针对这种状况,应当制定各自的参与模型,进行规范和引导。

2. 地方立法中的信息公开

地方立法中的信息公开对于保障公民的知情权和参与权以及保证立法的公平公正具有重要意义。地方立法中的信息公开尚需注意的问题是,地方立法的信息公开绝不只是意味着草案文本内容的公开,而应当是整个地方立法过程的全方位信息公开。目前,地方立法公开的内容基本上仅限于草案文本,而对于立法过程中的其他大量信息,比如起草者说明、审议过程中的各种观点、会议记录、审议报告等则处于信息封闭的状态。如果不借助于这些大量的草案之外的信息,根本无法判断一条规范是否具有正当性。也就容易给利益群体造成可乘之机,造成地方立法过程中的管制俘获。因此,在地方立法过程中,地方立法机关应当在信息公开方面有更大的作为。

(二)科学价值

地方立法的科学价值取向是指地方立法过程中"必须以符合法律所调整事态的客观规律作为价值判断,并使法律规范严格地与其规制的事项保持最大限度地和谐。"[①]这就是说,地方立法需要遵循科学发展规律,需要与立法的内外在条件保持高度一致。地方立法不能超越科学发展规律超前立法,也不能违背科学发展规律滞后立法。地方立法的科学价值取向是有法律依据的。我国《立法法》第六条规定:"立法应当从实际出发,科学合理地规定公民、法人和其他组织的权利与义务、国家机关的权力与责任。"这就正式确立了地方立法的科学原则。

地方立法的科学价值取向应当是地方立法始终坚持的基本原则。随着依法治国的不断完善,民主立法、科学立法已经成为各界立法的共识准则。中国特色社会主义法律体系的形成,为地方立法的科学价值取向提出了更高的要求。在社会主义法律体系已经建立的情况下,大的方面的法律法规框架平台已经搭建,接下来就需要在更加细致的层面对法律规范的立法内

---

① 关保英:《科学立法科学性之解读》,载《社会科学》2007 年第 3 期。

容、立法方式等方面进行完善。在科技发展日新月异的现代社会对立法内容与立法方式进行完善则需要借助更具科学性的价值判断和更加先进的科技手段。

那么，在中国特色社会主义法律体系已经建立的情况下，如何进一步实现地方立法的科学价值呢？这需要从以下几方面努力。第一，地方性法规在进行立法规划、编制立法计划时需要更多地考虑地方社会发展的客观需要。不同地方的地方性法规在进行立法规划和立法计划编制时需要紧密结合本地实际情况，不能好高骛远，也不能盲目借鉴。以北京为例，北京的经济发展水平和经济发展重点决定了北京市在未来经济发展定位上要走高端经济路线，注重智力劳动在经济发展中的比重，提升自主创新能力，增加企业产品的科技含量。为此，北京市在原《中关村科技园区条例》的基础上加快制定了《中关村国家自主创新示范区条例》，为加快中关村产业基地自主创新提供了立法保障。第二，在具体的地方立法条文制定与修改过程中要更加注重借助数据支撑、寻找科学依据、寻求专家的技术支持。中国特色社会主义法律体系形成后，地方立法的科学性意味着立法过程中需要更多的技术理性支持。法规内容的形成不再只是依据行政机关的偏好就可以关起门来决定的，而需要经得起民众的质问，需要具有科学性和技术性。因为此时的公民，法治意识已经越来越完善，法律知识也越来越丰富，对地方立法会保持更高的关注。地方立法必须依靠科学、注重理性。第三，各领域地方立法要协调发展，不可只注重某一方面的地方立法而不顾其他。随着改革开放30年社会主义市场经济的不断完善，有关促进经济发展的地方立法不断增多，在民生领域、社会保障领域的地方立法则有所延后。今后地方立法的纠偏行动切记不可太过，要以科学性为指导，要在加快社会保障立法进程、促进生态文明建设的同时引导经济平稳较快发展，推动经济社会协调发展。

地方立法的科学价值取向，是地方立法在"立法理念、立法内容、立法技术上不断走向科学合理的一种动态过程"[1]，唯有坚持科学立法的价值取

---

[1]　曹胜亮：《论地方立法的科学化》，载《法学论坛》2009 年第 3 期。

向,地方立法才能不断走向成熟和理性。

（三）公平价值

公平是一切法律所应当具备的最基本品质。地方立法中的公平价值取向是指地方立法应当秉持公正、无偏私,平等对待各方主体。对于地方立法而言,公平应当是其基本的价值取向之一。立法的公平价值取向至关重要,只有保证立法的公平,才能保证执法和司法的公平。对此,马克思早就尖锐地指出:"如果认为在立法者偏私的情况下有公正的法官,那简直是愚蠢而不切实际的幻想!"①

地方立法公平的实质,是关于权利与义务、权力与责任的一种分配关系。毕竟,"与执法注重'管理'、司法注重'判断'相比,立法主要就是'分配',借助立法要合理分配权利义务和责任,调整各种利益关系。"②地方立法机关在对公民的权利与义务、行政机关的权力与责任进行配置的过程中要充分把握公平价值取向,平等对待,合理配置。

立法平等是地方立法公平价值取向的内在要求。立法平等是指"所有类属相同的人（社会主体）,除特殊的理由外,必须视为平等地享有同类法律权利的资格和平等地承担法律义务的主体。"③保证地方立法的公平价值取向需要地方立法者平等对待一切公民,不能因身份的不同而使一部分公民享有特权。对此,《宪法》第三十三条规定:"中华人民共和国公民在法律面前一律平等。任何公民享有宪法和法律规定的权利,同时必须履行宪法和法律规定的义务。"

中国特色社会主义法律体系形成后,在地方立法的公平价值取向上,需要更加注意以下两点。第一,对个人而言,地方立法的公平价值取向要求在地方立法过程中适度向社会弱势群体倾斜。对此,有学者指出,需要通过立法上适度的差别对待实现立法上的矫正公平。"立法平等是立法公平的主

---

① 《马克思恩格斯全集》第 1 卷,人民出版社 1995 年版,第 178 页。
② 庞凌:《立法公平及其保障机制》,载《南京社会科学》2007 年第 9 期。
③ 郭道晖:《中国立法的价值取向》,载《法制现代化研究》,南京师范大学出版社 1996 年版,第 146 页。

要表现形式,然而立法公平并非只表现为立法平等。立法平等肯定了法律人格的平等,但社会生活中,具体的人是千差万别的,存在着体力、智力、性别、年龄等方面的差异。针对合理的差异,在立法上给予权利和义务的特殊规定,即是立法公平的另一重要表现形式:矫正的立法公平。"①第二,地方立法需要克服地方保护主义。中国特色社会主义法律体系形成之前,由于缺乏及时有效的全国统一法律规范,各地之间往往各自为战,采用地方立法的方式限制市场的公平竞争,进行地方保护主义。"以维护本地域的经济利益为根本出发点,导致地方各级立法机关重视本地域内的效益立法,而忽视了公平与保护公民权利原则,形成地方保护主义。"②中国特色社会主义法律体系形成之后,在当前和今后一段时期,针对各个领域的基本法律框架已经搭建,基本的法律原则也已经树立,因此,地方立法机关在今后的地方性法规制定及修改过程中就多了许多束缚条款,将地方利益最大化的空间也已经被大大缩减,地方立法在价值取向上需要更加追求公平,防止地方保护主义。

（四）赋权价值

我国《宪法》中规定了公民享有的基本权利,其他法律对于基本权利之外的公民权利作了规定。地方立法的赋权价值取向就是指要通过地方立法保证公民基本权利和其他权利的实现,保护公民基本权利和其他权利不受侵犯。

中国特色社会主义法律体系形成后,我们应当在对法治概念以及法治精神有更深入理解的基础上,认识到地方立法应当切实将实现公民权利、保护公民权利、防止公共权力恣意侵犯公民权利作为价值追求。为此,地方立法应当进一步展开两个方面的工作,一方面是将以宪法为核心构筑起来的一系列公民权利的实现和保护落到实处,另一方面是进一步明确地方公共权力的界限和规范地方公共权力的运行。

---

① 邵诚、杨凤婷:《论立法公平》,载《法律科学》1994 年第 5 期。
② 秦前红:《地方立法中的三大不和谐》,载《检察日报》2006 年 2 月 13 日。

第一,必须通过地方立法实现公民权利。中国特色社会主义法律体系形成后,公民在民生和社会保障方面的权利实现与保护迫在眉睫。目前,关于公民在民生和社会保障方面的宪法和法律规定已经非常明确。比如,《宪法》第十四条第四款规定:"国家建立健全同经济发展水平相适应的社会保障制度。"《宪法》第四十五条第一款规定:"中华人民共和国公民在年老、疾病或者丧失劳动能力的情况下,有从国家和社会获得物质帮助的权利。国家发展为公民享受这些权利所需要的社会保险、社会救济和医疗卫生事业。"《社会保险法》第二条规定:"国家建立基本养老保险、基本医疗保险、工伤保险、失业保险、生育保险等社会保险制度,保障公民在年老、疾病、工伤、失业、生育等情况下依法从国家和社会获得物质帮助的权利。"《社会保险法》第五条第一款规定:"县级以上人民政府将社会保险事业纳入国民经济和社会发展规划。"对于地方人大与地方政府来说,当下需要做的就是通过地方立法的形式切实保证宪法与法律中规定的相关社会保障权利在本地域的实现。

第二,必须通过地方立法保护公民权利,防止公民权利受到公共权力的恣意侵犯。公民权利与公共权力是一对矛盾范畴。在传统的法律工具主义影响下,很长一段时期我们的地方立法都是以维护公共权力、方便行政管理为价值追求的,偏向于通过地方立法来确认公共权力的权威性并为公共权力的行使提供便利条件。近年来,随着法治理念的传播,公民的权利意识不断提高。公民权利在法律地位上的提升不仅意味着需要通过立法排除公共权力对公民权利的侵害,保护公民权利;还意味着需要通过立法引导公共权力更好地为公民权利服务,不断满足私权利主体日益增长的权利需求,实现地方立法的人性化发展。

具体到北京来说,北京市在实现地方立法的赋权价值取向上始终是积极主动的。北京市不仅制定了《北京市老年人权益保障条例》、《北京市全民健身条例》等许多地方性法规来保障公民权利的实现,而且在2010年初通过了《人文北京行动计划(2010—2012)》。《人文北京行动计划(2010—2012)》指出,要深入贯彻落实科学发展观,坚持以人为本,大力弘扬人文精神,促进人的全面发展,持续改善保障民生,不断繁荣发展文化,构建文明和谐环境,显著提高首都的人文向心力、文化竞争力和文明感召力。《人文北京行动计划(2010—2012)》在"法制环境建设工程"中提到,要依法保障人民群众的基本权利,坚持立法为民,更加注重加强改善民生、公共安全等社会领域的立法。这就与地方立法应当注重实现与保护公民权利的地方立法赋权价值取向不谋而合。建设人文北京,必须要实现和保障首都人民的各项权益。

（五）合作价值

地方立法的合作价值取向是指在地方立法时应当以有利于双方或多方合作的方式进行立法设计,以实现公共利益维护和社会事务管理的立法目的。合作式治理是目前公共治理领域的新趋势,无论是在社区管理还是城市管理中,都普遍采用合作治理的新型治理模式。地方立法应当对此有所回应,在立法的价值取向上,将合作纳入自己的视野。

中国特色社会主义法律体系形成后,地方立法的合作价值取向既要立足于政府与社会自治力量的合作,也要立足于公共权力与公民权利的合作,还要立足于人与自然的和谐相处。

首先,基于地方立法的合作价值取向,地方立法在功能上要更多地发挥立法的引导、促进功能。中国特色社会主义法律体系的形成,标志着我国依法治国进入一个崭新的发展阶段,在这一阶段,行政权力受到严格的法律规范,行政权运行的边界、程序、方式都会受到法的约束,行政主体的依法行政使得行政主体与行政相对人之间的抵触对抗不那么明显,双方之间协商合作成为可能。相应地,地方立法的强制、制裁功能有所减弱,引导、促进功能变得更加重要。地方立法机关和行政执法部门要更多地站在引领者、指导者、监督者的角色上通过引导市场及市场主体发挥其主观能动性来实现立法目的。

其次,在具体的行政手段上,要更加注重运用非强制性手段和柔性方式实现地方立法的合作价值。传统上,地方立法多适用强制性规范、禁止性规范、惩罚性规范,明确公民、法人或其他组织应当履行的义务以及违反义务应承担的责任。中国特色社会主义法律体系形成后,要求地方立法应当更多地采用非强制性的、柔性的方式来引导双方权利义务格局的形成。在地方财政实力和经济条件允许的情况下,还可以通过更多的经济激励手段实现立法目的。在这方面,我们是有法律依据的。比如,《循环经济促进法》第五章专章规定了激励措施,包括财政支持、税收优惠、信贷支持、收费制度等手段。该法第四十二条规定:"国务院和省、自治区、直辖市人民政府设立发展循环经济的有关专项资金,支持循环经济的科技研究开发、循环经济技术和产品的示范与推广、重大循环经济项目的实施、发展循环经济的信息服务等。"《节约能源法》第五章也是专门规定了相关激励措施。

北京市在地方性法规制定过程中也比较注重通过达成立法合意的方式实现立法的合作价值。在就与公民切身利益有关的重大事项进行地方立法时,通常会事先举行立法听证。北京市人大在立法听证方面已经积累了较丰富的经验,既有明确的条文规范,也有实际的操作经验。在条文规范方面,已制定出《北京市人大常委会立法听证工作规程》,对立法听证的原则、听证事项范围、举行听证会的动议和决定、听证机构、听证参加人、听证会程序、听证会报告及效力等作了具体规定。在实践经验方面,北京市人大常委会法制委员会早在 2004 年就依照《立法法》、《北京市制定地方性法规条例》和《北京市人大常委会立法听证工作规程》的规定举行了道路交通安全立法听证会,开启了北京市立法听证的先河。今后在立法听证方面还需要注意的是要将立法听证常态化,扩大立法听证的适用领域。此外,在需要通过立法对公民权利进行限制时,应当充分听取相对方的意见。关于这一点,可以结合地方立法的座谈会、听证会等公众参与形式来完善。

(六)精细化价值

地方立法的精细化价值取向是指地方立法应当本着立法解决问题的原则,有几条立几条,避免大而全、小而全的立法模式。

地方立法的精细化价值取向主要是就地方立法的立法技术而言的。中国特色社会主义法律体系形成后,地方立法应当朝着精细化立法的方向转变。这种精细化包括两个方面:一方面是指在已有的法律体系框架下,地方立法要结合地方实际,精耕细作,使条文规范更具操作性;另一方面是指地方立法在立项起草及审议的全过程都应当具有明确的问题意识,针对问题立法,立法解决问题。此外,在地方立法实践中,还应当处理好精细立法与节约立法的关系。不能将地方立法的精细化简单等同于对各类规范性文件的汇总,甚至照抄照搬上位法规范造成重复性立法,而应当有效利用立法资源,将好钢用到刀刃上。

北京市人大常委会强调,人大要做"该做、能做、有用、有效"的事情。这其实就是地方立法的精细化价值取向。关于今后北京市人大的立法方向,有文章提出如下建议。"应当着力在针对问题立法,立法解决问题,提高法规的质量和实效性上下功夫。要针对北京市经济社会发展或者人民群众关注的突出问题,准确掌握首都的具体情况和实际需要,制定出来的地方性法规要符合实际情况,能够体现首都的经济、文化和社会发展的特殊性,解决现实工作中存在的问题,增强法规的针对性和实效性。要深入调研,认清立法所要解决的问题症结,综合运用国家的有关法律,系统提出解决矛盾和问题的方法。不简单追求与上位法配套、追求结构完整、追求地方立法体系化,搞小而全、大而全的重复立法,立法过程中要在制度设计上充分考虑法规内容的可行性和可操作性,注意与执法相衔接,地方特色越突出,针对性越强,实施的效果才会越好。"①

（七）自主性价值

地方立法的自主性价值意指在地方立法过程中需要发挥地方立法主体的主观能动性,保持地方立法的相对独立性,使本地立法与中央立法相区别,与其他地方立法相区别。地方立法的自主性涉及中央与地方立法权限的合理划分问题。对此,有学者认为,"在全球化时代,总的发展趋势应当是给予地方更多的自主权,逐步强化地方的立法职权,以进一步调动地方的

---

① 参见北京市人大常委会法制办公室:《做好新形势下地方立法的几点思考》,http://www.hppc.gov.cn/list-lifa.asp? id=468。

积极性,增强地方发展的活力。"①

地方立法的自主性是与地方立法事务的独特性相关联的。"现在乃至将来,尽管实施立法仍然有发挥作用的空间,但针对地方特色事务进行自主性立法必将成为地方立法的主流。"②地方性事务是地方立法自主性价值得以体现的主要领域。地方立法范围的扩展和地方立法自主性的发挥必须以地方性事务为依托。"自主性地方立法的对象只能是地方性事务,如地方的经济发展政策、义务教育普及、环境卫生、民政、公共福利、弱势群体权益保护、城市绿化、城市烟花燃放、养狗、区域内河流、湖泊和风景名胜等的维护和管理等,而不能超越职权去规范犯罪和刑罚等专属于中央立法调整的事项和属于其他行政区域或跨区域的事务。"③

当然,地方立法的自主性价值毕竟是相对的。中国特色社会主义法律体系形成后,在地方立法过程中更需要妥善处理好地方立法的自主性与法治统一性的关系。《宪法》第五条规定:"国家维护社会主义法制的统一和尊严。"《立法法》第四条规定:"立法应当依照法定的权限和程序,从国家整体利益出发,维护社会主义法制的统一和尊严。"这都决定了地方立法自主性价值取向必须维护国家法治的统一性,必须维护中国特色社会主义法律体系。

地方立法的自主性与法治的统一性之间具有对立统一的关系。对这种对立统一关系,需要从法律理论层面和法律技术层面进行分析。第一,在法律理论层面,需要在维护法治统一性的前提下探索地方立法的自主性发展。由于我国中央与地方的整体关系表现为在中央的统一领导下进行地方建设和发展,因此,在地方立法层面,也要遵循在维护国家法治统一的前提下进行有地方特色的立法建设。这就要求,地方立法的自主性不能突破国家法治统一性的框架,地方立法的自主性必须是在符合国家法治统一性所要求

① 李林:《全球化时代的中国立法发展(下)》,载《法治论丛》2003 年第 1 期。
② 孙波:《我国地方立法自主性探析》,载《法治论丛》2007 年第 2 期。
③ 孙波:《我国地方立法自主性探析》,载《法治论丛》2007 年第 2 期。

的基本精神、基本原则的限度内的有限自主。主要表现为：地方立法不能与宪法、法律等上位法相抵触；地方立法在对地方性事务进行规范时需要有上位法的授权依据；等等。第二，在法律技术层面，地方立法自主性与法治统一性的关系在技术层面就表现为地方立法的合法性审查问题。实践中，地方立法的合法性问题主要表现为我国地方立法中普遍存在的比较严重的越权立法和滥用立法权现象。越权立法主要表现为立法主体超越自己的法定立法职权及其权限，就本来不属于自己权限管辖范围的事项进行立法。滥用立法权通常有两种表现：一是违背立法的根本目的，出于某种不正当的考虑或动机行使立法权。在我国地方立法中最突出的表现就是利用立法活动来干预市场；二是立法膨胀现象，条例、规定、办法满天飞。无论是越权立法还是滥用立法权，其危害都是极其严重的。之所以出现这种现象主要就是因为地方立法中的部门利益驱使。因此，在地方立法中要克服部门利益倾向，克服地方保护主义，为民立良法。

北京市在妥善处理地方立法自主性与国家法治统一性的关系问题上有较多的探索。2001年，北京市第十一届人民代表大会第四次会议通过《北京市制定地方性法规条例》。该条例第三条规定："制定地方性法规，应当遵循宪法的基本原则，以不同宪法、法律、行政法规相抵触为前提，从本市的具体情况和实际需要出发，科学合理地规定公民、法人和其他组织的权利与义务、国家机关的权力与责任。"

## 三、地方立法需要协调好的几组关系

### （一）地方立法要服从党的领导

地方立法要处理好与党的领导的关系，在价值取向上要时刻牢记党的领导的根本宗旨，不能背离党的领导。但这并不意味着党委要取代地方立法机关，也不意味着每一部地方立法草案的出台都要由党委来牵头制定。而是说，地方立法要与党领导国家和地方建设的根本宗旨一致，要服务于党在新时期的总目标、总任务。

具体来说,党对地方立法的领导是一种理论上、思想上的指导和建议,地方立法对党领导的贯彻落实是对党关于国家和地方未来的发展规划的认同。比如,地方的经济立法应当服从于党对地方经济的发展规划,地方的文化立法应当服从于党对地方文化的整体定位,不能脱离党的规划纲要超前或滞后立法。

(二)地方立法要发挥对行政的引导价值

立法机关是国家的权力机关。地方立法机关是地方的最高国家权力机关。在依法行政和政府职能转变的过程中,地方立法机关要加强自身建设,保持先进性,使地方立法不仅能够适应政府职能转变的要求,而且应当通过自身立法推动政府职能转变和政府行为转变,发挥地方立法对行政的引导价值。具体来说,这种引导价值表现在两个方面。

1. 加快社会领域的地方立法

随着政府公共服务职能的不断加强,政府需要对越来越多的社会事务领域进行照顾。着力促进社会发展和解决民生问题已成为中央和地方政府工作的重点之一。目前,关于社会保障方面的立法在全国范围内还并不健全,许多还处于探索阶段。因此,在地方立法层面,尤其需要关注民生,关注社会保障领域的立法,包括养老保险、医疗保健、劳动就业、失业救济、房屋安全、食品卫生、缩小收入差距、弱势群体的权益保障等问题,通过地方立法的形式为人民谋福利,保障人民共享改革发展的成果。

2. 推动政府行为方式的转变

政府行为方式传统上注重强制、处罚等惩戒性方式,过去的地方立法也多是对这种行为方式的认可和保护。然而,随着政府职能社会化和社会文明程度的不断完善,越来越多的政府行为需要以一种全新的面孔出现,即协商的方式、合作的方式、指导的方式、激励的方式等柔性的方式。地方立法对此应当保持敏感,有所回应,通过立法的形式推动政府行为方式转变。

(三)地方立法要发挥对司法的规范价值

地方立法对司法的规范价值主要表现为地方性法规对司法审判的拘束力。在许多情况下,司法机关在对具体案件做出裁判的过程中,地方性法规是其裁判的依据之一或者主要依据。《行政诉讼法》第五十二条规定："人民法院审理行政案件，以法律和行政法规、地方性法规为依据。地方性法规适用于本行政区域内发生的行政案件。"该法第五十三条规定："人民法院审理行政案件，参照国务院部、委根据法律和国务院的行政法规、决定、命令制定、发布的规章以及省、自治区、直辖市和省、自治区的人民政府所在地的市和经国务院批准的较大的市的人民政府根据法律和国务院的行政法规制定、发布的规章。"据此，对于行政诉讼审判而言，地方性法规在本地域内发挥着和法律、行政法规同等的司法拘束力，而规章的司法拘束力则明显弱于地方性法规，只是具有参照的效力。地方性法规在制定、修改及解释过程中应当时刻铭记地方立法对司法的深远影响，做到用语明确、规范得体，给司法机关的断案裁判做出有力指引。

## 四、加强北京市地方立法工作的几点建议

北京市地方立法工作尽管已经取得辉煌的成绩，但仍需要戒骄戒躁，在改革与发展中不断探索和完善，包括在立法理念、立法工作机制、立法任务等各个方面进行改进。

### （一）立法理念的改进

在立法理念上，北京市地方立法需要继续坚持以人为本和立法为民的价值取向，进一步体现本市地方立法的权力规范和权利保障价值，从侧重对行政机关授权向加强对行政权力规范转变，从侧重方面行政管理向加强公民权利保护转变。

虽然中国特色社会主义法律体系已经建立，虽然北京市作为全国的首都和首善之区保持着较高的法治水平，但是，我们的法治建设毕竟只有短短几十年的实践经验，法治的传统并不根深蒂固。在今后的北京市地方立法与法治建设中，仍然要牢牢坚守法治的根本理念，通过立法方式进一步规范行政权力运行，保障公民权利实现。现阶段，北京市地方立法要妥善解决好权利与权力的协调性问题，需要注意以下两点。"一是要注意从义务型立

法向权利型立法转变。要以公民权利为本位,以尊重和保障公民权利为优先选择,在任何时候都要从人民的根本利益出发,把广大人民群众的积极性引导好、保护好、发挥好,这是新时期地方立法妥善解决权利与权力协调性问题的重要内容。二是要注意从管理型立法向服务型立法转变。当今社会,政府的合理定位至关重要,它既不能越位,又不能缺位、错位。"①

（二）立法任务的变化

在立法任务方面,北京市地方立法要转变立法重心,围绕全市中心任务展开立法。

目前,全市的中心任务已经确定,就是要深入贯彻落实科学发展观,建设"人文北京、科技北京、绿色北京"。因此,北京市地方立法工作要紧紧围绕当前和今后工作的大局,着力解决本市经济社会发展过程中亟需通过立法解决的重大问题。

具体来说,今后本市的立法任务应当主要在以下三个领域展开:一是加强以保障公民权利、改善民生为重点的社会领域立法;二是加强促进首都可持续发展方面的立法;三是加强构建社会主义和谐社会和维护公共安全方面的立法。从而实现从经济立法向民生立法的转变,从管理立法向服务立法的转变。比如,在以保障公民权利、改善民生为重点的社会领域立法方面,可以围绕北京市突出的学前教育问题、义务教育择校问题、公费医疗改革问题、促进劳动就业问题、加强住房保障问题等关系社会热点问题进行立法,提高社会立法在本是地方立法中的比例,解决民生问题,做到立法为民。又如,围绕绿色北京建设,应当加强资源节约和环境保护方面立法,发展循环经济、低碳经济,鼓励节约能源、清洁生产、合理利用资源,保护生态环境。

（三）立法方式的转变

在立法方式转变上,北京市地方立法需要注意以下两个方面。第一,要

---

① 哈尔滨市人大常委会法制工作室:《新形势下进一步发展完善地方立法的若干问题》,第十六次全国地方立法研讨会交流材料。http://www.hppc.gov.cn/list-lifa.asp? id = 452。2011 年 3 月 13 日最后访问。

进一步增强立法工作的透明度，加大本市地方立法中公众参与的程度。《立法法》第五条规定："立法应当体现人民的意志，发扬社会主义民主，保障人民通过多种途径参与立法活动。"这是民主立法和扩大立法参与性的法律依据。北京市早在多年前就已经启动了开门立法的立法方式，通过座谈会、听证会、论证会等多种方式，利用网络、信件等多种途径，向人大代表、政协委员、专家学者及社会公众广泛征求立法意见和建议。"开门立法方兴未艾，闭门立法正经历前所未有的压力，这就是当前我国地方立法在立法方式上的现状。"①今后需要将开门立法的立法方式进一步深化和完善。这需要理念上的坚持和行动上的支持。具体的做法，可以是"进一步扩大参与途径和增强立法的公开性，完善各方利益交换和博弈的机制，改变'形式听证'、'选择听证'现象，在立法结果中更多地吸取、反映和体现社会的意见。"②第二，要进一步加强市人大在本市地方立法中的主导作用，克服地方立法中的部门利益倾向。地方立法过程中的部门利益倾向是阻碍立法科学性的痼疾。这种现象形成的的原因是由于地方政府部门在地方立法的过程中发挥了过多的作用。防止地方立法部门利益化的关键是要充分发挥地方人大在地方立法活动中的积极作用，防止政府相关部门成为地方立法的主导者。为此，有学者建议，"人大各专门委员会提前介入法规起草过程，加强立法调研、论证和协调；在明确各类地方性法规起草分工的同时，对有些综合性的重要法规，由常委会组织这关专门委员会直接牵头起草。"③

（四）立法工作机制上的完善

中国特色社会主义法律体系形成后，北京市地方立法在工作机制上需要进一步重视地方立法清理机制的完善，重视地方立法后评估工作。首先，

---

① 李强：《地方立法的发展与调整》，载《湖北经济学院学报》（人文社会科学版）2010年第11期。

② 史建三、吴天昊：《地方立法质量：现状、问题与对策——以上海人大地方立法为例》，载《法学》2009年第6期。

③ 史建三、吴天昊：《地方立法质量：现状、问题与对策——以上海人大地方立法为例》，载《法学》2009年第6期。

在地方立法清理机制方面,要建立健全立法清理的长效机制,做到本市地方立法的立、改、废同步进行。中国特色社会主义法律体系形成之前,本市地方立法在发挥地方立法的创制性、先行性立法功能方面发挥了巨大作用,为中国特色社会主义法律体系的形成做出了重要贡献。随着中国特色社会主义法律体系的形成,今后本市地方立法需要在对既有地方性法规的修改、完善和废除上下功夫,要把制定新法规和修改旧法规放在同等重要的位置,不断实现本市地方性法规的有机更新。在具体的做法方面,要做到"法规清理要以主动性的定期清理和即时清理为主,被动性的全面清理和专项清理为辅,提高法规清理的常态化、制度化、规范化水平,持续推进地方性法规的清理工作。"①其次,应当积极开展本市地方立法后评估工作,建立本市地方立法后评估制度。地方立法后评估制度,是指"具有地方性法规、政府规章制定权的国家机关委托评估实施主体,按照一定的评估程序,对地方性法规、政府规章的合法性、合理性、实效性、协调性、立法技术性等指标进行评估,并提出维持、修改或者废止等建议的一项活动。"②对于北京市人大地方立法而言,开展地方立法后评估,能够了解地方性法规的实际效果,检验地方性法规的立法质量,发现法规中的漏洞和不足,从而能够及时修补。今后,需要探索建立本市的地方立法后评估制度,完善评估主体、评估程序、评估标准,实现本市地方立法效益的最大化。

(陶品竹执笔)

---

① 闵法:《地方性法规清理机制的创新与完善》,载《人民政坛》2010 年第 12 期。
② 刘平等:《地方立法后评估制度研究》,载《政府法制研究》2008 年第 4 期。

# 北京市重大行政决策机制研究报告

**北京市法制办课题组**

## 一、课题背景、报告内容和研究价值

本课题的基本目标是为北京市重大行政决策机制立法提供理论支持和实践指导。建立健全科学民主的行政决策体制是国务院 2004 年《纲要》、2008 年《决定》以及北京市 2008 年《意见》确定的法治国家建设的重要制度任务。同时,2008 年 5 月 1 日正式实施的《中华人民共和国政府信息公开条例》(以下简称《条例》)也为地方政府推进行政决策制度建设提供了基础性的法律支撑。

《纲要》是中国建设法治政府的系统规划,其中对于行政决策提出了明确的制度性目标——"建立健全科学民主决策机制"。《纲要》实际上已经确定了重大行政决策机制的逻辑结构和制度构成,为 2008 年《决定》的出台以及《决定》前后各级地方政府的决策立法提供了直接的规范依据和框架结构。《纲要》提出了行政决策机制的逻辑结构,这是一种融合法性、科学性与民主性于一体的决策逻辑结构,具体构成为"公众参与、专家论证和政府决定",分别支撑决策所需要的"民主"、"科学"、"依法"的基本要求。这是对行政决策机制原理的精辟表达。但是如何具体落实这些机制原理呢?《纲要》提出以行政程序为中心的制度化思路:首先是对程序公开性的要求,即"决策事项、依据和结果"要公开;其次是对于重大行政决策,要建立专家论证、公众参与和合法性审查等一系列的程序机制,以最大限度保障行政决策的合法性、科学性与民主性。《纲要》进一步提出了决策后的机制安排,即决策跟踪反馈和责任追究制度,初步形成了行政系统内部的"三分制"(决策、执行、监督相对分离与相互制衡),具有重要的理论价值和实践意义。从《纲要》颁布之日起到 2008 年的《决定》出台止,地方各级人民政府主要以《纲要》为指导,大力推进重大行政决策机制的法制化建设,取得了突出成果。

《决定》出台于 2008 年 5 月,在《纲要》的框架结构之下,就重大行政决策所涉及的六项关键性制度提出了相对具体的规范和要求,这六项关键性制度为重大行政决策听取意见制度、听证制度、合法性审查制度、集体决定制度、实施后评价制度以及责任追究制度。《决定》使得重大行政决策机制的制度内涵更加明确,且将之作为市县依法行政的主要任务之一,进一步推动了中国地方政府重大行政决策的法制化进程。

《政府信息公开条例》在《决定》出台之前不久正式实施,为重大行政决策的立法和实施提供了直接的法制保障。从原理上讲,重大行政决策对行政程序的公开性和民主性的要求是最高的,因而需要充分的政府信息公开的支撑,《条理》提供了这方面直接而全面的制度依据。《条例》的深入贯彻实施实际上已经为重大行政决策的程序展开提供了十分重要的信息法制基础。

从北京的情况来看,部分区县也已进行了关于重大行政决策的相关制度试验,但还没有市一级的重大行政决策专门性制度。为配合《纲要》和《决定》的具体落实,北京市政府专门制定发布了《北京市人民政府贯彻落实国务院关于加强市县政府依法行政决定的意见》(京政发〔2008〕44 号)。《意见》对于重大行政决策机制问题提出了具体的目标:

建立健全科学民主依法决策机制。各区县政府要按照《决定》要求,建立完善公众参与、专家咨询和政府决定相结合的行政决策机制。要健全落实重大行政决策听取意见制度、重大行政决策听证制度、重大行政决策的合法性审查制度、重大行政决策集体讨论制度、重大行政决策实施情况后评价制度和行政决策责任追究制度等六项制度,把对经济社会发展产生重大影响,涉及重大公共利益或群众切身利益,影响面广、实施成本高的决策纳入重大行政决策范围。市政府法制办、市监察局等部门要适时总结,进一步提出具有指导性的工作意见。

通过以上考察与分析,课题组基本廓清了北京市重大行政决策机制立法的规范依据、逻辑结构和基本制度框架。从实践来看,中国地方政府重大行政决策机制的法制化建设正呈现出集中推动与相互竞争的基本特征,逐渐形成地方政府法治化进程的一个重要的制度支撑。北京市作为政治、经济与社会条件相对优越的地区,对于重大行政决策机制的立法一直秉持理性与审慎的态度,进行了大量的调研论证和区县层次的制度试验。本课题则是对这些准备性工作的系统化总结与提炼。为了对本课题的研究提供科学的比较基础和实证经验,课题组集中搜集整理了《国内各级地方政府重大行政决策法律文件汇编》(截至 2009 年 12 月 31 日)(详见附件 2),并于2009 年 12 月 10—11 日在门头沟区的龙泉宾馆召开了"北京市各区县法制系统重大行政决策经验座谈会",形成了会议纪要(详见附件 1)。课题组还针对个别区县的具体制度实践,通过座谈会现场提问、电子邮件等方式进行了进一步的调查与核实。调研过程中,课题组发现了一些具有中国特色的关联性问题(比如行政决策与党委决策、人大决策的法律关系)以及本课题涉及的关键性概念问题(比如何为"重大行政决策"),这些问题都需要在理论上作出相对细致的界定与阐释。课题组还对国外主要国家重大行政决策的制度进行了比较考察,增强了本课题的比较范围和经验基础。

在上述工作的基础上,我们形成了包含四大部分的项目总报告:

第一部分是行政决策程序的基本概念和一般理论,侧重于在理论上说明行政决策在当代行政法治中的规范地位及其多层次的合理化需求,以及重大行政决策的概念与制度构成。

第二部分是重大行政决策程序的比较研究和制度分析,侧重从国外和国内两个基本维度考察与比较重大行政决策的制度建设状况与实践经验,国内经验的介绍尤其侧重各地的特色性制度的分析与评估，该部分是《纲要》颁布六年来地方实践的突出成果，具有非常重要的制度借鉴意义。

第三部分是北京市重大行政决策机制的制度建设与问题，主要以区县实践为分析对象，侧重于从制度层面评估北京市各区县已经开展的重大行政决策机制制度实践的基本状况与主要问题。

第四部分是北京市重大行政决策机制体系化的基本原则和制度框架，侧重于在上述理论研究与制度分析的基础上，总结归纳出北京市整合区县实践经验、进行市一级重大行政决策机制立法所必需遵循的基本原则和制度框架。

限于篇幅，前三部分的详细内容请阅读项目总报告，以下是本项目报告的第四部分，供决策参考。

## 二、北京市重大行政决策机制体系化的基本原则和制度框架

课题的政策建议部分将重点回答两个问题：一是北京市重大行政决策机制体系化的基本原则，通过对原则体系的建构与原则内涵的揭示，疏通不同的重大行政决策机制的各自目的和彼此关系，并对重大行政决策规则的设定起到指导和制约功能；二是北京市重大行政决策机制体系化的制度框架，主要解决北京市重大行政决策机制整合性立法的一些关键性问题。这里的政策建议是扼要的，不可能涉及重大行政决策的方方面面，制度的具体建构还需要结合北京市的实际情况，尤其是北京市的决策分权情况和相关配套制度的准备情况。同时，这里的政策建议尽管针对北京市提出，但对于全国各地的重大行政决策机制立法也具有重要的参考价值。

（一）北京市重大行政决策机制体系化的基本原则

根据《纲要》、《决定》、北京市的《意见》以及本课题的既有研究，我们认为北京市重大行政决策机制体系化应明确"四项基本原则"，即合法原则、科学原则、民主原则、公开原则。

1. 合法原则

政府的重大行政决策是法治政府体系的组成部分，必须符合法治的基本要求，这就是重大行政决策的"合法原则"。该原则在决策主题上主要体现为：（1）实体方面，政府的决策必须在法律的授权范围内进行，禁止越权；（2）程序方面，政府的决策必须依照法定程序进行。关于行政决策权的法定范围，主要的问题是结合人大决策权进行界定和解释。在政府和人大决策权的交叉领域，如果人大积极介入决策事项，政府应尊重并积极参与人大的决策过程，特别是做好有关调研和草案起草工作；如果人大未能及时发挥作用，而相关决策事项的社会需求强烈，则政府应承担起决策任务并及时向人大报告有关情况。关于重大行政决策的程序问题，目前我国并不存在统一的行政程序法典，尤其缺乏关于行政决策的调控内容，各地主要是根据国务院的《纲要》和《决定》进行着步骤不一、优劣不同的制度机制建设。本课题的主要研究目的就在于为北京市的重大行政决策程序的制定提供支持。政府的自我立法也是法治原则在行政过程的重要体现，是现代行政条件下决策法治化的重要路径。没有合理的程序，不仅决策无法合理化，而且决策责任也难以公平地豁免或分配。

合法原则在决策机制上的主要体现是合法性审查制度，这是重大行政决策的前提性环节，是决策正当性的首要因素，因而也是政府法制部门以及可能被邀请参加的法律专家的重点工作。

2. 科学原则

科学原则是对现代行政决策科学化、理性化的回应，要求政府的重大行政决策遵循科学的基本规律，形成对决策事项的科学认知，依靠专家知识在若干备选方案之间进行科学的选择。一项重大的行政决策，在外部影响上涉及多数人的利益，因而存在民主的正当关切问题，但其内部也包含着决策事项本身的知识性与专业性问题，这是决策科学的固有内涵。科学原则强调的是决策的理性化，这一理性化相对独立于决策的形式合法性要求和民主正当性要求，往往成为决策说服力的重要构成。

科学原则在决策机制上的体现主要是专家咨询论证制度以及与重大决

策密切相关的风险评估程序和成本收益分析程序等。科学原则的制度应用,主要目的在于促进决策的理性化品质,将政府重大决策的系统风险降至最低。

### 3. 民主原则

民主原则进入行政法体系是行政法学说和制度在 20 世纪的最重要发展之一,大大拓宽了对民主的理解和民主的实践空间,也增强了行政自我合法化的制度能力。重大行政决策的"民主原则"要求政府决策过程容纳不同环节、不同形式的公众参与,将公众意见作为独立的决策考量因素,对公众意见的处理也需要以说理和公开的民主方式进行。该原则作为重大行政决策的基本原则,其规范含义在于,从决策启动一直到决策的决定都需要提供公众参与的制度平台和程序,在不妨碍最终的"政府决策"的前提下用足公众的信息传递和利益表达诉求,使决策具有最大的公正性和社会可接受性。

民主原则在重大行政决策机制上的主要体现是决策过程的公众参与制度,具体制度形式包括决策启动上的公民建议制度、草案形成过程的听取意见制度、听证会制度、政府常务会议的公民旁听制度、网络直播与互动制度等。民主原则之下的重大行政决策机制目前是北京市各区县实践的弱项,也是重要的制度创新点。本课题研究的杭州市个案中包含了这一方面的积极有效的探索,值得北京市重视。

### 4. 公开原则

有效的公众参与必然需要政府信息公开,而公正的决策也依赖于过程的"阳光化"。2008 年 5 月 1 日实施的《政府信息公开条例》解决了政府信息的公开问题,满足了公民的"消极知情权",即对结果信息的可获得权。但是,对于重大行政决策而言,仅仅对结果信息知情显然是不够的,既不利于政府集合民智,也不利于民众监督政府。而重大行政决策中的"公开原则"将政府公开从结果信息的公开推进到了决策过程的公开,该原则同时包含二者,但以过程信息为重点。明确将"公开原则"作为重大行政决策的基本原则,不仅有利于为决策过程的公众参与提供必要的信息基础,也有利于推进政府公开制度的深化建构。同时，这里的"公开原则"不仅仅针对具体的政府文件公开，还要求政府理由公开，以"公开原则"倒逼政府说理，这就在制度上对行政的理性化提供了重要的支持。

（二）北京市重大行政决策机制体系化的制度框架

关于北京市重大行政决策机制体系化的制度框架，首要的一个问题是立法模式问题，其次是具体的制度构成问题。

1. 立法模式问题

课题组通过对全国各地政府重大行政决策法律文件的分析和归纳，总结出三种关于重大行政决策程序的立法模式：行政程序"法典"模式、重大行政决策"单行法典"模式以及重大行政决策"意见+单行规定"模式。其中，重大行政决策的"单行法典"模式占据主流地位，为各地政府首选。北京市的现有模式是：市政府出台了指导性的《意见》，各区县按照六大关键性制度分门别类地建章立制。我们决策原有的模式不适应北京市建构法治政府和推进行政程序法治化的需要，在统一的行政程序规定的制定条件还不成熟时，先行制定统一的重大行政决策程序规定，即采用第二种立法模式。值得说明的是，课题组认为一部更具系统性的行政程序"法典"可以为地方政府的重大行政决策法治化提供更优良的制度环境，故北京市完成重大行政决策立法之后，其推进方向应包含制定一部统一的行政程序规定。这样看来，本课题的研究及北京市关于重大行政决策机制立法的工作恰可以成为北京市行政程序立法的重要准备环节。

2. 具体的制度构成问题

北京市重大行政决策机制体系化的具体制度构成，我们建议分做三个板块：一是总则性制度，主要包括重大行政决策的概念、范围、主体和基本原则；二是程序性制度，以一个完整的重大行政决策为基本对象，设计从决策启动到决策结果公布的完整程序；三是保障性制度，包括决策执行的监督制度、决策的后评价制度以及决策的责任追究制度。下面分别提供扼要的政策建议：

（1）总则性制度

这一部分属于重大行政决策立法的总则，主要解决重大行政决策的科学概念、事项范围、决策主体以及决策的基本原则问题。

"重大行政决策"的概念：根据本课题组的研究和归纳，拟采用如下的概念定义：重大行政决策，指行政主体做出的，针对涉及政治上的发展利益、决策相对人数量和层次上的广延性、行政上的专业性以及决策预期效果的利益影响力四个方面的重大性构成的事项，以执行性为主兼容政治性，采目标取向的行政决策。

"重大行政决策"的事项范围：我们提议采取"肯定列举+否定排除+周期性目录"的方式确定，具体做法为：

a）"肯定列举"——在立法中正面列举明确属于政府重大决策的事项，尽量细致到具体的行政活动（如杭州市），外加一个兜底性条款，可设计为"法律、法规或人大系统授权政府进行行政决策的其他重大事项"。

b）"否定排除"——主要有两类，一是根据决策分权明确不属于行政决策范围的决策事项（结合人大决策权范围界定），二是在性质上不属于"决策"而可归入行政规则制定或具体行政行为的行政活动（可以参考广州市的"排除法"，但对于其中的第1、2项则不宜一概排除）。

c）"周期性目录"——各地立法一般要求下级政府制作重大行政决策具体目录并报备，这样不利于统一协调，可能因为不同区县之间的目录差异而导致省一级的重大行政决策程序适用上的不一致，我们建议由北京市政府每两年编修一次"重大行政决策基础目录"市政府及各区县重大行政决策的固定范围，各区县可以增加但不可减少这一目录事项，市政府编修重大行政决策目录时应提供各区县及公众的参与机会，以反映基层政府和社会需求，促进目录的科学化。

"重大行政决策"的主体：重大行政决策的主体是指重大行政决策的程序参与人，我们建议借鉴《湖南省行政程序规定》的四类主体模式，并将专家和大众明确为"参与主体"，构成五类主体：

a）重大行政决策一般主体：行政首长负责制

b）重大行政决策协助主体：政府分管负责人、政府秘书长或政府办公

室主任

　　c）重大行政决策建议主体：政府工作部门、下级人民政府、法人或者其他组织

　　d）重大行政决策承办主体：决策承办单位，依法定或指定方式产生

　　e）重大行政决策参与主体：专家＋公众

　　"重大行政决策"的基本原则：根据本课题的研究，我们建议北京市政府进行重大行政立法时采行"四项基本原则"，即"合法原则"、"科学原则"、"民主原则"以及"公开原则"，具体内涵及制度意义请见本报告相关部分。

　　（2）程序性制度

　　该部分是重大行政决策立法的重中之重，因为重大行政决策法治化的基本思路就是"程序本位"。该部分我们参考《湖南省行政程序规定》并作出一定的改进，具体按照如下的程序路线图进行：

　　决策启动—草案起草—草案公布和公众评论—专家论证—公开听取意见—决策听证—集体审议—决策决定—（特批程序）—决策结果公布

　　a）决策启动：重大行政决策的启动权一般分为行政首长的自动启动权和其他主体的建议启动权。目前各地的制度实践中对于其他主体的建议启动权也作出了不同规定，区分政府主体和公民主体，对于公民建议一般需要先转送有关部门研究，并转由有关部门提出建议。《湖南省行政程序规定》在这方面也无创新规定。我们认为对其他主体的建议启动权再作分类没有必要，而且在制度上将公民建议转化为政府建议的做法容易压抑公众的参与热情和政治成就感，不利于集聚公众和政府之间的互信资本，对于推进政治文明和建构和谐社会不利。我们建议北京市在重大行政决策启动权上借鉴杭州市开放式决策的经验，对于公民建议和政府建议采取同一化的处理程序，具体做法可以是：由市政府办公厅在网上提供格式化的"北京市政府重大行政决策公民建议书"；公民可以上网下载填写，可以通过电子邮箱或邮局邮寄的方式向市政府提出重大决策建议；市政府办公厅负责登记编号，

并统一转送市长或负责的副市长决定是否作为重大行政决策处理,对于采纳的可对建议公民进行奖励,对于不采纳的应简要说明理由并在网上公开;政府可以每季度公布一次公民建议的处理情况,接受社会监督。

b)草案起草:在重大决策议题获得通过后,决策草案的起草即应正式展开。一般来说,政府或建议公民对决策议题已经具备一定的调研和论证基础,草案起草的工作主要是核实相关的决策背景情况、分析决策的方案可能性及社会影响并提供最优的一个或多个决策方案。草案起草工作的技术性和专业性比较强,这一阶段一般以政府自主调研和专家论证为主,并辅以一定形式的公众参与。这一阶段的主要制度机制包括:调查研究、广泛征求意见、多方案准备与比较、合法性论证、专业性工作的委托(政府采购)、成本效益分析以及决策风险评估。这一阶段的征求意见往往具有定向特征,通常优先寻求相关专业部门的意见。有些机制的展开则需要专家的参与,比如成本收益分析和决策风险评估。对于这一阶段的公众参与,由于草案尚未形成,一般采取非听证的参与方式,如定向专题调查、公民代表座谈会等形式。

c)草案公布和公众评论:在决策草案形成之后,决策承办部门应通过最为便利的方式公布决策草案,向社会公开征求意见。这一阶段在西方国家的行政程序法中称为"公告+评论"程序,是一种非正式的公众参与机制。这一阶段引入公众评论的必要性在于草案起草阶段的征求意见以专业部门和政府专家为主,公众参与不足。公众评论需要内容和形式"友好"的草案,因此建议北京市的决策承办部门优先选择网络公布,并明确提供以下内容和期限说明:草案+说明;公众评论的途径、方式与期限;联系方式。评论期限一般应不少于20日,对于专业性强的决策草案,应提供基本的导读资料和术语解释,方便公众理解和评论。

d)专家论证:这是《纲要》和《决定》规定的决策体制逻辑结构的重要构成,这一程序应成为独立于草案起草阶段的专家咨询和草案征求意见阶段的公众评论,成为一种正式的专家参与机制。专家论证应同时包括法律专家的合法性论证以及技术专家的合理性论证。专家的选择要求公正合理,保障专家意见的独立性和科学性,这就要求政府不能事先指定专家或变相指定专家,应该建立稳定的专家库或专业机构库,从中随机抽选出专家组合承担相应的论证工作。专家对于自己的意见应签字负责,专家的每一次论证行为将成为政府编修专家库和公众监督的依据。对于专家意见的处理,政府应理性和公开,具体制度安排可以是政府对专家意见进行审核,同意采纳的则采纳之,不同意采纳的需指出理由,专家意见和政府理由都需向社会公开。

e）公开听取意见与决策听证:这可以概括称为重大行政决策中的公众参与机制。前述决策启动中的公民建议、草案起草中的座谈会等以及草案公布后的公众评论都属于这一公众参与的机制范畴,但这些参与的总体特征是非正式性的。这里讨论的是较为正式的公众参与机制。这里的机制具体包括座谈会、协商会、开放式听取意见以及更为正式的决策听证会。因为是重大行政决策,因此正式的决策听证会是必备程序,其他形式的参与可以由政府根据决策事项和环节的特定需要予以选择和组织。重大行政决策听证制度应该作为决策过程公众参与的重点制度进行建设。在这方面,课题组注意到湖南省行政决策听证会的案例编选材料,可以作为北京市实践中的参考。① 对于公众意见的处理,与专家意见具有同等的重要性,因此机制类似,即政府对公众意见进行审核,同意采纳的则采纳之,不同意采纳的需指出理由,公众意见和政府理由都需向社会公开。

f）集体审议和决策决定:决策草案经过专家论证和公众参与之后,经由决策承办部门的修改,形成决策修改草案,进入"政府决定"阶段。如果这一阶段发现与决策相关的某些问题还有待进一步调查和论证,则需要倒回"草案起草"阶段重新制作完备的草案。在"政府决定"阶段,2008 年的《决定》要求的是集体审议,这是行政民主的重要体现。

集体审议的形式一般是政府常务会议或政府全体会议,通常为政府常

---

① 参见湖南省人民政府法制办公室编:《行政决策听证会案例编选》,湘新出准字(2009) 第 113 号。

务会议。前已述及,人大决策权和行政决策权存在一定的交叉重叠,尤其是在重大的民生和经济社会发展议题上,尽管人大系统可能明确要求由自身承担决策,但由于任务艰巨、专业性强,往往在实践中"抓大放小",将大部分的决策权授予政府行使,人大的决策权在实践中转化为监督权。但是如何监督呢? 实践中有些地方(如湖南、杭州等)将负责最终决策的政府常务会议向三方代表公开,即向人大代表、政协代表和公民代表公开,而且在会议审议结束后还适当安排代表提问环节。课题组认为这样一种制度安排具有明显的创新价值和实践意义:一是基于中国政治体制的特有结构将政府常务会议由官僚科层制的封闭结构改造为一个开放式的"民主化论坛",蕴含着政治文明的中国式创新;二是将人大和政协的政治监督权适当前移至决策过程中,舒缓了决策分权上的紧张;三是将公众参与延伸至政府常务会议阶段,扩展了行政民主的制度内涵,也深化了阳光政府的制度建构。课题组建议北京市采纳这一开放式的决策机制。

根据审议的不同情况,行政首长做出的决策决定可能包含以下几种类型:同意、不同意、修改、暂缓或者再次审议。为确保决策的理性化,行政首长不同意会议多数人意见时应说明理由并记录在案,作为决策责任追究的重要依据。

g)特批程序:基于决策分权的不同情形,有时政府的重大决策需要上级政府或本级人大(人大常委会)的特别批准,这是决策合法性的重要构成,也是政府层级监督和人大政治监督的重要制度安排。

h)决策结果公布:这是一个完整的重大行政决策的终点。对于成熟的决策结果,政府应在决策作出后尽快公布,课题组建议在决策作出后15日内公布。

(3)保障性制度

重大行政决策的保障性制度并不包括在一个完整的行政决策程序制度之中,属于针对重大行政局策的反思性质的制度安排,具体包括重大行政决策的执行监督制度、重大行政决策的实施后评估制度以及重大行政决策的责任追究制度。

a）执行监督制度：现代行政制度在出现"三权合一"（规则制定权、执行权和裁决权）缺失的同时也基于分权监督的理性在内部建构"行政三分制"，重大行政决策机制也应引入这样的制度安排。具体的设计可以为：决策机关应当通过跟踪调查、考核等措施对执行机关进行督促检查，专职的监督机关则应当发挥主监督的功能，公民也可以提出社会监督意见。

b）实施后评估制度：由于行政决策以来的事实和法律依据可能随时发生变化，决策过程对于成本收益的分析和风险的评估可能存在局限性，或者出现了更优决策的可能性，这就需要在决策实施过程中进行持续性评估，具体可以设计为：由决策机关定期组织有关部门、社会组织和专家对决策执行情况和决策效果进行评估，提出修正意见，并向社会公布。这是行政机关的一种自我检查行为，也是一种政策风险自控技术。

c）责任追究制度：重大行政决策必须建立明确的责任制度，才可能保证决策过程的理性化和责任化。决策责任制度是重大行政决策机制最为关键的保障性制度。这部分可以依据《公务员法》和《行政机关公务员处分条例》进行规定。具体方案可以参照《湖南省行政程序规定》第168、169条的处理方式：重大行政决策未经调查研究、专家论证、公众参与、合法性审查、集体研究的，属于行政违法（程序违法）；责任形式：行政处理和行政处分（行政处理：对行政机关——责令限期整改、公开道歉、通报批评、取消评比先进的资格等；对行政机关工作人员——告诫、道歉、通报批评、离岗培训、调离执法岗位、取消执法资格等。行政处分：警告、记过、记大过、降级、撤职、开除）。

# 信用惩戒在政府管理中的运用

**北京市法制办课题组**

## 一、信用惩戒概述

（一）信用

"信用"一词在伦理学、社会学、经济学等许多学科均被使用。在伦理学上，它是指忠实真诚、恪守诺言、不欺不诈的一种美德，体现了一个人的道德修养和精神境界。在社会学上，信用是一种态度，是一种心理状态，是人类在自身历史发展历程中的一种心理选择，是对理性不足的补充。经济学上广泛地使用信用一词。一般而言，经济学意义上的信用，是指建立在授信人对受信人偿付承诺的信任的基础上，使受信人不用立即付款就可获得商品、服务或货币的能力。交易当事人信用的高低，首先，取决于当事人所具有的债务清偿能力。其次，取决于债务人是否遵守对债权人所作的按期偿还债务的承诺。法律上的信用是指民事主体所具有的经济能力和诚实践约能力在社会上获得的相应的信赖和评价。

（二）信用惩戒

1. 信用惩戒的概念

信用惩戒又称为失信惩戒，是社会信用体系最重要的制度安排之一。信用惩戒机制实质上就是一系列的正式和非正式的制度安排。它包括基于信用记录,通过生产、销售、购买和使用信用产品对失信行为进行的市场性惩戒,通过法律、法规对失信行为的司法性和行政监管性惩戒以及对失信行为人的社会性和行业性惩戒。其运行机理在于以信用记录的形式对失信者的失信行为予以准确的记录、保存和标识,并将其置于全社会的监督控制之下,通过市场、行政监管、法律、行业自律及社会道德等综合惩戒机制给予失信者及时适当的惩戒,使失信者付出高昂的交易成本,把失信行为人的个别失信转化为对全社会的失信,使失信者一处失信,处处受制约。

2. 信用惩戒的特点

第一,惩戒形式的多样性。信用惩戒制度运用法律、道德、经济、行政、舆论、宗教等多种形式,惩戒失信者的失信行为。一是靠法律约束。国外有较为健全的法律体系,它是正常的信用关系得以维系的保障。依靠法律力量,运用法律的威慑力和惩罚力惩治失信,使法律真正成为维护信用关系、保护债权人合法权益、追究违约侵权责任的有力武器。二是靠非法律约束。它包括道德、行政、舆论、宗教等非法律约束来加以制约和管理。道德约束是法律约束的前提,信用的基础其实在很大程度上是基于社会主体之间的信任和诚信的理念来维系,靠市场经济条件下的信用道德规范来维系。舆论约束,包括公众舆论、媒体舆论的监督。它虽不具备强制力,但因其曝光面广而具有广泛的影响力和约束力。宗教手段,在西方的传统观念中,信用和西方基督教文化观念是相联系的。在《圣经》中到处都可以看到人与上帝立约,如果违反约定,就要受到上帝的制裁。虽然宗教信仰是自律,但上帝相对于人却是一个更强大的异己力量,这样的自律实质上已有了他律的性质。

第二,惩戒主体的多层次性。国外失信惩罚的主体是多层次的,可以是政府机构、司法机关,也可以是法律授权或政府委托的民间机构,例如在美国,最重要的信用执法机关是联邦贸易委员会、联邦储备委员会、财政部,还可以是社会信用中介机构。一般而言,惩戒体现为政府行为,之后转为民间行为。政府的作用是制定和完善相关信用法律,对失信行为进行法律上的界定,并制定相应的惩戒措施。另外政府可以将对被判定有不良信用记录的责任人和处罚决定公告给社会全体成员,让他们根据处罚通知一致拒绝同被处罚者进行交易。社会上的惩戒机构主要是依靠各类信用服务公司生产与销售信用产品,从而对失信者产生强大约束力和威慑力;依靠信用产品负面信息的传播和一定期限内的行为限制,使失信者必须付出昂贵的失信成本。由此可见,阻止有不良信用记录的人在任何方面有所发展或进入主流社会是惩罚目的,并非让他不能生存,这正是体现了惩戒的价值目标。

第三,惩戒对象的公平性。失信者不论地位多高,身份多显贵,在法律面前人人平等,都要接受法律的制裁。这里举两个例子。美国法律规定,未成年人不许买酒,也不许喝酒,而布什总统的两个 15 岁的女儿都爱酗酒,2001 年 5 月詹娜在酒店使用别人的证件买酒被警察抓住,芭芭拉喝酒也被人指控,每人被罚款 100 美元,处罚在社区进行义务劳动,并强制参加戒酒治疗班。邓白氏公司一位经理的儿子只有 9 岁,因为和两个大孩子一起玩时,两个大孩子拔了别人奔驰车上的标志放到了他手里,结果被少年法庭判决到公园扫 10 天树叶,家长作为孩子的监护人,不仅陪孩子一起到法庭接受宣判,还监督孩子扫树叶。这种处罚无疑将使孩子从小就明白,有失信行为就会付出代价。惩戒的公平性,保证了所有失信者的行为都将受到惩戒,维护了守信者的利益。

### 3. 信用惩戒的类别

一是政府主管部门通过行政手段,对失信者进行惩戒。建议参照美国的做法,对失信惩戒的政府主管部门分两类,一类金融系统的主管部门,包括中国人民银行、证监会;一类是非金融系统的主管部门,包括国家经贸委、国家工商总局、国家质监局和国家药品监督局等。二是金融、商业和社会服务机构做出的市场性惩戒:主要是对信用记录好的企业和个人,给予优惠和便利,对信用记录不好的企业和个人,给予严格限制。三是通过司法手段,依法追究严重失信者的民事或刑事责任。建立与失信惩戒要求相适应的司法配合体系,如社区义务劳动、社区矫正、罚款、监狱各类短期刑罚等,让失信者付出的成本高于其失信带来的收益。四是社会性惩戒手段,目的主要是让失信者对交易对方的失信转化为对全社会的失信,让失信者一处失信,处处受制约。

## 二、行政信用惩戒

（一）行政信用惩戒的概念

本文所指的行政信用惩戒主要是针对近年来行政管理领域暴露出的新问题和现有行政处罚手段在实践中面临的不足，试图将信用惩戒引入行政管理，完善现有行政追责模式，弥补现存制度的不足，以期提高行政执法效果。行政信用惩戒就是指行政机关对违反行政管理法律法规的失信行为，通过降低行为人社会评价的方式使其承受社会谴责、经济损失或者丧失经营资质的惩罚。

行政信用惩戒机制包括三大功能：惩罚功能、震慑功能和奖励功能。首先，行政信用惩戒机制要具有对任何经济类型的失信行为进行惩罚的作用，惩罚是围绕着经济性质的处罚进行的，间接的对失信行为进行道德谴责。其次，行政信用惩戒机制还应对潜在失信者产生震慑、警示作用，力求将失信的动机消灭在萌芽状态之中，对失信行为产生事先约束性。同时，行政信用惩戒机制还具备奖励功能，奖励诚实守信的商户和消费者，从而起到对失信者及潜在失信者的示范作用。如对信用状况良好的企业在一定程度上减少日常检查频次，这减少了企业的经营负担，也起到对诚实守信行为的鼓励作用。

（二）行政信用惩戒的分类

以行政处罚法为判断依据，行政信用惩戒可分为行政管理手段和行政处罚两类。行政处罚是指行政主体对违背行政法律规范的行政相对人实施的法律制裁。根据行政处罚法定原则，现行实践中实施的行政信用惩戒，并不完全都属于行政处罚的范畴，有些属于行政主体为达到行政管理目的而采取的行政管理手段。如针对一些企业的严重失信行为，行政主体作出今后加大检查频次的决定，就不属于行政处罚的范畴。因为，行政机关作出加大检查频次的决定首先不属于行政处罚法规定的处罚种类；而且即使行政主体采取的措施对企业的利益构成影响,但如果该企业加大整改力度的话,并不会对其法律权利构成实质侵犯。但是,还有一种行政信用惩戒措施则直接限制了企业的法律权利,属于行政处罚法范畴,应该归于行政处罚,在性质上属于行政处罚和行政信用惩戒的重合。如行政主体作出的限制企业资质资格的信用惩戒行为,因为这直接影响了企业自身利益。

以惩戒对当事人的影响为标准,行政信用惩戒可分为直接惩戒和间接惩戒。直接惩戒表现为,信息共享的部门或机构如银行、工商、海关等,通过数据库可以了解和掌握个人或是企业的有关信用信息,直接惩戒失信者的失信行为,让失信者付出高额的失信成本。间接惩戒主要体现在,在法律的规定范围内,把征信数据库中的正面信息与负面信息向全社会发布,使其覆盖全社会,发挥间接惩戒的作用。在社会上形成一种"守信者光荣,失信者可耻"的道德风尚和舆论导向,对失信行为进行猛烈地抨击,让失信者既要承受社会舆论批评的成本,又要承受自身道德意识的谴责,而且还要冒可能在社会上寸步难行的风险。

以惩戒后果的严重性为标准,行政信用惩戒可分为警示性信用惩戒和惩罚性信用惩戒。警示性行政信用惩戒主要有公布不良信用记录。这样做可以增强黑名单的权威性。这是最基本、也是不可或缺的后果,否则行政信用惩戒就会失去存在基础,无法对违法行为人进行包括道德、舆论在内的各种谴责。根据不同的信用信息,政府部门可以制作"黑名单"、"灰名单"和"红名单"。其中,黑名单和红名单会被登录在多种"公示牌"或专业网站上,易于传播和用户查询。凡运作黑名单系统的政府部门或征信机构,在其征信数据库中,应该科学地运行一个"灰名单"系统。灰名单系统的作用非常重要,它是征信数据库中的"预警系统",也是失信者向黑名单和信用修复系统转化的过渡。灰名单系统将企业或个人的失信记录进行分类和累计,在报警时对证据进行复核。惩罚性信用惩戒主要有行政机关将失信企业作为日常监管的重点对象,对信用评价较低的企业加大执法检查频度;或者剥夺失信企业及其法定代表人、主要负责人获得荣誉称号的权利。严重失信的,对失信企业或者个人的经济活动造成不便,甚至限制企业的经营资质。例如，对失信企业，管理部门不予出具股份有限公司上市所需的合法经营证明；在政府采购时，不予纳入或者取消其资格；在资格管理中降低企业资质，或者不利于企业资质晋级。

（三）理论依据

1. 正义理论

公平正义是衡量一个国家或社会文明发展的标准，也是我国构建社会主义和谐社会的重要特征之一。公平正义，就是社会各方面的利益关系得到妥善协调，人民内部矛盾和其他社会矛盾得到正确处理，社会公平和正义得到切实维护和实现。行政信用惩戒机制的构建的重点在于通过动用行政权力，惩罚危及社会公益的失信个体，实现更大层面的社会公益。行政主体对那些严重违反法律和损害社会公益，具有较强社会危害性的行政相对人实施信用惩戒，通过社会的力量对其予以监督，使其无藏身之地和生存空间，及时高效地纠正社会不公正行为，弥补法律在实施过程中的一些不足，更好地维护社会正义。

2. 公民参与理论

建设一个公平和正义的社会，不仅需要政府有正确的、前瞻性的治国理念，而且还是一个需要全社会长期共同努力的工程。行政信用惩戒体现了公民参与精神，公民通过个人和有组织的社会力量对那些危及自身或社会公益的行为予以抵制，从而维护自身权益。一方面，政府对严重危及社会公益的相对人通过信用惩戒的方式向社会公布，希望通过社会的力量得到行政管理的目的。这一过程体现了国家和社会之间的互动。另一方面，公民个体或社会组织如果发现社会中的严重不诚信行为，危及到社会和公民权益，那么他们可以通过政府的征信渠道向政府反映，由政府对相应的主体实施信用惩戒。

失信是产生于市场经济生活中的不良现象，回应社会失信现象而进行的行政信用惩戒的机制也应产生于社会。实施行政信用惩戒的主体是行政机关，但行政信用惩戒的实施依赖于社会主体（如企业资信调查公司、消费者个人信用调查公司、资信评级公司以及社会普通大众等）的积极参与，社会主体的参与程度直接影响着行政信用惩戒的实施效果。通过行政主体的行政信用惩戒,进而形成社会联防的"纽带"。基于这样的理论,行政信用惩戒机制作用的效果必须达到:将交易双方中失信一方与授信方二者之间的矛盾,激化为失信方对全社会的矛盾。在法律允许的处罚有效期间,让所有的政府监管部门、授信机构、雇主、社会民众和公用事业单位参与对失信者的惩罚。

3. 诚实信用理论

诚实信用理论是指民事主体在从事民事活动时,应当本着诚实守信的理念,以善意的方式行使权利、履行义务。该原则要求民事主体在民事活动中诚实不欺、恪守信用,以善意心理状态从事民事活动,充分尊重他人和社会的利益。既要维系各方当事人的利益平衡,还要维系当事人利益和社会利益的平衡。

在市场经济的陌生人社会中,契约是社会主体之间联系的重要载体,与身份信用相比,契约信用是以社会主体的平等、独立自由和权利本位为基础的。如果社会关系中的一方主体违背诚信,其实质是对社会关系和社会秩序的侵犯和破坏,影响着社会道德和社会经济两个层面。行政信用惩戒正是以严肃的社会方式惩治失信者。行政信用惩戒机制对于相对人的失信行为所进行的打击是实质性的,从某种意义上说是物理性质的,决不是轻描淡写的道德谴责。企业和个人不按照失信惩罚机制制定的规则规范自己,将给自己带来经营和生活的不便。通过这一制度,从而实现对社会不诚信行为的纠偏,期望构建起人人守信的社会诚信体系,建设诚信社会。

(四)构建行政信用惩戒制度的必要性

1. 实施行政信用惩戒是和谐社会建设的必然要求

首先,维护和谐社会秩序是实施行政信用惩戒的必然要求。社会主体需要参与社会活动,形成一定的社会关系,进而获得社会的认可,满足自身生存和发展的需要。在这其中,社会主体不仅仅要对自身负责,更重要的是作为社会一份子要承担应承担的社会责任。如果社会主体未履行相应的社会责任,势必对社会利益和第三方造成伤害,那么作为过错方,就应对自己的行为和过错负责。其次，从社会法的意义上讲，法是社会关系的一种反应，是众多社会人之间的一种相互承诺。大家为了最大限度地维护各自的利益，做出允诺，授权立法机关制定相应的法律。那么社会主体遵守法律，不仅仅是一种法律义务，同时也意味着是履行自己的许诺。如果社会中的任何一方违背了法律，那也当然意味着是对自己诺言的背叛。因此，其就不仅仅应该承当相应的法律责任，同时亦当对自己的违背诺言行为负责，承当相应的社会责任。

2. 市场经济的健康发展是实施行政信用惩戒的内在动因

现代社会是一个信息社会，信用已经信息化。信用由信息构成，并以信息的形式在社会经济生活中发挥日益重要的作用。现代商品经济活动强调的是交易和投资的方便、快捷、安全。一方面，投资和交易方需要能够使自己的信用状况及时、容易地为对方了解，以扩大影响，更多地吸引投资和客户。因此，便于认识、便于传输、更为客观的信用信息的量化就应运而生，并得到迅速发展。另一方面，信用是一种信息服务机制。一个有高度信用的市场，必然有完善的信用法律机制。不论是自然人，还是法人作为法律主体，如果要取得法律上的人格，即法律主体资格，都不同程度地需要具有一定的信用要素，符合一定的信用要求，这是信用的人格属性所决定的。信用度低、合同履约率低乃至欺诈现象严重，尽管有多种因素，但很大程度上是由于有关交易和投资对方信用与风险的信息缺乏、信息不灵、信息不真造成的。因此，政府加大对信用市场的监控和管理，加大对不良信息的披露和惩戒力度，就显得尤为必要。

3. 中国独特的社会环境是实施行政信用惩戒的现实基础

美欧国家有非常完善的社会信誉体系。美国、欧洲等发达国家和地区的信用制度是伴随其市场经济发展自然长成的。目前这些国家和地区的市场经济制度和法律法规都比较健全，还有大量的社会规范和中介自律来校准人们的行为。在这种环境中，信用缺失对于任何企业和个人来说都是不可想象的，违规者不但会受到社会的道德谴责，还会受到行为方面的限制，要付出沉重代价，以至于无法在社会立足。社会成员的诚信问题已不是主要矛盾,尽管还有安然、安达信等事件发生,但就社会总体而言,信用建设的主要任务是防范经济活动中的信用风险,通过商业化的运作系统,帮助企业和个人规避商业及金融信用风险。它们已经形成了一套有效的失信惩戒机制,已经进入了信用社会,社会信用状况能够沿着良性轨道发展。

现阶段,中国社会信用体系发展严重滞后,无法实现社会信用的自我规范。由于中国市场经济发育不充分,信用经济发育较晚,市场信用交易不发达,而且长期处在计划经济体制之下,真正的社会信用观念十分淡薄。因此,无论是企业还是个人,都普遍缺乏现代市场经济条件下信用意识和信用道德观念的培养。加上我国社会处于转型时期,国家信用管理体系不完善,相关的法律法规和失信惩戒机制不健全,社会经济生活中制假售假、商业欺诈等失信行为大量存在。同时,在金融、保险、电信服务、社保等高风险行业,及在商务活动、消费信贷等领域,商业信用风险防范问题日渐突出,大量的信用服务需求应运而生。所以,我国建立社会信用体系面临着信用建设社会基础薄弱和信用需求迅速增长的矛盾,无法通过像欧美国家的社会自我调节方式实现对信用的调节和规范。相反,通过国家公权力的力量实现对社会信用的规范和制约是适合我国国情的现实选择。

4. 法律的不完备是实施行政信用惩戒的直接因素

法律对失信者的惩罚和约束是法治社会惩治失信行为的终极手段。在西方社会,不论是社会惩戒、市场惩戒,还是政府惩戒,对于严重的失信行为最后指向的都是法律对失信行为的惩罚。显性的信用机制是基于社会公正和效率原则设计的强制性规范,具有确定性、一般性和普适性,是为了实施事先确定的平等保护所有主体享有公平待遇的人为秩序。因此,对主体如公民、企业而言,是一种外生规则。为了保障社会公正和效率目标的实现,政府设计作为正式惩罚机制的法律制度及其机构,以便使社会主体由于对方失信行为而受到损害时给予司法救济。这种制度设计,隐含的前提是认为法律是完备的,如思想家杰里米·边沁所提出的,法律应该是设计成最优的,使其明确无误地定义犯法的程度及相应的最优惩罚程度,以使通过法院的执行对犯罪行为具有最优的阻却作用。事实上,由于有限理性和交易的成本,法律只是在制定时才具有相对的完备性,随着情事变迁,会变得不完备,也就是说随着社会的发展而显出滞后性。

我国信用相关立法严重不足,现有法律规范不能满足社会需求。长期以来,我国的经济立法由于没有完全摆脱计划经济思想的指导,对信用关系的规范很弱,信用法律体系不健全,信用方面的立法严重滞后,已不能适应市场经济的要求。目前已出台的一批基本经济法律,对信用关系的规定有所加强,但还存在严重不足。如我国的《民法通则》、《合同法》、《反不正当竞争法》、《广告法》、《产品质量法》、《消费者权益保护法》等有关市场秩序规则的法律中虽然都有诚实守信的法律原则,《刑法》中也有对诈骗犯罪等犯罪行为处以刑罚的规定,但这些只是原则性的规定,比较笼统,不够明晰,导致理解时有伸缩性,实践中不易操作,对各种失信行为不足以形成强有力的法律规范和约束。另外,法律上缺乏有效的失信惩戒机制。现有的法律中对违反市场经济秩序的企业惩罚较轻,难以起到法律应有的惩戒作用。如我国《消费者权益保护法》第 49 条规定,经营者提供商品或者服务有欺诈行为的,应当按照消费者的要求增加赔偿其受到的损失,增加赔偿的金额为消费者购买商品的价款或者接受服务的费用的一倍。按照这个惩罚性赔偿规定标准,相对于制假、贩假的高额利润来讲,难以起到理想的惩罚效果。因此,法律作为信用调控主要手段的局限性和我国信用法律的不完备的双重矛盾决定了非常有必要构建行政信用惩戒制度。

## 三、行政信用惩戒的实践操作

### （一）行政信用惩戒的规范情况

在建设诚信社会的氛围下,行政机关在日常行政管理中越来越多地运用信用惩戒手段,惩罚企业的失信行为,引导企业合法守信经营。目前共有 16 个省市出台了关于信用建设、信用信息的归集、披露、使用等方面法规、规章,建立了守信激励、失信惩戒的制度。在法规、规章层面以下,各部门在各自行政管理领域出台的关于信用惩戒的规范性文件更是数不胜数。这主要集中在安全生产、工商管理、工程建设、食品药品监管等领域。

（二）信用信息的来源

从目前的实践来看，实施信用惩戒所基于的信用信息来源分为两类：一类是行政机关在依法履行职责过程中主动掌握的企业信用信息；另一类是中立的第三方所提供的信用信息（信用产品），例如征信机构和信用评估机构等。前者以北京、天津、湖北等地为代表，分别出台了政府规章规范行政机关归集和发布企业信用信息的行为；后者以上海、江苏等地为代表，也有相应的政府规章予以规范。

从两类信息的关系来看，中立的第三方所提供的信用信息较之于行政机关主动掌握的信息的范围更广、深度更深。首先，行政机关主动掌握的企业信用信息多为其在行政管理过程中掌握的初始信息，即使有加工也只是行政机关内部的简单分析整理。而征信机构和信用评估机构所提供的信用信息则不同，它是征信机构或信用评估机构在通过各种渠道获得的企业信用数据、资料等基础之上经过深度整理加工而得出的信用产品。其次，征信机构和信用评估机构所提供信息的来源更为广泛，除了行政机关在履责过程中所掌握的企业信用信息外，还包括其他国家机关、事业单位和行业协会所掌握的企业信用信息，以及征信机构公开向社会征集的和企业自愿提供的信用信息。

从效果来看，行政机关直接以自己掌握的企业信用信息作出惩戒措施更为便利、在效率上更优，但中立的第三方提供的信用信息更为全面和公正。

（三）行政信用惩戒的具体运用

1. 信用惩戒的运用范围

从实践做法来看，信用惩戒主要运用于一些与人民生命财产安全、公共安全密切相关的领域，例如交通、安全生产监管、煤炭生产监管、消防、建设、质量监督等行业。

2. 信用惩戒的具体措施

目前实践中，行政机关基于企业的不良信用记录而采取的惩戒措施五花八门，各地做法不一，但根据措施的严厉程度，大致可将目前的实践做法划分为以下三类：

（1）"黑名单"制度。"黑名单"是一种形象的说法，是指实践中行政机关根据其掌握的企业信用记录制作形成警示名单并公之于众的做法。这是目前最为常见的一种惩戒方式。"黑名单"制度在形式上采用最简单的公布方式，但事实上已经具备了惩戒性质。

在此有必要分析一下行政机关公布"黑名单"行为和单纯公布企业信用信息行为的区别。目前各地出台的信用规范对于企业信用信息都以公开为原则，不公开为例外。一般情况下，行政机关掌握的企业信用信息，除了涉及个人隐私、商业秘密，以及法律明确规定不得公开的内容外，都应当向社会公布。但这种单纯地公布企业信用信息的行为并不同于公布"黑名单"。首先，两者的内在效力不同。行政机关公布企业信用信息只是对企业信用状况的一种客观反映，其中并不包含行政机关的价值判断；而"黑名单"则是行政机关价值判断的结果，是行政机关在其掌握的企业信用信息的基础上经过整理判断而形成的对于管理相对人具有提示、警示作用的信息。虽然"黑名单"本身不具备行政法上的限制、惩罚效力，但是由于行政机关的优势地位和权威性，"黑名单"对于企业的信誉、舆论形象具有现实的减损效果。从实践后果上看，被列入"黑名单"甚至较警告、通报批评更严重。其次，两者在后续行为上有区别。行政机关公布企业信用信息的行为是独立的，后续并不对企业附加额外的负担；而行政机关公布"黑名单"后必然附加更为严厉的监管措施或惩戒手段。"黑名单"可以说既是行政机关对企业信月信息整合的结果，又是对企业采取其他惩戒手段的基础。

（2）强化管理措施。这类措施包括加大检查频次和力度，对失信企业进行重点检查和抽查，不将企业列入免检、免审范围，对企业主要负责人和相关人员强制进行安全生产培训等。

强化管理措施是行政机关基于失信企业的失信行为采取的较之于其他企业的更为严格的管理措施。由于企业的失信行为往往表现为违反行政管理法律、法规和规章的行为，所以实践中管理措施往往和行政处罚并用。从行为性质上看,强化的管理措施虽然构成对企业的额外不利负担,但并不具有惩罚性,仍然属于行政机关在行政管理权限范围内采取的管理措施,同时运用强化的管理措施和行政处罚并不冲突,也不构成连续处罚。另外,强化管理措施与行政处罚针对的原因行为也不同。行政处罚是针对具体违法行为作出的,是具体违法行为的直接法律后果。强化管理措施虽然也针对违法行为,但并不指向某个具体行为,其实施条件是企业的违法行为导致信用状况恶化,对于社会和市场具有潜在的危害性。实践中,单一的违法行为并不会引起信用惩戒,往往都是在一定期限内连续发生多起违法行为或是违法行为程度严重、性质恶劣等严重失信情况下才会适用信用惩戒。

(3)对某类资格或权益的限制。这类惩戒措施目前运用得最为广泛,共同点是限制和减损相关企业的某类资格或权益,具体表现为不授予该企业及其法定代表人、负责人有关荣誉或称号,不出具股份有限公司上市所需的合法经营证明,限制企业一定期限内参加政府投资、政府融资建设项目和政府采购项目的投标资格,降低资质评级,严格限制企业的新增项目核准、用地审批和证券融资,吊销许可证,依法予以关闭等。

尽管都是对企业某类资格或权益的限制和减损,但具体措施之间的严厉程度却差别很大,例如不授予该企业及其法定代表人、负责人有关荣誉或称号和依法予以关闭之间就不具有可比性。具体来看,以限制是否触及企业的核心权益为标准可以将这类限制行为分为两类:一类是对企业非核心权益的限制,例如不授予相关荣誉或称号,不出具合法经营证明等。这些限制不属于行政机关的日常监管手段,但也不构成行政处罚。从性质上可以将这类行为理解为对企业带来不利负担的行政处理行为。另一类是对企业核心权益的限制,例如限制企业参与某类项目的资格,降低资质评级,吊销许可证,甚至依法予以关闭等。这类限制措施在程度上较为严厉,能对企业的生产经营活动造成较大甚至严重影响。尽管从形式上看不属于这类惩戒措施虽不属于《行政处罚法》规定的处罚种类,但其对企业资格和权益的限制带有明显的惩罚色彩,已经实质上构成了行政处罚。以限制企业参与项目的资格为例,这种限制实际上是对企业的能力处罚,对于特定行业的企业来说限制其在一定时限内参与某类项目的影响不亚于暂扣证照的影响。另外,有一些文件还规定了最严厉的"依法予以关闭"的措施,例如《北京市企业安全生产违法行为警示办法》中规定对3年内连续进入"警示名单"且整改后仍不符合安全生产条件的企业,由安全监管部门提请同级人民政府依法予以关闭。在效果上,予以关闭等同于《行政处罚法》规定的责令停产停业,但实际上予以关闭比责令停产停业更为严厉,因为被责令停产停业的相对人在纠正了违法行为,按期履行了法定义务后,仍可继续从事被停止的生产经营活动,但予以关闭则是永久性的。

前面分析过强化管理措施形式的信用惩戒措施与行政处罚并用的关系。限制资格和权益的信用惩戒措施同样存在和行政处罚并用的问题。对于限制企业非核心权利的行为,因为其还不构成行政处罚,因而和行政处罚并用并不存在问题。但对于限制企业核心权利的行为,虽然行为表面形式不符合《行政处罚法》规定的种类,但在法律效力上已达到行政处罚的效果。这类行为与行政处罚并用实际上是对企业的重复处罚。行政机关在已对企业做出具体处罚的情况下应当慎用这类限制措施。

## 四、行政信用惩戒制度设计

（一）行政信用惩戒的适用原则

1. 合法原则

行政信用惩戒的合法原则表现为:第一,主体法定。行政信用惩戒是行政主体为了达到行政管理和服务社会的目的,针对严重的社会失信行为而采取的行政管理措施。行政信用惩戒的性质决定了行政信用惩戒的主体只能是拥有法定权限的行政机关。第二,程序法定。行政权作为公权力,其内含的强制性和威慑力使失信者要付出严重的后果。因此,通过法律程序规范政府或有关部门行使信用惩罚的权利及其界限。行政主体实施行政信用惩戒必须按照相应的程序实施,第三,内容法定。必须有法律明确规定在何种情况下行政主体方可适用行政信用惩戒,给予何种程度和形式的制裁。

建立合理的惩罚尺度,以对不同程度的失信行为施以相应的处罚。

2. 法律救济原则

法律救济原则是行政信用惩戒制度的核心原则。法律意义上的救济指的不是物质帮助,而是一种制度。它是指国家通过裁决社会上的争议,制止或矫正侵权行为,从而使合法权益遭受损害者能够获得补救的一种法律制度。当公民、法人和其他组织认为行政机关及其工作人员的行政信用惩戒侵犯了其合法权益的时候,可以通过申请行政复议、提起行政诉讼和申请国家赔偿的方式来对自己的权利进行救济。由于行政机关工作人员认识的偏差或者事实认定的错误,甚至行政机关及其工作人员的违法行为都有可能使行政机关作出的信用惩戒损害了行政相对人的合法权益。而且,行政相对人寻求法律救济是其固有权利,如果相对人认为惩戒的程度过于严厉,要求申诉,政府都要指定部门接受被处罚者的申诉,制定限期复核有争议记录的制度,同时要求征信机构配合。行政信用惩戒的法律救济制度一方面帮助失信者通过合理的申诉通道,可以对行政行为是否合法或适当进行审查,可以对不法行政行为予以排除,可以使公民、法人和其他组织的合法权益得到恢复或使其损失得到弥补,维护其正当的利益;另一方面也起到了教育的作用,通过行政信用惩戒救济制度,可以使行政机关及其工作人员与有关公民、法人和其他组织之间的行政争议及时得到解决,辅导失信者重建信用,实现社会公正,维护社会安定,从而达到惩戒失信者和教育的双重目的。

3. 公开透明原则

行政信用惩戒公开透明原则包括惩戒过程的公开和惩戒内容对社会的公开两个方面。首先,行政信用惩戒的过程必须公开。行政信用惩戒是行政主体依靠社会力量和自身的行政权力,实现对社会关系的干预。由于行政权力的强大和行政信用惩戒对社会舆论的影响,行政信用惩戒的后果必然会使行政相对人的权利受到直接和间接的影响或损害。更严重的是,"黑名单"或征信数据库中的不良记录,对于失信者而言,不仅意味着以后在贷款、信用卡消费、赊购商品等方面将遭到歧视,得不到或只能以更苛刻的条件得到信用机会,而且,还可能在办理保险、就业、加入某一组织等方面受阻。因此,为了确保个人权益和社会利益之间的平衡,尽可能地在保证行政相对人合法权益的前提下实现社会公共利益的最大化,行政信用惩戒就必须坚持公开原则。行政主体实施行政信用惩戒的依据、理由必须公开。其次,行政信用惩戒的运作机制要求行政信用惩戒的内容和结果必须对社会公开,行政主体之间实现信息共享,以发挥行政信用惩戒的最大社会效果。行政信用惩戒必须依法公布失信者的"黑名单",通过使用统一的信用编码,尽快实现银行信贷咨询系统、工商信用管理系统以及税务、质检、公安、司法、海关、证监等部门和各类行业自律组织之间的信用信息系统的互连、互通、互享,实现企业信用资料的查询、交流及共享的社会化。行政信用惩戒对社会公开还要求行政主体必须依法公布行政信用惩戒的相关信息,为社会公众查询相关信息提供便利。

4. 时效原则

行政信用惩戒对惩戒对象的警示是有期限的,在规定的时效期内,警示名单将被保存在黑名单中,对特定的对象公开。超过法定时限,不良记录将被自动消除,且行政主体不得以超过法定时限的不良记录实施惩罚性信用惩戒或者对其予以歧视。相反,对信息库中的行政相对人的优良信息,信息库将永久保存。

5. 比例原则

行政信用惩戒要合理"量刑",给失信者以生存空间和改过的机会。合理的惩戒尺度不应该过紧,但也不能过松。惩戒尺度过紧,易激化矛盾,打击面过宽,不能充分发挥人才的积极性,甚至把积极因素转化成了消极因素,降低了社会效率,增加了信用建设成本等。但是过松的惩戒尺度,又不能很好抑制失信行为,所以合理地惩戒尺度应该遵循下面这个原则:让失信者的失信机会成本高于其获得的收益。从另一个角度说就是增加失信者的机会成本。失信者的机会成本这里是指失信者因失信而失去的原本可以获得的潜在收入流和可能的惩罚性支出流。因此,一方面,提高违约曝光率和曝光面、重视交易者的信用历史,这将有利于提升失信者丧失获得潜在收入流的机会;另一方面,强化惩罚性执法力度、提高违约者惩罚损失将有利于增加失信者的违约预期成本,两者合在一起都将增加失信者的机会成本。

6. 程序原则

法学意义上的程序是指按照一定的方式、步骤、时间和顺序作出法律决定的过程。其普遍的形态是:按照某种标准和条件整理争论点,公平地听取各方意见,在当事人可以理解或认可的情况下作出决定。程序是法律的生命形式,因而也是法律内部生命的体现。行政权的行使必须遵守行政程序,通过程序来制约行政权力,保护公民的合法权益是现代法治的应有之意。行政程序是现代民主法治和宪政的重要支柱,是行政权力运行的规则,没有行政程序的保障,没有当事人的参与,行政权力就会失去控制,就会威胁公民的权利与自由。对行政失信行为进行惩戒也属于行政行为,是行政行为就要遵守一定的行政程序,否则就有可能侵犯被惩戒对象的合法权益,导致社会的不公。但是我国目前的法律法规中还欠缺行政失信惩戒的程序制度,这不利于我国行政法治的发展,也不利于我国法治国家的建设。行政信用惩戒制度的构建必须完善行政信用惩戒程序。

(二)几个重点问题

根据以上原则,在制度设计上主要有以下几个重点问题需要认真研究和考虑:

1. 行政信用惩戒的适用领域

近几年来,以信用为管理手段的实践不断发展,在社会生活的多个领域中信用的作用得到空前挖掘和利用,取得较为积极的效果。法院通过媒体公布赖账者名单、向社会悬赏征集债务人的财产信息等,已经成为提高法院判决执行效率的一项有力措施;2006年1月16日,人民银行召开新闻发布会,宣布我国个人信用信息基础数据库已在全国范围正式运行,教育部随后表示,早期得到国家助学贷款的学生已开始进入还款期,教育部将会同有关部门和银行研究制定对于拖欠助学贷款大学生的公示制度,连续拖欠贷款超过一年且不与经办银行主动联系的借款学生,其姓名、身份证号码、毕业学校、违约行为等将在新闻媒体及全国高校毕业生学历查询系统网站公布,贷款银行将向借款学生发出催款通知书,追究违约责任,并将其违约行为载入金融机构征信系统。① 这些实践为诚信社会的建设做出了重要尝试和探索，积累了有益经验。在行政管理领域中信用惩戒的运用也越来越多，措施越来越丰富多样，信用惩戒的应用领域已经包括：食品安全、安全生产、环境保护、建设工程、质量检查、工商行政管理、价格监管、旅游、中介服务、物业服务、医疗、交通，等等，在运用已有行政处罚不足以达到惩治效果的时候，在面对各种治理难题的时候，人们纷纷选择了"信用惩戒"，通过提供信用信息查询、公布"黑名单"、信用评价结果与生产经营活动挂钩等措施，加强了行政管理的有效性。

那么，是不是所有行政管理领域都适用信用惩戒，信用惩戒在任何土壤都能生根发芽呢？答案是否定的。首先，信用惩戒具有申诫罚的特性，以降低失信者的名誉为特征，信用惩戒机制发挥作用的前提是名誉对行政管理相对人具有很高价值，一旦名誉受损将给相对人带来较大损失或者不利益。对于那些根本不在乎名誉，或者不名誉也不会产生实质影响的管理领域，信用惩戒就没有用武之地。比如说，街头的游商、无照摊贩，他们中的大多数是迫于生计的流动人口，在陌生的城市中没有社会关系，社会评价对他们来说远没有挣钱糊口来得重要，而且他们的"经营活动"也不依赖于信誉或者名誉。所以，对无照摊贩的管理恐怕无法适用信用惩戒的方式。

其次，行为必须具有社会性，对社会其他群体会产生较大影响。社会性越强，社会影响广泛的行业或者领域，社会公众对这一行业的信用信息就越关注，信用的价值就越大，信用惩戒就越有作为空间。像食品安全、环境保护、旅游管理、物业服务这些行业与人民群众的生活紧密相关，社会影响极大，所以在这些领域信用惩戒的效果还是比较好的。

再次，信用惩戒的某些措施较为严厉，其适用对象应限于较为严重的违法行为。在经济社会重点领域，比如，在安全生产、建设工程、质量检查、工商行政管理等，违法行为会产生极大社会危害，运用信用惩戒，加大对违法行为的打击力度，对保护公民人身、财产安全，维护正常交易秩序具有重大

---

① 叶世清：《征信——一个法律悖论》，载《经济体制改革》2007 年第 1 期。

意义。信用惩戒作为一种社会性惩戒手段,目的主要是让失信者对行政管理方的失信转化为对全社会的失信,让失信者一处失信,处处受制约。从本质上说,这种惩戒是较为严厉的,按照罚当其过的原则,轻微的违法行为不宜适用信用惩戒。

2. 失信记录的公布范围

公布范围是衡量信用惩戒严厉程度的重要因素,根据违法行为的严重程度、影响范围,以及惩戒的有效性,有必要对失信记录的公布范围作出区分。从实践情况来看,公布范围分为向社会公开和仅供有关部门掌握两大类。其中,对社会公开又分为三个层次:一是面向社会主动广泛传播,如通过媒体向不特定的群体公布"黑名单";二是向特定人群提供信用信息查询服务,通过企业信用信息系统提供信息或者在行业内交易网站上公布信用情况;三是直接通报具体个人或组织。

向社会不特定群体广泛宣布是公布范围最广的一种措施,按照《北京市水污染防治法》第 23 条的规定,"对严重污染水环境的企业,要通过媒体予以公布";不论社会公众是否期望知晓这方面的信息,企业严重污染水环境的行为都可以通过公共传媒途径得到广泛传播,使相当多的社会公众"不问便知"。从是否主动查询相关信息的角度来说,公众是被动得知失信信息的,知晓这一信息的人群绝不限于与企业有交易关系的客户,而是全社会。这样一种"广而告之"的行为将污染企业与行政主管部门之间的矛盾转化为其与全体公民间的矛盾,使其失信行为受到全社会舆论的谴责。类似的还有在媒体上发布"黑名单",如在新闻联播这一最具影响力的主流传媒上公布抽检不合格企业名单,在最大的范围内降低了企业的名誉和社会公信力。因此这种方式的威慑力最大,适用于危害公共利益的重大违法行为。

向特定人群公布信用信息,如《铁路建设工程施工企业信用评价暂行办法》(铁建设〔2009〕40 号)中规定,施工企业信用评价结果在铁道工程交易中心网公布,或者与行业管理相对应的,有些省、市级政府统一建立企业信用信息平台,提供本行政区内企业信用查询服务,如北京市企业信用信息系统、"信用太原"等。此种方式相对来说影响范围较小,将信用信息限定在利害关系人的范围之内,只有那些潜在交易伙伴才会去查询相关企业的信用情况,属于主动查询,不问不知。与前一种方式比较起来,知晓的范围较小。这种方式是实践中应用最为广泛的信息公布方式,具有很强的针对性和有效性,适用于不涉及公共利益,行业内部管理特性较强的领域。

直接通报具体个人或组织。如《北京市食品安全监督管理规定》规定,"推荐名单中公布的企业违反本规定,生产、加工、销售的食品不符合安全标准的,公布部门应当将该企业的违法情况通知企业所在地的政府和有关主管部门,并将该企业从推荐名单中取消,通报与上述企业签订定向供货合同的单位,建议其解除合同。"这种做法在实践中较为少见,只见于这一例。将失信信息直接递报交易人,以行政主体的身份建议其解除合同,通常来说会导致失信企业丧失订单,对其产生最直接、最现实的不利影响,是最有效率的一种形式。但是,其实施必须以行政主管部门掌握交易信息为前提,对行政机关来说要求较高。并且,因为对交易行为产生直接影响,行政机关面临很大管理风险。这种方式在实践中应当慎用。

此外,还有一种情况,某些信息只对有关行政主管部门公开,不对社会公开。如《四川省行政机关征集与披露企业信用信息管理办法》规定,企业的经营财务状况、企业用工情况、企业的纳税和社会保险费缴纳情况、企业的其他经营信息以及未通过法定的专项或者周期性检验的、生产经营中被行政机关立案调查的事件、与企业生产经营活动有关的涉诉事件、企业的法定代表人或主要负责人的涉案涉诉事项、省级行政机关认为应当记入的企业其他违规违约行为。《深圳市企业信用征信和评估管理办法》第24条规定,企业的经营财务状况,企业用工情况,企业的纳税和社会保险费缴纳情况,企业报请政府机关审批、核准、登记、认证时提交的有关资料,企业法定代表人及董事、高级管理人员的工作经历、学习经历等基本情况向本市有关政府机关披露。我们认为像企业报请政府机关审批、核准、登记、认证时提交的有关资料,企业法定代表人及董事、高级管理人员的工作经历、学习经历等基本情况属于企业的经营信息,与公共利益无关,按照《政府信息公开条例》的精神,不属于依法应当向社会公布的信息;立案调查的事件、与企业生产经营活动有关的涉诉事件、企业的法定代表人或主要负责人的涉案涉诉事项,是未形成结论的事件,不适宜在调查或司法过程中向社会公布,避免对企业造成不利影响。但是,有些信息,按照《政府信息公开条例》①的有关规定,属于依申请公开的信息,例如,企业用工情况、企业的纳税和社会保险费缴纳情况。个人在求职过程中,可以向有关部门申请有关信息了解招聘企业的用工情况、交纳社会保险费的情况,作为考量企业是否遵守相关法律,保护劳动者合法权益的重要依据,属于"公民根据自身生产、生活需要申请政府信息"的情形,应当得到行政机关的支持。因此,有关部门可以结合《政府信息公开条例》的有关规定,研究提出信息公开的标准。

3. 信用信息的有效期

一次犯错不等于终身犯错,即使是失信者也应受到人道的对待,允许其修复受损的信誉。制度设计上的初衷,决不是想一棒子将失信者彻底打死,而要在失信者付出惨痛代价后,给予失信者改过的机会,合理"量刑",平衡惩罚与教育两者间的关系。在征信体系发达的欧美国家,对负面信息(个人失信记录和个人破产记录等)的保存都有一定期限的规定。如美国的《公平信用报告法》(FCRA)规定,在任何调查或报告机构的征信数据库中,企业失信记录与企业破产记录都有最高保存年限:破产记录保存年限为 10 年,其他信息(偷漏税和刑事诉讼记录等)保存 7 年;而优良信用记录会被永久保留。对于消费者资信调查报告中的负面信用信息,法律规定在指定的年限后,可以在资信调查机构的调查报告中予以删除。在德国,信用信息局收集个人的正面与负面信息,失信者的记录将被保存和公示 5 年,个人破产记录被保存和公示的时间为 30 年或者债务得到提前清偿。② 英国个人失信记录被信用局保存和公示的时间为 6 年,个人破产记录被保存和公示

---

① 第13条规定,除了行政机关主动公开的政府信息外,公民、法人或者其他组织还可以根据自身生产、生活、科研等特殊需要,向国务院部门、地方各级人民政府及县级以上地方人民政府部门申请获取相关政府信息。

② 邢植朝:《在德国感受信用文化》,载《世界教育信息》2006 年第 4 期。

的时间为 15 年。

信用信息有效期是指信用信息在多长的期限里影响行为人的权益。从我国实际做法来看，信用有效期大体包含了两方面的含义：一种可以理解为"惩罚期限"，即某一失信行为带来的惩罚或不利益的持续时间；另一种为信用信息披露和保存期限，即良好信息或失信信息公开和保存的期限。

前者通常应用于限制资质、限制从业资格、不予评优等情况，惩罚期限根据失信行为的严重性从 1 年到 5 年不等，但以 1—3 年居多。如《海南省征信和信用评估管理暂行规定》第 48 条，"严重不良信用记录的个人或者有严重不良信用记录企业的负责人，自不良信用行为或者事件终了之日起 5 年内，不得聘任为本省国有企业、国有控股企业的负责人、董事等高层管理人员。"《厦门市市场中介机构管理办法》第 25 条规定，"对被记入不良行为记录、警示名单或者重点警示名单的，当年不得被推荐参与驰名商标和著名商标的评定、评优表彰、诚信等级评优和通报表扬。"再如《宁夏回族自治区食品生产加工小作坊和食品摊贩管理办法》第 38 条，"被吊销许可证的食品小作坊业主和食品安全信用档案中累计有三次不良信用记录的食品摊贩，二年内不得从事食品生产经营管理活动。"《天津市行政机关归集和使用企业信用信息管理办法》第 19 条，"属于依法限制企业有关注册登记、对外投资、行政许可以及资质等级评定等方面的事项，法律、法规、规章明确规定限制期限的，从其规定；没有明确规定期限的，限制期限为 2 年，限制期限届满时，系统自动解除其限制。发布期限界满后，查询系统解除记录，转为长期保存信息。"

关于信用信息披露或保存时限，欧美国家的做法是良好记录能长期保存，破产外的失信信息披露（或保存）时间为 5—7 年，破产信息为 10 年—30 年。[①] 我国实践做法为不良信息一般披露（或保存）期限为 5 年以下，少数规定重大失信信息为 10 年。在重大失信行为的最长披露或保存期限上明显短于信用体系发达的国家，这与我国信用体系、信用社会建设所处的阶

---

① 任森春、姚然：《欧美国家失信惩戒制度及启示》，载《安徽商贸职业技术学院学报》2007 年第 3 期。

段有关。如《海南省征信和信用评估管理暂行规定》第 35 条规定"征信机构、信用评估机构可以长期保存和依法披露被征信人的信用信息,但除犯罪记录以外的其他不良信息,自不良信用行为或者事件终了之日起已超过 5 年的,应予清除,不得再披露或者使用。法律、法规另有规定的,依照其规定。"汕头市规定,"征信机构可以长期保存和披露企业信用信息,但企业重大违法记录的保存和披露期限最长不得超过两年。"北京市、天津市、浙江省的有关规定要求失信记录通常披露期为 3 年。《深圳市企业信用征信和评估管理办法》第 30 条规定,企业信用信息披露的最长期限如下:企业被注销、吊销营业执照的记录为 5 年;企业破产记录为 10 年;企业逃废债记录为 10 年;企业法定代表人、董事、主要股东或其他高级管理人员被处禁止从事某行业的处罚记录,为禁入期限届满后 2 年;行政、刑事处罚记录为 3 年,法律、法规、规章另有规定的除外。

### 4. 信息异议程序

如前文所述,信用惩戒的程序是制度构建的重要方面,程序的完善有利于保证信息的真实准确,降低错误信息对相对人造成损害的风险,规范惩戒措施的运用,保证相对人的救济权利。程序主要包括信用信息归集、制作、公布以及后续惩戒措施的实施和救济程序。在整个程序链条中,信息异议程序是十分关键的一环。各省市的现有规定中,普遍设定了信息异议程序,即相对人认为发布的信用信息与事实不符时,可以向行政机关提出变更或者撤销记录的申请,由行政机关限期做出答复和更正。如《北京市行政机关归集和公布企业信用信息管理办法》第 22 条规定,"企业认为本企业信息与事实不符的,可以向提交信息记录的行政机关提出变更或者撤销记录的申请,行政机关应当在接到申请后的 15 个工作日内做出处理,并告知申请人;企业也可以依法申请行政复议或者提起诉讼;对信息确有错误以及被决定或者裁决撤销记录的,行政机关应当及时变更或者解除该记录;因信息错误给当事人造成损害的,行政机关应当依法承担责任。"《太原市企业信用信息征集和发布管理办法》第 15 条、《浙江省企业信用信息征集和发布管理办法》第 21 条、《深圳市企业信用征信和评估管理办法》第 20 条等也有类似规定,此程序属事后异议程序,当管理相对人发现已经公布的信息与实际情况不符时,通过此程序修复自身名誉。但事后补救不如事前预防,我们看到与事后补救的程序不同,部分规范性文件规定,在信用信息公布之前,提供给行为人一个事前确认信用信息,听取其陈述和申辩的机会,如《厦门市市场中介机构管理办法》第22条规定,"中介机构及执业人员被记入不良行为记录、警示名单或者重点警示名单的,行业行政主管部门应当事先书面告知当事人,并听取其陈述和申辩,对当事人合理的意见应当采纳"。《北京市企业安全生产违法行为警示办法》在信用信息归集和公布之间规定了告知、确认程序:对拟列入"警示名单"的企业单位,区县安全监管部门应当告知当事企业,并听取其陈述和申辩意见。当事企业提出的事实、理由和证据成立的,应当采纳。区县安全监管部门按照有关规定和条件对归集的"警示名单"进行审定、确认,填写《北京市安全生产"警示名单"汇总表》,市安全监管局组织进行复核后,才予以公布。我们认为,事前确认的程序值得鼓励和倡导,因为一方面能够避免错误信息对企业造成不良影响,另一方面减轻了行政机关的管理风险。

在信息异议的处理上,美国的做法值得借鉴。通过研究有关资料,我们了解到在美国,对信息有质疑时,通常采取信息准确性的"举证责任倒置"原则,即由信息收集、制作一方来证明信息的准确性,如果不能证明,异议信息就要从信用报告中抹去。"如果消费者认为信用报告上的某些不良记录不正确,他有权向信用报告机构正式提出质疑,信用报告机构必须设立一套专门处理消费者质疑的程序,并依此进行调查。倘若信用报告机构在一定时间之内无法证明被质疑信息的准确性,就必须将此信息从信用报告中抹去。即使信用报告机构及时提供了充足的证据,消费者仍有权要求在信用报告中加入自己对此信息的解释,或进一步质疑(仅限于100字以内),以便引起以后的信用报告使用者的注意,并希望得到他们某种程度的理解。"①在我国征信体系不发达的情况下,信用信息大都掌握在行政机关手

---

① 邹浩:《美国消费信用体系初探》,中国政法大学出版社2006年版,第55—56页。

中,行政机关在获取、加工、公布、保存信用信息方面天然地具有优势地位,而作为管理相对人一方要想证明信息错误则有诸多困难,因此,采取证明信息准确的举证责任倒置能够体现公平原则,体现对管理相对人的保护。

# 北京城管综合执法发展研究报告

### 中国政法大学法治政府研究院课题组

## 一、城管综合行政执简史

### (一)综合行政执法溯源：行政处罚权的相对集中

上个世纪 80 年代我国开始了市场经济体制改革,经济基础影响上层建筑,市场经济的发展对传统的行政管理体制、管理方式、管理理念提出了挑战,传统的行政职能划分已不能适应宏观调控的要求。上世纪 90 年代初,上海市在全国首先建立了综合执法模式,组建了一支城市管理监察队,接着又改革巡警体制,实行一警多能制,集中行使治安、交通、市容环卫等方面的执法权。随后,在 1996 年 3 月,全国人大第八届第四次会议通过的《中华人民共和国行政处罚法》第 16 条规定:"国务院或者经国务院授权的省、自治区、直辖市人民政府可以决定一个行政机关行使有关行政机关的行政处罚权,但限制人身自由的行政处罚权只能由公安机关行使。"为推行该条规定,国务院在 1996 年 4 月发布了《关于贯彻实施〈中华人民共和国行政处罚法〉的通知》(国发〔1996〕13 号),该文件指出:"各省、自治区、直辖市人民政府要认真做好相对集中行政处罚权的试点工作,结合本地方实际提出调整行政处罚的意见,报国务院批准后施行",如此,《行政处罚法》第 16 条的规定被概括为相对集中行政处罚权制度。

这是我国首次以法律的形式确认了相对集中的行政处罚权,以提高行政执法效率,减少重复处罚,防止处罚环节的互相推诿。这为我国的行政执法体制改革提供了法律依据,也为在城市管理领域确立新的行政执法体制奠定了法律基础。

**(二)综合行政执法的发展**

自 1997 年开始,全国除北京市宣武区和广州市、南宁市已获准进行城市管理综合执法改革试点外,四川、浙江、海南、黑龙江等省的不少城市也提出了申请。经国务院授权后,部分城市成立了城市管理综合执法机关,以自己的名义统一行使城市管理领域的行政处罚权。

2000 年《国务院办公厅关于继续做好相对集中行政处罚权试点工作的通知》(国办发〔2000〕63 号文件)发布后,国务院授权的综合执法试点城市继续增加,试点范围是"专业技术要求不是很高"的城市管理及相关领域(市容环境卫生、城市规划、城市绿化、市政公用、环境保护、工商行政、公安交通管理方面)的全部或部分行政处罚权,以及部分强制拆除(不符合市容标准的违法建筑物或者设施)、收费(对临时占用公共设施和道路的收费)、管理(如市容方面的门前三包)职责。在地方政府机构改革的同时产生的综合行政执法机关,成为政府常设的职能部门之一。

2002 年,国务院作出《关于进一步推进相对集中行政处罚权工作的决定》,授权省、自治区、直辖市人民政府在行政区划内有计划、有步骤地开展相对集中的行政处罚权工作。"综合执法"正是适应了城市管理体制由分散到集中,由单一到综合的发展要求。城市管理综合执法的核心是,由经过国家有关机关批准成立的综合执法组织根据有关法律规定,集中行使城市过去若干个执法部门行使的行政处罚权,对公民、法人和其他组织遵守城市管理方面法律法规的情况进行监督检查,并对违法行为进行处罚。在这个阶段,综合行政执法与相对集中的行政处罚内涵是相同的。

综合执法这一概念,始见于 2002 年 10 月 11 日《国务院办公厅转发中编办关于清理整顿行政执法队伍实行综合执法试点工作意见的通知》(国办发〔2002〕56 号)。2003 年 2 月 21 日中央编办、国务院法制办发布《关于推进相对集中行政处罚权和综合行政执法试点工作有关问题的通知》，正式提出综合行政执法的概念，并明确区分了相对集中行政处罚权与综合行政执法。这种区分，不仅明显扩大了综合执法的范围，不再仅仅局限于行政处罚，而且也将综合执法与精简机构、裁减冗员联系起来。至此，综合行政执法的内涵得到了清晰的界定。

鉴于在文化领域也同样存在着交叉执法、执法空白的情况，一些城市在文化领域也展开了综合执法的试点。2004 年 9 月，中共中央办公厅、国务院办公厅转发了《中央宣传部、中央编办、财政部、文化部、国家广电总局、新闻出版总署、国务院法制办关于在文化体制改革综合性试点地区建立文化市场综合执法机构的意见》，要求各文化体制改革综合性试点地区建立文化市场综合执法机构。上海首先在文化领域展开了综合执法的尝试，2000 年 1 月就开展了试点工作，随后其他城市如新疆克拉玛依市，辽宁省沈阳市，云南省昆明市，浙江省杭州市，广东省深圳市、珠海市、中山市等都相继在文化领域实施了综合执法，并形成了以深圳为代表的文化领域内设综合执法模式、以上海为代表的文化领域独立综合执法模式、以沈阳为代表的不同领域合并综合执法模式。另外，为了更有效地规范交通运输市场秩序，许多城市在此领域也开展了综合执法。目前实施交通运输综合执法的，全国也有 10 多个城市，如 2005 年 6 月，重庆市成立交委直管的副局级交通执法总队，就是把交通委员会下设的公路局、道路运输管理局、稽征局、港航管理局和高速公路执法总队等 5 项执法权从 5 个部门中剥离出来，然后统一在一个部门。

（三）北京市综合行政执法简史

1. 初步发展、试点阶段

1996 年 10 月 1 日开始实施的《行政处罚法》确立了"相对集中行政处罚权"制度，该法第 16 条规定："国务院或者经国务院授权的省、自治区、直辖市人民政府，可以决定一个行政机关行使有关行政机关的行政处罚权，但限制人身自由的行政处罚权只能由公安机关行使。"

1997 年 4 月，经国务院批准，北京市宣武区在全国率先启动城市管理领域的相对集中行政处罚权试点工作。当年 5 月,北京市宣武区城市管理监察大队成立,这是我国第一支城管队伍。其时,宣武区城管监察大队只有有限的 5 个方面 94 项行政处罚权,主要包括:市容环境卫生、园林绿化方面的全部处罚权,城市规划管理方面对无证违法建设的处罚权,道路交通秩序管理方面对违法占路的处罚权和工商行政管理方面对无照商贩的处罚权。

1998 年,相对集中行政处罚权试点工作扩大到北京近郊八区。

2000 年国务院办公厅《关于继续做好相对集中行政处罚权试点工作的通知》(国办发〔2000〕63 号)发布后,2000 年 9 月,北京 10 个远郊区县组建城管监察大队,统一上岗,标志着城市管理综合行政执法体制改革在北京全面推开。

2. 第一次大规模扩大相对集中行使行政处罚权的范围

2002 年 8 月 22 日,国务院发布《关于进一步推进相对集中行政处罚权工作的决定》(国发〔2002〕17 号)。该《决定》非常重要的一项内容是在其本身确定的 7 类城管"可以集中行政处罚权"的领域外,授权省、自治区、直辖市人民政府批准、决定在本行政区域内开展相对集中行政处罚权的工作,即习惯上所称的"7+1"模式。

随后,北京市下发了《关于进一步推进城市管理领域相对集中行政处罚权工作的决定》(京政发〔2002〕24 号),《决定》扩大了相对集中行使行政处罚权的范围,进一步集中行使的行政处罚权有市政管理、公用事业管理、城市节水管理、停车管理、园林绿化管理、环境保护管理、施工现场管理(含拆迁工地管理)、城市河湖管理等 8 个方面,涉及市政管委、园林、环保、建委、水利、国土房管等 6 个部门执行的全部或者部分行政处罚权。主要包括:

(1)市和区、县市政管委执行的全部行政处罚权,其中包括:市政管理、公用事业管理、城市节水管理、停车管理等四个方面。

(2)市和区、县建委在施工现场管理方面与治理城市市容环境密切相关的部分行政处罚权。

(3)市和区、县国土房管局在城市房屋拆迁施工现场管理方面的全部行政处罚权。

（4）市和区、县水利局在城市河湖管理方面与治理城市市容环境密切相关的部分行政处罚权。

（5）市和区、县环保局对直接影响城市环境的污染行为方面的部分行政处罚权。

（6）市园林局在城市绿化管理方面除主要公园以外的全部行政处罚权。

3. 第二次扩大相对集中行使行政处罚权的范围

2004年1月，北京市下发《关于进一步扩大城市管理综合行政执法队伍行政处罚权的通知》（京政发〔2004〕3号），进一步扩大了城管执法的行政处罚权，本次扩大的处罚权包括："一、原由交通行政管理部门、工商行政管理部门和区、县人力三轮车管理机构行使的对非法从事出租汽车（含旅游客运汽车）、小公共汽车和人力三轮车业务行为的行政处罚权；二、原由旅游行政管理部门行使的对无导游证进行导游活动行为的行政处罚权。"

至此，北京市城管执法的职能范围已由原来的5方面94项行政处罚权，发展到了目前的13个方面308项行政处罚权。

## 二、北京市综合行政执法范围现状

北京市综合行政执法范围指城市管理的综合执法在多大的领域内可以执法。从当前法律规定来看，北京城管执法范围主要包括以下几个方面：

（一）城市管理

北京正经历着一个高速发展的新阶段：座座高楼拔地而起，城市的功能也日新月异，但一些带有普遍性的问题也接踵而至：大量的外来人口难以管制、交通堵塞、环境污染、噪音扰民、城市小广告泛滥大街小巷……。这些，都给城市管理提出了新问题。作为代表全国形象的首都如何在经济繁荣、保存古都风貌的同时使之更适宜居住，城市管理执法是异常关键的。为此，城市管理综合执法合理划分了职责范围。

　　总体来说,城市管理综合执法范围涉及 14 个方面,包括市容环境卫生、园林绿化、城市规划、工商行政、公安交通、城市节水、停车管理、环境保护、施工现场、城市河湖、公用事业、导游业、市政、交通等,涉及众多行政部门。

　　市容环境卫生是重头戏,涉及的具体事项主要反映在《北京市市容环境卫生条例》中,包括容貌和环境卫生等两大领域,前者涉及北京市建筑物、构筑物、道路及其相关设施、户外广告和牌匾标识、夜景照明等事项,后者涉及清扫保洁、垃圾等废弃物的收集、清运和处理等事项。除此之外,依据其他相关法律法规,还包括流浪乞讨人员救助、扫雪铲冰、养犬管理、公共厕所、车辆运输泄漏遗撒管理等事项。

　　环境保护和交通问题是北京城市综合行政管理部门的当前迫切急需解决的。前者包括水污染、大气污染、噪声污染防治的管理、对民用型煤质量监督检查以及销售、使用塑料袋和一次性塑料餐具的管理。后者又分为公安交通的管理和交通管理,公安交通管理涉及的是违法占路行为,交通管理针对的是出租车、人力三轮车、小公共汽车的管理,其中又以查处黑车和三轮车客货运输的管理为重点。

　　此外,园林绿化领域涉及城市绿化用地管理、古树名木保护、公园管理等事项;城市规划领域的管理主要针对的是道路广场、街巷、绿地和居民小区等公共场所范围内的违法建设行为;工商行政管理主要针对的是集贸市场商贩的无证经营,其中对外地来京务工经商人员的无证经营是管理重点;施工现场的管理包括房屋拆迁现场防治扬尘污染、减少施工噪声扰民等方面的管理,市政管理包括城市道路桥梁、地下设施检查井井盖、排水设施的管理,公用事业管理包括燃气及其器具安装维修、供水、热力、锅炉供暖、自来水厂地下水源、清洁燃料车辆加气站等方面的管理。城市节水领域主要针对的是用水单位水量的平衡测试以及用水器具的管理,停车管理针对的是机动车、自行车等非机动车在公共场所乱停乱放的问题。

　　(二)文化市场管理

　　文化市场主要是指广播影视、演出娱乐、文物、艺术品、网络、出版物等多个方面,其中出版物包括图书、报纸、期刊、音像、电子出版物,包括游戏软件,网络出版、印刷复制、计算机软件、版权贸易等诸多领域。如果说城市管理是保障一个北京市物质文明健康发展的硬件措施,那文化市场管理,则是为北京精神文明保驾护航的软件手段。现在,文化市场领域违法情况非常复杂,一旦出现非法情况往往牵涉到公安、工商、文化、宣传、新闻出版、广电、文物、卫生等多家行政管理部门。

北京作为全国政治文化中心,拥有极为丰富的文化资源和庞大的文化创造群体。城市管理领域综合执法固然重要,文化领域的综合执法也是不能忽视的,尤其北京作为辐射全国文化的焦点,对外是中国传统文化、现代文明的窗口,文化市场的管理也是执法部门一部重头戏。

目前,负责文化市场综合行政执法工作的市文化执法总队(市"扫黄打非"办)主要职责共七大项,包括:组织起草本市有关文化市场综合行政执法方面的地方性法规草案、规章草案,研究提出完善本市文化市场综合行政执法体制的意见和措施;负责本市文化市场综合行政执法的统筹协调和组织调度工作;负责集中行使法律、法规、规章规定应由省级文化、广播电视、新闻出版(版权)等行政主管部门行使的行政处罚职责及相关的行政强制、监督检查职责;负责集中行使法律、法规、规章规定应由省级文物行政主管部门行使的对文物市场中违法违章购销文物行为的行政处罚职责及相关的行政强制、监督检查职责;负责本市文化市场行政执法中跨区域和领导交办的重大案件的查处工作;负责指导、监督区(县)文化综合行政执法工作;承办市政府及市文化市场管理工作领导小组交办的其他工作事项。涉及市文化局、市广播电视局、市新闻出版局(市版权局)、市文物局等部门。

(三)交通运输管理

交通运输是保证一个城市能够与外界沟通交流的血脉,现代城市的高速运转,给交通运输提出了更高的要求。而在这个领域的执法单位又比较多,主要有市交通委员会、市路政局、市运输管理局、市交通执法总队、市公安交通管理局等。一个货车司机开车上路,要向路政局上交养路费、要接受市运输管理局的检查是否运输的为非法货物、如果出现违章情况还要受市公安交通管理局的查处,多个部门的执法不仅浪费了当事人的时间,也不利于行政执法效率的提高,同时也给交通运输市场秩序带来一定的混乱。

北京这几年市区道路交通流量以每年10%左右的速度持续增长,加上北京处于交通枢纽的位置,每天都会有大量的外地车辆进入,使北京的交通运输执法工作更加复杂。因此,为提高了行政效率,减少了北京市交通运输领域的交叉执法、多头执法现象的发生,市交通综合执法机构的设立顺理成章。

市交通综合执法机构针对的主要是道路运输车辆(含水运游船)运营中涉及安全隐患的违法行为。包括:其一,危险化学品运输车辆在运营中涉及安全隐患的违法行为。其二,省际长途汽车在运营中涉及安全隐患的违法行为。其三,旅游客运汽车在运营中涉及安全隐患的违法行为。其四,小公共汽车在运营中涉及安全隐患的违法行为。无行业主管部门核发的准运证上路运营的;运营中超员载客的;运营行驶中开门揽客、下客的。其五,游船在运营中涉及安全隐患的违法行为。其六,汽车维修行业在经营中涉及安全隐患的违法行为。无证修车;超范围经营;违反操作规程进行修车。其七,非法运营的省际长途汽车、货运汽车(含危险化学品运输车辆)。即"黑长途"、"黑货运"、"黑化危"车辆。

(四)取得的成绩

北京市综合行政执法的成绩有目共睹。通过近几年的试运行,北京市综合执法工作取得了初步成效。

一是基本解决了执法中多头执法、条块分割、职能交叉等问题,提高了行政执法的效率和力度;例如,一个街头无证流动小商贩占道经营,在实施综合执法之前,既可由工商行政部门管理,也可以由公安交通部门管理,还可以由市容管理部门管理,这样就造成了重复执法、多头执法的现象,现在明确了城管部门的执法范围,统一执法,解决了上述问题。

二是形成了新的行政执法范围理论雏形,明确了哪些领域、哪些事项应该由统一机构综合执法,也明确了哪些行政权力可以由综合执法机构集中行使。尤其值得一提的是,综合执法集中行使的职权已经不再局限于行政处罚,在文化市场、交通运输领域已经开始行政强制、行政检查的集中行使。

而且在一定范围内实现了审批权与监督处罚权的适度分离，为建立起了适应社会主义市场经济体制、协调统一的行政执法体制打下了基础。

## 三、北京市综合行政执法机构的现状

### （一）综合行政执法机关：具有行政主体资格

组织要件。作为行政机关的北京市城管综合执法局，其成立的合法依据不仅是《行政处罚法》，更重要的是《地方各级人民代表大会组织法和地方各级人民政府组织法》，其中第64条规定："省、自治区、直辖市的人民政府报国务院批准后，可以根据工作需要设立必要的工作部门。"国务院多次重申，除国家限定的机构外，均授权省级人民政府自主决定机构的设置和职能配置。据此，地方人民政府可以组建综合执法机关，按照相关法律规定赋予综合执法机关以综合执法的职能。地方组织法把机构设置的权利赋予了政府，也就是说，省、自治区、直辖市的人民政府可以根据实际需要设置综合行政执法机关，但需要得到国务院批准。据此，北京市政府于2002年发出《北京市人民政府关于进一步推进城市管理领域相对集中行政处罚权工作的决定》的文件，其中指出："按照《国务院办公厅关于继续做好相对集中行政处罚权试点工作的通知》（国办发〔2000〕63号）要求和全市第四次城市管理工作会议精神，借鉴国内其他城市城管监察体制改革的经验，适应本市城市管理整体布局和保证城管监察队伍依法履行职权的要求，市政府决定将现设在市市政管委的城管监察办公室调整组建为市城市管理综合行政执法局，由市市政管委负责管理，对外以自己的名义行使职权，开展工作。"可见北京城管综合执法局是在国务院的授意下合法成立的，另外其具有法定的编制和人员，独立的经费预算和必要的办公条件，并已经对外公告成立。可以说，北京市城管综合执法局具备行政主体所需要的基本组织要件。

职权来源。一般认为是1996年颁布的《行政处罚法》。其第16条规定："国务院或者经国务院授权的省、自治区、直辖市人民政府可以决定一个行政机关行使有关行政机关的行政处罚权，但限制人身自由的行政处罚权只能由公安机关行使。"综合行政执法机关的职权是由省级人民政府依照《行政处罚法》第 16 条,从职能部门的职权中划转而来。

(二)综合执法机关的管理体制

1. 综合执法机关的归属

就城管综合执法机构而言,当前各地大多数的做法是将综合执法机关与其关系最密切的政府现有工作部门合而为一,名义上称为执法局或执法队,本质上依附于该政府工作部门。如北京市人民政府《关于进一步加强城市管理综合执法组织建设和管理工作的通知》(京政办函〔1998〕169 号)规定:"市市政管委是各区监察大队的协调、调度和监督部门,由其设立专门机构履行管理职能。区市政管委(建管委)是区监察大队及其分队管理、调度和监督部门,具体职责由各区政府根据市政府有关规定确定。"由此可看出,北京市综合行政执法局实际上是挂靠在市市政管理委员会下的一个下属单位。

此外,市文化执法总队挂北京市"扫黄打非"办公室牌子,区县文化执法队为区县文化委员会所属的行政执法机构,对外以区县文化委员会名义行使行政执法权;北京市交通执法总队为北京市交通委员会所属行政执法机构。

2. 综合执法机构的管理模式

城管综合执法机构管理模式是以区为主、市区结合的层级管理模式。

具体而言,根据国务院《关于进一步推进相对集中行政处罚权工作的决定》(国发〔2002〕17 号)的规定——"原则上层级较高的部门主要侧重于政策研究、监督指导和重大执法活动的协调,具体的执法活动主要由基层执法队伍承担",北京市人民政府办公厅在《关于印发北京市城市管理综合行政执法局职能配置内设机构和人员编制规定通知的规定》(京政办发〔2002〕59 号)明确了市城市管理综合行政执法局的指导内容:(1)组织研究工作;(2)指导、统筹协调和组织调度工作;(3)监督和考核工作;(4)部分专业性行政执法和跨区域及重大案件的查处工作;(5)组织建设、队伍建设等工作。区、县城市管理监察大队执行大部分具体综合执法职权。市级综合执法机关不承担具体业务，从事指导下级业务工作，掌握行政监督管理权，协调各市之间乃至与外省的关系，以及全市执法干部的配备、培训、交流等。从职能分工来看，是合理的。既符合上级决策，下级执行的原则，又符合准入权和检查权分离的原则。

从综合执法实践来看，以区为主、市区结合的层级管理模式具有较强的操作性。以区为主，就是把综合行政执法的主要任务落实到区级，体现属地管理、重心下移的原则。市区结合，就是合理确定市、区两级在综合行政执法中的职责，将反复性、动态性较强的执法工作交给区级完成，将跨区域性、流动性和专业性较强的执法工作交由市级完成。这种模式比较符合综合行政执法区域性特点的要求，有利于发挥市、区政府在行政执法中的作用，便于及时协调解决好面广量大的执法管理中的矛盾，有利于加大行政执法力度，形成执法合力，切实解决好一些重大、疑难案件，保证执法效果。同时，市级保留一支执法队伍，也可以增强市级执法机关的调控能力，加强市、区两级工作的协调，相互配合组织一些规模较大的综合整治活动。

3. 城管综合执法机构的双重领导体制

城管综合执法领导体制是具有双重性，具体体现为：市城管执法局主要负责指导、统筹协调和组织调度等工作，接受市市政管理委员会的领导；各区县设监察大队承担主要执法工作，接受市综合行政执法局和区、县政府的双重领导；在城八区，各大队按照街道辖区设立地区分队，分队均以城管监察大队的名义行使行政执法权，接受所属监察大队和街道办事处的双重领导。这种双重领导体制意味着：市、区之间没有直接的领导关系，只是一种业务上的指导和监督，区级政府对区级综合执法机关负有主要领导职责，掌握编制、人事、财务、业务各种领导权。在这里，具体讨论监察分队的领导体制，因为分队是承担具体执法任务的基层组织，其领导体制的优劣对于实现综合执法的目的有着重要的作用。

北京市城管区监察大队派驻街道的监察分队接受区大队和街道办事处的双重领导，其中分队的分队长由街道办事处主管副主任兼任。18个区县大致有三种管理模式，一种是分队由大队垂直管理，分队的人财物的管理都在大队（海淀、石景山区、10个远郊区县），一种是分队的人事管理权在大队，财、物管理权在街道办事处（崇文、宣武、丰台），一种则是分队人财物的管理权全部在街道办事处，大队只有对分队工作的考核权（东城、西城、朝阳）。

需要注意的是，根据北京市人民政府关于本市城市管理综合执法试点工作扩大区域的通知（京政办函〔1998〕110号）规定："区监察大队和分队均以区监察大队名义行使行政处罚权。"派驻街道办的各监察分队属于派出机构，而非派出机关，本身不具有行政主体资格。

（三）城市管理综合执法人员

1. 城市管理综合执法人员为公务员编制

2002年国务院办公厅下发的《国务院办公厅关于继续做好相对集中行政处罚权试点工作的通知》中指出："集中行使行政处罚权的行政机关的执法人员必须是公务员。"由此可见，履行综合行政执法职能的执法人员应该是行政编制之内的公务员。这主要是基于以下理由：

首先，是综合行政执法法律性、严肃性和正规性的要求。正如前面所分析的，城管综合行政执法局是一个行政机关，它是为了解决现实中"多头执法、执法扰民"的问题，依据《中华人民共和国行政处罚法》第16条成立的。综合行政执法是集结了多个领域执法权力的权力板块，其权威性理应高于其他普通执法。公共权力的行使是国家行为的表现，是国家权力的组成部分。它往往会涉及公民、法人和其他组织的合法权益，如果行使不当，极易损害相对人的合法权益。因此，行使公权力的主体必须是法律法规规定的行政机关或其他组织。由此推之，行政机关或法律法规授权的组织也应该将该权力交由符合一定标准和条件的人员行使。因此，行使庞大的综合执法权力的执法人员，应该是严格按照公务员法规定的招收方式，被录用为国家公务员，纳入行政编制的人员。

其次，是降低执法成本的需要。综合行政执法作为一项新兴事物，在我国开展试点工作的时间不到十年。北京市城市管理综合行政执法局正式挂牌成立也只是在2003年年初，名称上也经历了变动（由最初的"城管监察大队"变成了"城管综合执法局"）。它不像公安、税务、工商等职能部门，作为确定行使某项行政权力的机关，已经成熟运行了多年。公众对这些执法机关的职能虽然可能只是知之一二，但对它们的执法行为却存在着普遍的认同感。在一个普通百姓的心中，这些机关的执法人员都是"公家的人"，从而产生一种强烈的心理暗示，即这些人的执法行为是带有国家意志并有一定的强制手段做保障的，结果就是使这些机关的执法阻力、执法成本要小很多。而综合行政执法机关则不同，公众对它还缺乏了解，对综合执法的性质、范围和手段等都不甚明了，对其执法缺乏心理基础。因此，执法人员在履行职责时，势必会遇到较大的阻力。在这种情况下，如果执法队伍没有令人信服的身份为后盾，而是一种人员编制杂乱无章的状况，那么极易给人留下"杂牌军"、"乌合之众"的印象，会严重的削弱综合执法队伍的公信力，出现群众不配合执法的情况，大大提高执法成本。

再次，是提高综合行政执法人员工作积极性的要求。北京市城市管理综合行政执法局"关于北京市城管执法人员劳动强度与执法难度的情况汇报"指出：在 2002 年 9 月以前，城管综合执法的职能只涉及五个方面的全面或部分处罚权，94 项处罚条款。目前城管综合执法局的执法职能较之以前扩大了近三倍，人员受编制的限制却基本没有增加。城管行政执法人员的工作已基本处于满负荷工作状态，在职能大量增加的情况下，城管行政执法人员每天都要处于完全的超负荷状态，乃至到了不堪其重的程度。综合执法人员所做的工作与其他职能部门执法人员所做的工作无实质上的区别，甚至工作量和工作难度都要大于其他部门。"付出与回报成正比"是每个人心中最朴素的公平概念。如果同样的工作性质，却实行不一样的身份、待遇，不仅有失公允，而且会打击综合行政执法人员的工作热情，导致综合行政执法工作质量下滑，无法达到预定目的。

2. 综合执法人员的招收录用

综合行政执法在最初的试点阶段发挥了很大的作用，一定程度上改善了多头执法、交叉执法的问题。综观目前的形势，综合执法作为一项有用的制度，其执法范围必然会不断扩大，综合执法队伍也势必需要不断壮大。这就涉及了对执法人员的招录及队伍建设的问题。中央编办2002年发布的《关于清理整顿行政执法队伍实行综合行政执法试点工作的意见》中指出："要全面清理行政执法机构现有人员，清退临时人员和借调人员。按照公务员的标准和职业特点，对行政执法人员进行专门的录用考试，严格标准，公平竞争，择优录取"。这是对综合行政执法人员招录的总体要求。目前对综合行政执法人员的招录有两个渠道：一种是从原职能部门中抽调人员组成综合执法队伍；另外一种是脱离与原职能部门的关系，面向社会，公开招聘。

（四）机构协调

市城管执法局与市建委、规委、环保局、民政局等14个委办局签订了管理与执法协议书，进一步明确管理部门与执法部门的责任；建立了市公安局、市交管局的捆绑式执法制度，实行了公安派驻城管的"联络员"制度和市交管局到城管局和各区县大队任职的制度；与市水利局、市环保局、市自来水集团、市燃气集团、市热力集团等签订了协调配合制度和巡查配合制度、案件移送制度及相关信息互通制度；与政法委系统公、检、法、司建立联系会议制度。这些制度提高了城管执法的效能，确保了城管执法工作顺利开展。

# 四、北京市综合行政执法现存主要问题

（一）北京市城管机构设置现状不符合法律规定

北京市城管局实际上是挂靠在市政管理委员会下的一个下属单位，各区县设监察大队承担主要执法工作，接受市城管局和区、县政府的双重领导，基层分队设置上，由于缺乏对区、街城管体制的统一要求，18个区县大致形成了三种管理模式：一种是分队由大队垂直管理，分队的人财物的管理都在大队（海淀、石景山区、10个远郊区县），一种是分队的人事管理权在大队，财、物管理权在街道办事处（崇文、宣武、丰台），一种则是分队人财物的管理权全部在街道办事处，大队只有对分队工作的考核权（东城、西城、朝阳）。这种管理体制并不符合法律规定。

国务院办公厅《关于继续做好相对集中行政处罚权试点工作的通知》（国办发〔2000〕63 号）明确规定：试点城市集中行使行政处罚权的行政机关应当作为本级政府的一个行政机关，不得作为政府一个部门内设机构或下设机构。另外，国务院《关于进一步推进相对集中行政处罚权工作的决定》（国发〔2002〕17 号）也清楚表明："不得将集中行使行政处罚权的行政机关作为政府一个部门的内设机构或者下设机构，也不得将某个部门的上级业务主管部门确定为集中行使行政处罚权的行政机关的上级主管部门。集中行使行政处罚权的行政机关应作为本级政府直接领导的一个独立的行政执法部门，依法独立履行规定的职权，并承担相应的法律责任。"法律之所以这么规定，是因为城管执法机构承担着多个行政职能部门的行政处罚权，并以国家强制力为保障进行执法活动，因此相关法律法规对于城管执法机构执法有着十分严格的规定，对城管执法机构的法律地位有着非常高的要求。由此可见，目前北京城管局行政层级低于同类执法部门、分队管理体制不统一的状态与法律规定不符。

（二）北京市城管机构设置不利于城管履职

北京城管现行机构设置状况，造成职能设置不科学，不利于城管履职。

（1）城管部门行政层级低，协调难度大。北京城管的职能主要是处罚权，这些处罚权的性质和北京城管的队伍力量，决定了城管要充分、有效地履职，必须得到相关部门的大力配合。在专业技术领域，由于城管专业化程度低，需要原主管部门配合；在非专业技术领域，由于某些职能方面，例如工商行政职能，暴力抗法频发，需要公安的配合。

由于目前立法并没有具体规定行政机关之间的配合机制，各部门难免会由于部门利益的驱动，对自己有利的事情尽量做，对自己不利或无利的事情，则尽量规避。因此城管要寻求其他部门配合只能依赖于上级的政策和自身沟通协调能力。目前，北京市城管局是挂靠市政管理委员会的下属单位，在行政级别上低于北京市工商局、北京市公安局等其他行政机关，相应地，区大队和基层分队的地位也较低。城管执法机构集中行使了原属于多个部门和机构的行政处罚权,在执法过程中难免会与这些部门发生职权冲突,在冲突的协调过程中,行政级别的差距将会导致双方处于不平等的地位,从而影响协商结果的公平性。它们在与层级比自己高的部门进行沟通协调时显得力不从心。

(2)城管部门缺乏独立性,影响正常履职。从上文可知,目前北京市城管局对区县大队、许多区县大队对基层分队实际上采取的是双重领导体制,还有一些基层分队完全归街道办事处领导。在双重领导和街道单独领导体制下,城管上下级之间没有直接的领导关系,只是一种业务上的指导和监督,区县、街道政府对城管区县大队、基层分队负有主要领导职责,掌握编制、人事、财务、业务各种领导权,使得城管缺乏独立性。独立性的缺失,使得北京城管不能胜任如此广泛且重大的行政处罚职责。

首先,人事安排上,人事任命权掌握在区级、街道政府手中,由于基层政府人才较为匮乏,执法人员业务素质参差不齐,远远不能达到严格的专业执法要求。业务领导上,市城管局对区县大队、区县大队对基层分队,由于缺乏人事、财务方面的实质领导权,业务领导的力度大大削弱,而区县、街道政府又不是专门的执法机关,缺乏业务指导能力。面对如此多的职能,这些因素都成为影响城管充分履行职能的障碍。

其次,履职易受法外因素干扰。目前中国的地方政府和城管不同,他们除了贯彻执行法律外,还要发展经济,甚至可以说更加重视区域经济利益,这就有可能与城管专司执法产生冲突。当城管的履职行为损害地方的经济利益,例如基层分队在处理街道办事处的违法建设时,地方政府往往会进行干预。由于城管缺乏独立性,在人、财、事方面受制于地方政府,得不到地方政府的同意,这些方面的违法行为城管不敢触及。

最后,双重领导造成城管无所适从。在双重领导体制下,下级城管既要听上级业务主管部门的,也要听所属地方政府的,两方面命令的出发点往往不同,例如市城管局一般从全市整体治理的角度出发,而区县政府则有可能更加注重地方利益。当来自两方面的命令产生冲突时,下级城管往往无所适从。基层城管无法专司执法。在双重领导或街道单独领导体制下,街道布置的许多非行政执法事项，基层分队也要去干，使城管的本职工作受到不良影响。

（三）北京市城管机构设置缺乏高位阶法律规范

首先，在法律层面。根据《行政处罚法》的规定，北京市政府经国务院批准设立了城管综合执法机构。但是，《行政处罚法》在综合执法机构的职能设置、机构设置上仅规定了两条原则：一是限制人身自由的行政处罚不能由综合执法机关行使；二是综合执法机构必须是行政机关。这样的原则规定甚至比受委托组织行使行政处罚权的规定还要笼统。

其次，从《关于在北京市宣武区开展城市管理综合执法试点工作的复函》（国法函〔1997〕12号）到《关于进一步推动相对集中行政处罚权工作的决定》（国发〔2002〕17号），国务院一直是以决定或命令的形式规定综合执法机构的各项制度，至今没有制定行政法规。而且，这些决定和命令虽然逐渐将综合执法机构的法律地位明确化，但是对其职能设置的规定仍然缺乏具体性和可操作性。同样，北京市也没有制定相应的地方性法规去具体规定这些问题。

综上所述，城管执法体制存在的问题主要集中如下方面：

一是从宏观层面看，城管综合执法体制改革本身的合法性、合理性遭质疑；二是从微观层面分析，城管执法的法律依据不足，城管综合执法机构法律主体资格模糊、机构设置混乱、职权范围不明确；由于相关在城管执法的组织制度方面并无明确规定，城管执法机构建制的混乱是必然的后果，健全的行政组织法制可以解决行政主体的职权资格、机构设置和权力边界等问题，使得依法行政、职权法定原则得到贯彻和保障；进一步地，从保障行政相对人权益的角度考虑，没有健全的行政组织法制就意味着行政主体相应的责任制度的缺失。

（四）城管与其他行政机关仍存在着职能交叉、范围不清的现象

虽然城管综合执法范围规定明晰，与其他机关的关系界定也较为清楚。但是在许多领域，仍存在着职能交叉、范围不清的现象，造成要么重复执法、多头执法，要么执法空白。这主要表现为：

其一，职能划转不完整。如就对影响城市环境污染的综合执法，虽然在《关于明确市、区县城管监察组织具体行政执法权划分的通知》[京政管字（2003）342号]中具体规定了七项有关的职权，但是，这仅是根据《大气污染防治法》第41条第1、2款、第31条、第43条第2款的规定予以分割，没有把全部职能划转到城管部门，属于职能的部分分割。虽然这种划分具有针对性，但是也容易造成职权过于分散，不利于全面的执行。而且，部分划转后，导致相应的职能往往是需要两个机构互相配合的。

其二，职责划转出现空白。例如停车管理的综合执法。由于警力不足以及加强对"黑车"的打击，将原来属于交通管理部门的行政执法权——"帖单权"以"职责划转"的形式转移给城管部门。但是，这次转移并没有清晰划定范围，例如没有对"司机不在场"和"司机在场但不听劝阻"予以区分，导致管理出现空白，而且也导致人们出现对多头管理、职责不清的担心。

其三，职能界定模糊。这主要是指法律规定笼统，模糊。例如，《北京市人民政府关于进一步推进城市管理领域相对集中行政处罚权工作的决定》[京政发（2002）24号]规定："（二）市和区、县建委在施工现场管理方面与治理城市市容环境密切相关的部分行政处罚权。"所谓"与治理城市市容环境密切相关的部分行政处罚权"的用语就是不明确的。在与什么密切相关是一个概指，它所表达对的范围过于宽泛。在划分的过程中极易产生纠纷。对于什么是市容环境也会有很多的争论，难以统一。作为职权转移的主要文件，这样笼统地规定是不适当的。

（五）综合行政执法的领域比较狭窄，有待进一步扩展

目前综合行政执法的范围比较狭窄。2002年10月，国务院办公厅转发的中编办《关于清理整顿行政执法队伍实行综合行政执法试点工作的意见》，提出"重点在城市管理、文化市场管理、资源环境管理、农业管理、交通运输管理以及其他适合综合行政执法的领域，合并组建综合行政执法机构"，甚至工商经济领域也可以予以综合执法。例如个体户申请办理工商营业执照、税务登记证，可以由一个综合执法机构统一办理，既可以提高行政效率，也可以促进经济发展。目前有些地方通过"窗口"办公模式的联合

执法,但如果发生纠纷,处理就比较麻烦,对行政相对人不利。因此,如果联合执法成熟,可以设立统一的具有行政主体资格的综合执法机构。而目前北京城市综合执法主要局限于城市管理领域,文化市场、交通运输的综合执法也刚刚起步。因此,综合行政执法的职能范围开拓空间较大。

## 五、北京城管综合执法发展方向

城管综合执法是城市的发展保证,就目前城管综合执法存在问题而言,这些问题如不能得到良好解决则城市的发展就会受到影响。从现有的法律基础来看,城管综合执法的发展方向大致有以下几个方面:

（一）创新城管行政管理体制,提升执法水平

首先,应当提高北京市城管局的行政级别,城管执法机构是行政执法体制改革的重要内容,执法机构是执法体制改革的重要载体,离开机构,不可能运行。我们首先考虑应当将北京市城管局作为北京市政府的一个独立的行政执法部门,在业务上以及人、财、物等方面均受北京市政府管理。

其次,深化行政执法体制改革,需要处理好行政执法体制改革与条块的关系。改变北京城管的"条块结合,以块为主"的管理体制,从北京市到区、县的城市管理综合行政执法机构实行垂直领导体制——条条管理,即北京市城市管理综合行政执法局从业务、人、财、物方面等对下级城管实行全面的垂直管理。

最后,在深化北京城管执法体制改革的过程中,还需要正确处理好合法性与创新性的关系。行政执法体制改革,就是不断从制度上创新执法体制,同时加强立法来巩固已有的改革成果。

（二）创新北京城管执法方式,改善执法效果

首先,加强柔性执法,完善行政指导在城管执法中的运用。

其次,运用行政合同方式实现城管目标,降低执法成本。北京城管的大部分职能并非专业技术问题,可以将能够与私人平等竞争业务的公共服务事务领域,如污水处理、城市公交、垃圾收集和处理等事务,采取委托管理合同的行政方式交由社会组织来完成。

第三,城市管理公共服务如污水处理、城市公交、垃圾收集和处理等事务不仅可以通过单方性的手段,还可以借助协商、谈判等手段来达到管理的目的。第四,转变城管单纯依靠处罚进行管理的做法,注重堵疏相结合。第五,完善行政调解机制,发挥行政调解在城管中的功能和作用。第六,创建行政相对人守法状况信用评价体系,改善执法效果。

(三)加强执法能力建设,提高执法效率

1. 完善经常化的城管执法模式和工作机制

(1)适时完善定岗定职定责的执法管辖模式

城市管理综合执法应坚持经常性管理与集中整治相结合,采用路段责任制、徒步执法制、市容巡查制"三制合一"的管理模式,定岗、定职、定责,依法执法、严格执法、文明执法,把城市管理工作与开展建设文明城市形象工程活动有机地结合起来。

(2)建立执法检查、公众举报与技术手段相结合的工作机制

在城管执法中把执法人员的工作与公众的举报以及数字化城市信息管理系统有机结合起来。"数字城管"改变了原来城市管理信息不及时、管理被动后置、政府管理缺位、条块分割、多头管理、缺乏有效的监督和评价机制等弊端,使城市管理上了一个新台阶,无疑是城市管理上的一个创新和有效举措。

(3)加大对城市管理中的痼疾顽症执法力度,提高执法效果

长期以来,在首都城市管理中,存在着诸如无照经营、黑车、非法小广告等一些久治不愈的社会顽症。对这些特定类型的违法活动要加大执法力度,进行专项执法清理,且针对特定违法类型制定相应的处理办法。

2. 进一步完善和落实城管评议考核制和行政执法责任制

(1)加强行政执法责任制的落实,并与执法人员的奖惩和任免挂钩

完善执法责任制,应逐步建立并完善包括岗位责任制、首问负责制、错案追究制、量化考核制等规章制度。强化目标责任管理。要进一步完善城管行政执法责任制及其配套制度落实情况的检查,与执法人员的奖惩任免、晋职晋级挂钩。全面开展执法评议考核工作,进一步完善执法评议考核指

标体系,以提高考核工作的科学性和有效性。

（2）规范评议考核工作,将执法考核评议结果纳入依法行政考核

依法行政考核是人民政府对本行政区域的行政机关依法行政情况进行的考查、评价和奖惩等活动。依法行政考核应当遵循实事求是、公平公正、公众参与、科学严谨的原则。依法行政考核应当坚持日常考核与年终考核相结合、全面考核与重点考核相结合、定性考核与定量考核相结合、内部考核与外部评议相结合、书面审查与实地考核相结合。

3. 进一步完善和落实城管执法协调制度

加强行政执法协调工作,有助于提高行政执法效率,由于城管执法的效率性要求较高,进一步完善和落实城管执法协调制度就显得尤为重要。根据2010年10月10日《国务院关于加强法治政府的意见》的精神,要进一步完善城管执法协调制度。城管综合执法局要建立由主要负责人牵头的依法行政领导协调机制,统一领导本部门建立城管执法多项职权的协调机制,推进依法行政工作。

4. 努力提高北京城管执法的科技水平

利用现代科技手段和数字城市技术,实现对城管对象空间上、时间上和责任上的精确定位,执法由粗放转向精准,做到及时发现问题、处理问题、监督问题、反馈都在现场,做到动态管理。建立精细化、数字化管理执法模式。改变过去管理粗放、执法简单、随意性大等缺点,把城市管理各项管理内容以量化,在管理区域建立网络平台对接,把管理执法信息输入相应程序,在网络上及时了解掌握现时管理执法动态,建立城管联动机制,有效调度指挥,在管理的效能和细节上进行监督控制,走新型的城管执法管理模式。

（四）完善执法程序

1. 重点执法程序的规范

城管执法重点环节的程序主要包括三大部分:执法检查程序、调查取证程序和证据规则、听证程序。

2. 完善相关行政决定的裁量基准

行政自由裁量权是需要依法进行规范的权力,否则在实践中会造成一

定的权力滥用。从与群众生活的相关度以及北京城管执法的权限来考虑主要有行政检查、行政处罚以及行政强制这三方面的行政决定需要规范相应的裁量基准。这些裁量主要体现在法律法规以及相关规章规定了行政机关在执法的时候根据不同案件的相关情况来自由决定如何处理,这些自由裁量并不是完全无法约束的自由,而是一种在法律规定之内的自由裁量。这些裁量都存在一般的标准与特殊情况之下的标准。

(五)加强执法队伍建设,切实转变执法形象

1. 加强城管执法物质保障

(1)应当理顺财政预算管理体制,争取城管执法部门列为一级预算单位。(2)要寻求建立体现城管执法特点的经费保障体系以及城管执法系统经费使用绩效评估制度。可以考虑赋予市城管综合执法局通过资金补助区县的财权,以充分调动区县城管执法大队的积极性。(3)要结合未来城管综合执法经费保障标准,编制所需经费预算,进一步提高人员培训经费额度。

2. 科学配备城管执法队伍编制

(1)完善城管执法人员编制。(2)规范协管员队伍,逐步缩减协管员数量,尝试建设城市管理专业志愿者队伍。(3)严把人员引入关口,逐渐引进和培养专家型的城管高级人才,提高执法队伍的自身素质。

3. 大力开展执法形象建设,塑造服务型执法形象

(1)树立"执法为民"的执法理念。(2)改善执法方式,加强文明执法,加强宣传体系建设。(3)注重公示教育,提高市民的整体素质,广泛发动市民参与和监督城市管理,完善城市管理的公众参与机制,加强城管与社会公众的互动协调。(4)不断完善联合执法机制,构建城管机关与其他社会机关的良性互动。

4. 完善具有首都特色的城管职业化资格管理制度

(1)按照不同执法岗位要求,制定岗位资格标准,建立执法人员数据库,实行执法资格动态管理,不断提高执法队伍管理的规范化水平。(2)进一步加强电子政务手段的运用,完善城管执法系统的信息化建设。

5. 建设学习型城管执法机关,建立领导干部学法长效机制

(1)以提高执法人员依法履责、协调解决问题、语言文字表达、应急处置和运用岗位专业技能等五种能力为培训内容的核心,开展系统化培训。(2)以执法岗位资质需求为标准,通过编纂执法培训系列教材、大纲及题库,逐步实现执法人员培训考核标准化和制度化,不断提高执法人员的综合业务能力。

6. 建立健全城管执法人员保障机制

(1)提高城管执法人员待遇,完善奖励机制,建立专业技术职务职称系统。(2)疏导执法人员工作过程中产生的不良心理状态,缓解履职压力,培养城管执法人员对城管综合执法工作的敬业精神和职业感情。(3)完善法律保障机制。目前城管执法的职能职责依据,都是散见于各行政部门的法律法规。

(六)拓宽执法监督渠道,切实增强监督实效

1. 积极探索并建立自我监督机制

(1)北京市城管局作为负责本市城管执法队伍监督和考核工作的机关,应当对城管执法队伍开展系统地内部监督,继续与市政府督查室开展联合督察机制。(2)不断根据实际情况的需要完善内部监督考核评价制度,将公众满意度作为考核的重要目标。(3)加强与市区纪检、监察部门的配合,严肃查处内部违规违纪案件。

2. 全面落实执法过错责任追究制度

(1)科学合理地划分和清理各执法部门内部之间以及执法部门与相关职能部门之间的管理权限和范围,避免职权交叉重叠现象和执法真空现象的出现,同时注意各不同部门和部门上下级之间的协调和配合,并将清理结果通过法规规章的形式予以确认。(2)增强执法责任意识,建立详细可行的执法过错追究机制。

3. 建立执法问题收集、处理、反馈系统

对社会关注的执法热点问题,要及时反馈和处置。加大群众举报办理力度,提高办理时效和办理质量,及时化解矛盾,做到事事有结果、件件有

回音。

4. 建立健全社会监督制度,完善外部监督化评价体系

(1)广泛接受社会各界、人民群众和新闻媒体的监督,并进一步加强社会监督员督察制度,推行政务公开。(2)妥善处理人民群众来信、来访和社会各界反馈的监督意见,建立举报受理承办人员责任制,及时反馈办理意见,建立有效的举报、反馈流程和承办部门的责任落实制度。(3)充分发挥人大的监督作用。(4)继续坚持信访督查制度。

5. 加强法律监督

(1)进一步畅通行政复议申请渠道,推进行政复议制度在城管综合执法监督中的创新。行政复议制度是保障社会公众知情权的一项重要行政救济制度。应努力发挥复议委员会的职能作用,切实加强复议指导工作,提高复议监督和化解纠纷能力。(2)深入贯彻落实行政诉讼法,制定行政机关应诉工作规则,规范应诉工作,提高应诉水平,自觉接受人民法院依法对执法行为的监督。(3)创新检察机关监督机制,尝试检察监督对城管执法的有限介入。

# 城市化进程中农村土地用途管制的法律保障研究报告

**首都师范大学法律系课题组**

土地是民生之本,发展之基,财富之源。人类社会的进步、经济的发展和财富的积累,无不与土地息息相关。在人地矛盾尖锐突出的中国,土地问题始终是现代化发展进程中带有全局性、根本性、战略性的重大问题。《中国发展报告2010》指出,如果能够顺应市场经济的发展趋势,逐步消除阻碍城市化发展的制度因素和其他障碍,预计2030年中国的城市化率将达到65%。《报告》指出,2009年,中国城市化水平为46.6%,是最近30年间世界上城市化率增长最快的国家之一。随着城市化进程的推进,城市外延不断扩展,违法批地、乱占耕地、浪费土地、城乡建设用地增量扩张等现象也十分严重,耕地面积呈递减趋势,全国已有666个县人均耕地低于0.5亩,人地矛盾十分尖锐,我国土地利用现状令人堪忧。从制度层面而言,目前,我国土地用途管制存在着诸多法律制度的缺陷,影响了土地宏观调控作用的发挥。本文以实证研究为立足点,以北京市城乡一体化建设为背景,以当前土地用途管制的制度现状为出发点,结合农村土地流转的现实需要,从法律制度的角度,剖析我国土地用途管制的制度缺陷,进而有针对性地提出法律制度完善的建议与对策。

# 第一部分　现状与制度框架

## 一、我国土地用途管制的制度目的——保护农用地

土地用途管制国外也称"土地使用分区管制"（日本、美国、加拿大等国）、"土地规划许可制"（英国）、"建设开发许可制"（法国、韩国等）等，是指国家为保证土地资源合理利用和经济、社会协调发展，通过编制土地利用总体规划划定土地利用区，确定土地使用条件，并要求土地所有者和使用者严格按照国家确定的用途利用土地的制度。

土地用途管制制度是目前世界上土地管理制度较为完善的国家和地区广泛采用的土地管理制度。我国 1999 年开始实行土地用途管制制度，以代替原分级限额审批制度，强化了土地利用总体规划和土地利用年度计划的法定效力。在我国，实行土地用途管制的制度根源在于传统的分级限额审批用地制度不能有效控制地方政府用"化整为零"或"下放土地审批权"等办法非法批地和用地，导致农用地，特别是耕地大量转变为建设用地。在耕地总量持续减少、耕地质量明显下降、人口不断增长的严峻形势下，1997 年 4 月 15 日，中共中央、国务院联合发布 11 号文件《中共中央、国务院关于进一步加强土地管理切实保护耕地的通知》，要求加强土地宏观管理，严格建设用地审批，严控城市建设用地规模，加强土地执法监督检查等，以期逐渐扭转耕地大量减少失衡的趋势，并进一步严格建设用地审批管理，"对农地和非农地实行严格用途管制"。相应地 1998 年修订的《土地管理法》第 4 条规定，"国家实行土地用途管制制度"，从而确立了以土地用途管制为核心的新型土地管理制度，并将土地利用总体规划审批权、农地转用和土地征用审批权、耕地开垦监督权、土地供应量控制权集中在中央和省级政府，同时将执行性的权力下放到市县政府。在法律上规定了土地利用总体规划的地位、作用及审批程序，以土地利用总体规划作为土地用途管制的依据，规

定了农用地转为建设用地的审批权限,上收征地审批权和完善乡村建设用地管理,以法律形式确定了用途管制作为我国土地管理的根本制度。同时,作为基本法的《土地管理法》明确指出,编制土地利用总体规划要遵循严格保护基本农田,控制非农建设占用农用地;提高土地利用率;统筹安排各类、各区域用地;保护和改善生态环境,保障土地可持续利用;占用耕地与开发复垦耕地相平衡的原则。明确了土地利用总体规划审批制度,确立了土地利用总体规划在土地资源管理中的基础性地位。在我国建立用途管制制度,是土地管理方式的重大改革,也是管地方式、用地方式的一个大变革,是深入贯彻土地基本国策,加强城市规划、建设和管理,推动土地利用方式根本转变,使土地利用率和产出效益得以全面提高的根本举措。土地用途管制制度的优势在于,一是以土地用途分区管制实施管理,依法确立不同的审批主体,科学确定耕地资源保护数量,有效保护耕地资源。二是发挥土地利用规划在土地资源优化配置中的作用,协调土地利用规划管理与实施,避免过去以项目管理为依据进行用地审批导致土地利用管理上难以有效控制耕地锐减的局面。三是改变分级限额审批制度将建设用地审批集中于市、县政府而形成了地方"多卖地,多得益"的土地收益分配机制,建立将存量建设用地收益归地方、增量土地收益上缴中央的土地收益分配机制。

根据我国的具体国情,保护农用地是国家实行土地用途管制的目的,土地用途管制的核心是通过编制土地利用总体规划划定土地用途区域,并依据土地利用规划对土地用途转变实行严格控制,严格限制农用地变更为建设用地,切实保护耕地,保证耕地总量动态平衡,对基本农田实行特殊保护,防止耕地的破坏、闲置和荒芜,开发未利用地、进行土地的整理和复垦。目前,在我国土地用途管制制度中,由国家编制土地利用总体规划,规定土地用途,将土地分为农用地、建设用地和未利用地,严格限制农用地转为建设用地,控制建设用地总量,对耕地实行特殊保护,使用土地的单位和个人必须严格按照土地利用总体规划确定的用途使用土地。农用地的用途管制包括农地非农化的管制和农地农用的管制两方面,坚持"农地、农有、农用"的原则,限制农地非农化,鼓励维持农用。在坚持因地制宜、科学规划原则的基础上,依据可持续发展的战略方针,严格控制建设用地总量,严格限制农用地转为建设用地,同时,通过增设农用地转用审批环节,为土地利用总体规划的有效实施提供保证。落实耕地总量动态平衡的目标,实现土地利用方式由粗放型向集约型转变,保护耕地,控制建设用地;限制不合理利用土地的行为,克服土地利用的负外部效应,提高土地利用率;保护和改善生态环境,防止土地资源浪费和地力枯竭,促进区域社会经济的持续发展和土地的持续利用,实现社会、经济、生态综合效益的最优结合。

## 二、现有土地用途管制的制度框架

(一)土地用途管制的依据:土地利用总体规划

土地利用总体规划是在一定区域内,根据国家社会经济可持续发展的要求和当地自然、经济、社会条件,对土地的开发、利用、治理、保护在空间上、时间上所作的总体安排和布局,是国家实行土地用途管制的基础。我国《土地管理法》规定,编制土地利用总体规划要遵循严格保护基本农田,控制非农建设占用农用地;提高土地利用率;统筹安排各类、各区域用地;保护和改善生态环境,保障土地可持续利用;占用耕地与开发复垦耕地相平衡的原则。明确了土地利用总体规划审批制度,确立了土地利用总体规划在土地资源管理中的"龙头"地位。"经批准的土地利用总体规划的修改,须经原批准机关批准;未经批准,不得改变土地利用总体规划确定的土地用途。"因此土地利用总体规划属于宏观土地利用规划,是各级人民政府对辖区内全部土地的利用以及土地开发、整治、保护所作的综合部署和统筹安排。根据我国行政区划,规划分为全国、省(自治区、直辖市)、市(地)、县(市)和乡(镇)五级,即五个层次,上下级规划必须紧密衔接,上一级规划是下级规划的依据,并指导下一级规划,下级规划是上级规划的基础和落实。土地利用总体规划的成果包括规划文件、规划图件及相应的附件。土地利用总体规划实行分级审批制度。其中,《中华人民共和国土地管理法》第十九条规定了土地总体规划编制的原则:(1)严格保护基本农田,控制非农业建设占用农用地；（2）提高土地利用率；（3）统筹安排各类各区域用地；（4）保护和改善生态环境，保障土地的可持续利用；（5）占用耕地与开发复垦耕地相平衡。在 2009 年 1 月国土资源部会议审议通过的《土地利用总体规划编制审查办法》中，还对土地利用总体规划的编制、规划内容、审查和报批等项作出明确规定。

1. 审批权限

土地利用总体规划实行分级审批。①省、省级政府所在地的市、人口在100 万以上的城市以及国务院指定的城市的土地利用总体规划报国务院审批；②除此之外的土地利用总体规划报省政府批准，其中，乡级土地利用总体规划可以由省政府授权设区市的市政府批准；③浙江省省级及杭州市、宁波市的土地利用总体规划必须报国务院批准，其他市级和县级土地利用总体规划报省政府批准；④设区的城市郊区的乡镇（包括街道办事处、农场）、县（市）人民政府所在地的镇和省政府确定的中心镇的土地利用总体规划报省批准，其他乡镇的土地利用总体规划报设区的市人民政府批准。

2. 局部修改

局部修改规划必须符合以下条件：A. 国务院和省政府已批准行政区划调整的；B. 国家和重大能源、交通、水利基础设施及国家军事设施建设项目用地涉及基本农田的；C. 国防、交通、水利、能源、通讯、环保、城市和省级中心镇基础设施建设和省级农业龙头企业扩大农副产品出口加工、重大外商投资建设项目用地不涉及基本农田，但未纳入土地利用总体规划的；D. 建设项目已列入土地利用总体规划、规划指标已预留，但由于选址未确定、没有落实到土地利用总体规划图上或已落实到土地利用总体规划图但实际位置需作调整的；E. 建设项目符合规划建设占用耕地机动指标条件的；F. 建设项目用地符合国家供地政策（与产业政策基本相符），全部占用基本农田保护区以外非耕地的；G. 对市、县（市、区）经济发展有重大影响的城镇建设项目，确实无法在现行规划确定的建设用地范围内安排，在县（市、区）新一轮土地利用总体规划修编前期工作完成后，可以申请土地利用总体规划局部调整（一般一年只能提一至两个项目，项目类型没有限制）；H. 国家和省重大基础建设的拆迁安置、抢险避灾安置和下山脱贫安置用地,确定无法在现行规划确定的建设用地范围内安排的(先用后批)。

3. 基本内容

（一）现行规划实施情况评估；（二）规划背景与土地供需形势分析；（三）土地利用战略；（四）规划主要目标的确定,包括:耕地保有量、基本农田保护面积、建设用地规模和土地整理复垦开发安排等；（五）土地利用结构、布局和节约集约用地的优化方案；（六）土地利用的差别化政策；（七）规划实施的责任与保障措施。乡(镇)土地利用总体规划可以根据实际情况,适当简化前款规定的内容。

（二）土地用途管制的内容

根据我国现行制度,土地用途管制的主要内容包括:

1. 土地用途分区管制①

土地用途分区就是指按照土地基本用途的不同对土地利用在空间上的划分,是在土地适宜性特点的基础上,结合国民经济和社会发展以及今后土地利用结构调整的需要划分的用地区域。土地用途分区是土地利用总体规划中不可缺少的基本内容,是实施土地用途管制最直接的依据。土地用途分区基本要求:

第一,土地用途区域不是纯粹用地性质的区域,而是以主导用地为主,同时有限制地允许其他形式利用的综合用地区域。

第二,土地用途分区要有层次性。

第三,体现耕地总量动态平衡的总目标,认真落实三项土地利用控制指标。

第四,既能充分利用现有的土地详查和变更调查的成本资料,又能充分利用现有的土地利用专(单)项规模和各行业用地规划。

---

① 相关法规——《中华人民共和国国民经济和社会发展第十一个五年规划纲要》、《十一届全国人民代表大会第一次会议关于2007年国民经济和社会发展计划执行情况与2008年国民经济和社会发展计划的决议》、《国务院关于印发全国土地利用总体规划纲要(2006—2020年)的通知》等等。

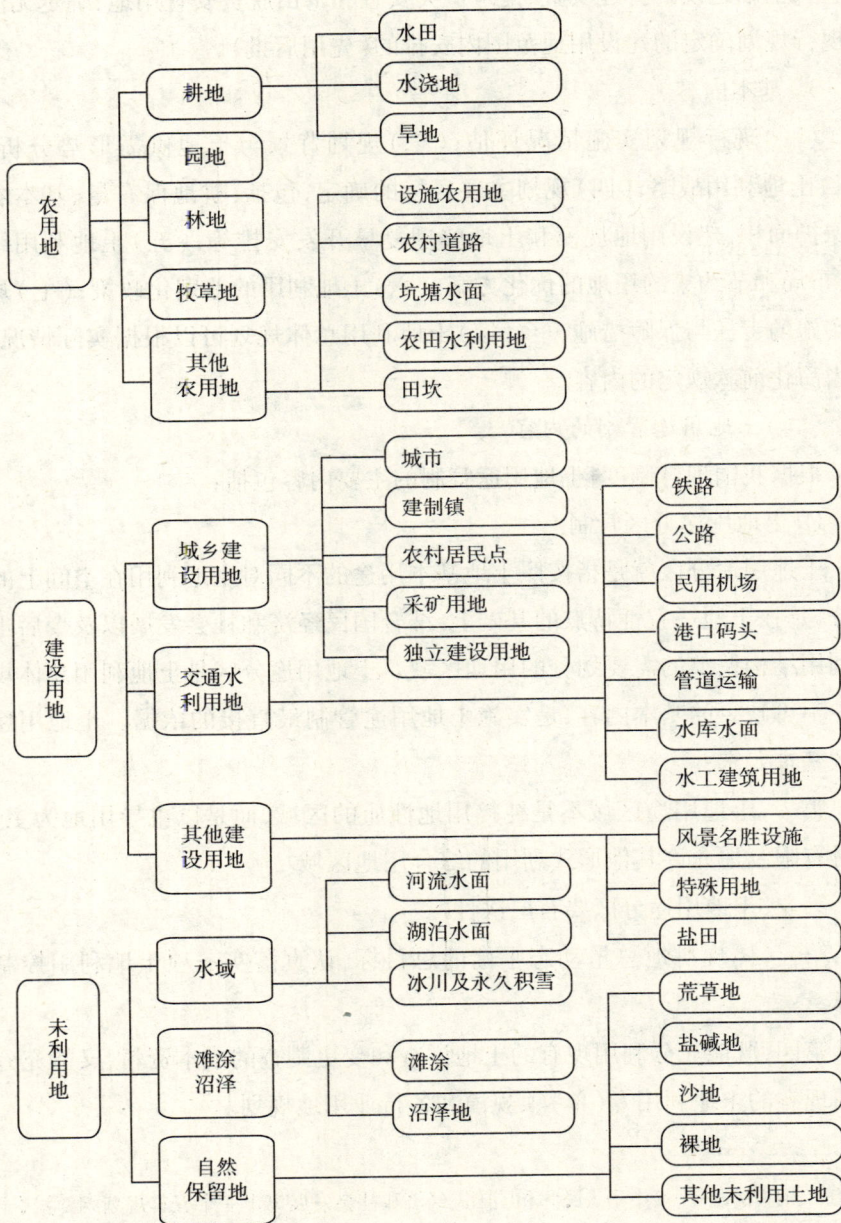

```
                      ┌─ 水田
           ┌─ 耕地 ──┼─ 水浇地
           │         └─ 旱地
           ├─ 园地
           │         ┌─ 设施农用地
农用地 ────┼─ 林地   ├─ 农村道路
           │         ├─ 坑塘水面
           ├─ 牧草地 ├─ 农田水利用地
           │         └─ 田坎
           └─ 其他
              农用地

                       ┌─ 城市
                       ├─ 建制镇          ┌─ 铁路
           ┌─ 城乡建 ──┼─ 农村居民点      ├─ 公路
           │  设用地   ├─ 采矿用地        ├─ 民用机场
           │           └─ 独立建设用地    ├─ 港口码头
建设用地 ──┼─ 交通水 ──────────────────── ├─ 管道运输
           │  利用地                      ├─ 水库水面
           │                              └─ 水工建筑用地
           └─ 其他建 ──────────────────── ┌─ 风景名胜设施
              设用地                       ├─ 特殊用地
                                           └─ 盐田
                       ┌─ 河流水面
           ┌─ 水域 ───┼─ 湖泊水面
           │           └─ 冰川及永久积雪   ┌─ 荒草地
未利用地 ──┼─ 滩涂 ───┬─ 滩涂            ├─ 盐碱地
           │  沼泽     └─ 沼泽地          ├─ 沙地
           └─ 自然 ─────────────────────  ├─ 裸地
              保留地                       └─ 其他未利用土地
```

**（图例一）**

第五,土地用途分区应遵循土地利用现状与土地适宜用途一致性原则、土地利用主导用途原则、土地利用地域差异性和相似性原则等。

根据用途分区可形成不同的土地利用区,土地利用区是指在各级土地利用总体规划中,依据土地适宜性、土地利用现状和土地需求,结合当地社会经济可持续发展的要求、上级土地利用总体规划下达的规划指标和布局要求,划分出的土地主要规划用途相对一致的区域。现行土地用途管制制度将土地资源分为农用地、建设用地和未利用地,使土地用途分区管制得以制度化,并从土地利用方向管制、土地用途转用管制、土地利用程度管制和土地利用效益管制4个方面构建了完整的土地用途分区管制体系。土地分类后,管制更明确,即对农用地向建设用地转化实行严格的用途管制。用地分区后,制定各分区土地使用规则,具体落实土地用途管制的措施和责任。

2. 土地利用方向管制

土地是人类赖以生存的宝贵自然资源,而我国是一个人多地少的发展中国家,加强土地管理,严格保护耕地,推进土地节约集约利用,始终是我国现代化建设中的一个全局性、战略性问题。1986年制定的《土地管理法》第三条规定:各级人民政府必须贯彻执行十分珍惜和合理利用土地的方针,全面规划,加强管理,保护、开发土地资源,制止乱占耕地和滥用土地的行为。1998年修订的《土地管理法》明确指出:十分珍惜、合理利用土地和切实保护耕地是我国的基本国策。各级人民政府应当采取措施,全面规划,严格管理,保护、开发土地资源,制止非法占用土地的行为。

为了加强国家对土地利用的宏观调控和计划管理,协调各部门的用地需求,充分、合理地利用我国有限的土地资源,保障国民经济持续、稳定、协调发展和人民生活水平不断提高,国家制定了一系列的土地利用政策,总的方向是土地开源和节流并举、统筹兼顾、量力而行、调整土地利用结构,切实保护耕地、确保耕地保有量,保障必要的建设用地、控制建设用地总量,努力改善生态环境、提高土地利用率和生产率。具体主要有以下措施。

（1）明确不同类型土地的利用方向①

如前所述，国家有关法规将土地划分为不同的类型。针对不同的用地类型，实施不同的政策。

| 土地用途 | 土地利用方向（或方式） | 各类土地利用管理的主要措施 |
|---|---|---|
| 农用地 | 耕地 | 1. 国家保护耕地，严格控制耕地转为非耕地；<br>2. 为确保耕地总量不减少，实行占用耕地补偿制度，开垦耕地计划；<br>3. 国家鼓励土地整理〔县、乡（镇）人民政府应当组织农村集体经济组织，按照土地利用总体规划，对田、水、路、林、村综合整治，提高耕地质量，增加有效耕地面积，改善农业生产条件和生态环境〕。 |
| | 基本农田 | 国家实行基本农田保护制度，划定基本农田保护区，对基本农田实行特殊保护，严格管理。主要措施有：<br>1. 基本农田保护区经依法划定后，任何单位和个人不得改变或者占用，确需占用的，由国务院批准；<br>2. 禁止占用基本农田发展林果业和挖塘养鱼；<br>3. 禁止任何单位和个人闲置、荒芜基本农田；<br>4. 在建设项目环境影响报告书中，应当有基本农田环境保护方案；<br>5. 制定专门的《基本农田保护条例》等等。 |

---

① 相关法规——《国家建设征用土地办法》、《中华人民共和国土地管理法》（1986 年、1988 年、1998 年、2004 年）、《中华人民共和国土地管理法实施条例》、《中华人民共和国城乡规划法》、《中华人民共和国国民经济和社会发展第十一个五年规划纲要》、《基本农田保护条例》、《土地复垦规定》、《土地利用总体规划编制审查办法》、《土地利用年度计划管理办法》、《闲置土地处置办法》、《国务院办公厅关于印发〈全国土地利用总体规划纲要（草案）〉的通知》（国办发〔1993〕19 号）、《国务院办公厅转发国土资源部关于做好土地利用总体规划修编前期工作意见的通知》、《中共中央、国务院关于加强土地管理、制止乱占耕地的通知》、《国务院关于印发全国土地利用总体规划纲要(2006—2020 年)的通知》、《国务院关于深化改革严格土地管理的决定》（国发〔2004〕28 号）、《中共中央国务院关于进一步加强土地管理切实保护耕地的通知》、《国家土地管理局关于土地利用总体规划编制和修订工作有关问题的紧急通知》、《国务院办公厅关于深入开展土地市场治理整顿严格土地管理的紧急通知》（国办发明电〔2004〕20 号）、《国务院关于加大工作力度进一步治理整顿土地市场秩序的紧急通知》（国发明电〔2003〕7 号）、《国务院办公厅关于严格执行有关农村集体建设用地法律和政策的通知》（国办发〔2007〕71 号）、《国务院批转国家土地管理局、农业部关于在全国开展基本农田保护工作请示的通知》（国发〔1992〕6 号）、《国务院批转国家土地管理局关于加强农村宅基地管理工作请示的通知》（1990 年 1 月 3 日）、《国务院关于促进节约集约用地的通知》（国发〔2008〕3 号）、《国土资源部关于进一步加强土地整理复垦开发工作的通知》（国土资发〔2008〕176 号）、《国土资源部关于印发〈全国土地开发整理规划〉的通知》（国土资发〔2003〕69 号）等等。

续表

| 土地用途 | 土地利用方向（或方式） | 各类土地利用管理的主要措施 |
|---|---|---|
| 建设用地 | | 加强土地利用计划管理,实行建设用地总量控制 |
| | 国家建设用地 | 1. 建设用地要严格控制增量,积极盘活存量,把节约用地放在首位,重点在盘活存量上下功夫;<br>2. 必须节约使用土地,可以利用荒地的,不得占用耕地;可以利用劣地的,不得占用好地;<br>3. 用地规模应当符合国家规定的标准,充分利用现有建设用地,不占或者尽量少占农用地。 |
| | 临时建设用地 | 在临时使用的土地上不得修建永久性建筑物。使用期满,建设单位应当恢复土地的生产条件,及时归还。 |
| | 农村建设用地 | 应当按照乡(镇)村建设规划进行。 |
| | 国家建设征地 | 1. 必须基于公共利益的需要,并给予补偿;<br>2. 既应该根据国家建设的实际需要,保证国家建设所必需的土地,又应该照顾当地人民的切身利益;<br>3. 必须贯彻节约用地的原则(一切目前可以不举办的工程,都不应该举办;需要举办的工程,在征用土地的时候,必须精打细算,严格掌握设计定额,控制建筑密度,防止多征、早征、杜绝浪费土地。凡有荒地、劣地、空地可以利用的,应该尽量利用;尽可能不征用或者少征用耕地良田,不拆或者少拆房屋)。 |
| 未利用地 | | 1. 国家鼓励单位和个人开发未利用的土地(按照土地利用总体规划,在保护和改善生态环境、防止水土流失和土地荒漠化的前提下);<br>2. 国家依法保护开发者的合法权益。 |

（2）实施差别化的区域土地利用政策①

如前所述,《中华人民共和国国民经济和社会发展第十一个五年规划纲要》规定将我国的国土空间划分为四大主体功能区。《国务院关于印发

---

① 各主体功能区的土地利用政策详见《国务院关于印发〈全国土地利用总体规划纲要（2006—2020 年）〉的通知》;《国务院关于印发〈全国土地利用总体规划纲要（2006—2020 年）〉的通知》根据各地资源条件、土地利用现状、经济社会发展阶段和区域发展战略定位的差异,把全国划分为几大土地利用区(主要有西部地区、西北区、西南区、青藏区、东北地区、中部地区、晋豫区、湘鄂皖赣区、东部地区、京津冀鲁区、苏浙沪区、闽粤琼区等),明确各区域土地利用管理的重点,指导各区域土地利用调控;《中华人民共和国国民经济和社会发展第十一个五年规划纲要》重点列举了 22 个限制开发区域,并附有所列举的限制开发区域具体的功能定位及发展方向。

〈全国土地利用总体规划纲要（2006—2020 年）〉的通知》又指出：根据资源环境承载能力、土地利用现状和开发潜力，统筹考虑未来我国人口分布、经济产业布局和国土开发格局，按照不同主体功能区的功能定位和发展方向，实施差别化的土地利用政策。如下表所述：

| 主体功能区 | 土地利用政策侧重点 |
| --- | --- |
| 优化开发区域 | 1. 要对优化开发区域实行更严格的建设用地增量控制，在保证基本农田不减少的前提下适当扩大重点开发区域建设用地供给；<br>2. 大力推进优化开发区域土地利用转型，鼓励土地利用模式和方式创新。 |
| 重点开发区域 | 适当扩大建设用地供给，有效保障重点开发区域集聚人口及经济的用地需求。 |
| 限制开发区域 | 严格土地用途管制，加强农用地特别是耕地保护，坚持土地资源保护性开发，统筹土地资源开发与土地生态建设，促进限制开发区域生态功能的恢复和提高，切实发挥限制开发区域土地对国家生态安全的基础屏障作用。 |
| 禁止开发区域 | 1. 实行严格的土地用途管制，严禁生态用地改变用途；<br>2. 对自然文化遗产保护区域土地实行强制性保护，严格禁止开发建设。 |

3. 土地用途转用管制[1]

我国人多地少，耕地后备资源严重不足，从国情和实现可持续发展的要

[1] 农村建设用地——乡（镇）村企业建设、公共设施及公益事业建设、住宅建设——涉及占用农用地的，按照上述规定办理农用地转用审批手续。

主要法规——《土地管理法》（2004 年）第四十四条规定了建设占用土地涉及农用地转用时的审批手续；《中华人民共和国土地管理法实施条例》第十七条——开发未利用地用于种植业、林业、畜牧业、渔业，二十四条——建设项目占用土地利用总体规划确定的国有未利用地，二十七条——抢险救灾用地；《城市房地产管理法》第十八条——改变合同约定的用途（土地使用者需要改变土地使用权出让合同约定的土地用途的，必须取得出让方和市、县人民政府城市规划行政主管部门的同意，签订土地使用权出让合同变更协议或者重新签订土地使用权出让合同，相应调整土地使用权出让金。《协议出让国有土地使用权规定》第十六条（以协议出让方式取得国有土地使用权的土地使用者，需要将土地使用权出让合同约定的土地用途改变为商业、旅游、娱乐和商品住宅等经营性用途的，应当取得出让方和市、县人民政府城市规划部门的同意，签订土地使用权出让合同变更协议或者重新签订土地使用权出让合同，按变更后的土地用途，以变更时的土地市场价格补交相应的土地使用权出让金，并依法办理土地使用权变更登记手续。《基本农田保护条例》第十五条——占用基本农田；《国务院关于国土资源部《报国务院批准的土地开发用地审查办法》的批复》（国函〔2001〕170 号）规定的审查范围。

求出发,必须实行世界上最严格的土地管理制度。为实现切实保护耕地、严格控制各类建设用地、促进土地资源可持续利用和提高土地利用社会、经济、生态综合效益的目标,国家法律在划分土地分类、规定土地利用方向的同时,也明确了严格的土地用途转用程序,以保证耕地总量动态平衡、土地集约利用和优化配置。例如现行2004年修订的《土地管理法》第四十四条规定:建设占用土地,涉及农用地转为建设用地的,应当办理农用地转用审批手续。

国家实行土地用途管制制度,制定土地利用规划,确定土地用途,未经批准,不得改变土地用途。在经济发展过程中确实需要改变土地用途的,必须履行一定的审批手续,严格按程序控制土地用途的改变。

| 土地用途转用类型 | 具体情形 | 批准机关(或手续) |
|---|---|---|
| （涉及）农用地转为建设用地 | 国务院批准的建设项目 | 国务院 |
| | 国务院有关部门和国家计划单列企业批准的道路、管线工程和大型基础设施建设项目 | 国务院 |
| | 国家能源、交通、水利、军事等设施等重点建设项目选址需要占用基本农田的 | 国务院 |
| | 省、自治区、直辖市人民政府批准的道路、管线工程和大型基础设施建设项目 | 国务院 |
| | 在土地利用总体规划确定的直辖市、计划单列市和省、自治区人民政府所在地的城市以及人口在50万以上的城市建设用地规模范围内,为实施该规划按土地利用年度计划分批次用地 | 国务院 |
| | 在土地利用总体规划确定的城市和村庄、集镇建设用地规模范围内,为实施该规划而将农用地转为建设用地的 | 按土地利用年度计划分批次由原批准土地利用总体规划的机关批准 |
| | 其他建设项目占用土地 | 省、自治区、直辖市人民政府 |

| 土地用途转用类型 | 具体情形 | | 批准机关（或手续） |
|---|---|---|---|
| 占用或者开发未利用地用于建设用地或农业用地 | 国家重点建设项目用地 | | 国务院 |
| | 军事设施用地 | | 国务院 |
| | 跨省、自治区、直辖市行政区域的建设项目 | | 国务院 |
| | 国务院规定的其他建设项目用地 | | 国务院 |
| | 其他具体建设项目需要占用未利用地的 | | 按照省、自治区、直辖市的规定办理 |
| | 在土地利用总体规划确定的土地开垦区内，开发未确定土地使用权的国有荒山、荒地、荒滩从事种植业、林业、畜牧业、渔业生产的（一次性开发） | 60公顷以下 | 按照省、自治区、直辖市规定的权限，由县级以上地方人民政府批准 |
| | | 60公顷以上 | 国务院 |
| 其他 | 以协议出让方式取得国有土地使用权的土地使用者，需要将土地使用权出让合同约定的土地用途改变为商业、旅游、娱乐和商品住宅等经营性用途的 | | 应当取得出让方和市、县人民政府城市规划部门的同意，签订土地使用权出让合同变更协议或者重新签订土地使用权出让合同 |
| | 抢险救灾等急需使用土地的，可以先行使用土地 | 属于临时用地的 | 灾后应当恢复原状并交还原土地使用者使用，不再办理用地审批手续 |
| | | 属于永久性建设用地的 | 建设单位应当在灾情结束后6个月内申请补办建设用地审批手续 |

### 4. 土地利用程度管制

| "土地利用程度"的实然状态 | "土地利用程度"的应然状态 | |
|---|---|---|
| 在进行法律法规现状梳理过程中,关于"土地利用程度"的内容只有在《北京市人民政府关于印发北京市"十一五"时期土地资源保护与开发利用规划的通知》中有表格示意,如下图<br><br>土地利用程度: 容积率 / 人口密度 / 地均就业人口 / 土地闲置率 / 商品房空置率 | 土地利用率是反映土地利用程度的数量指标,指已利用的土地面积与土地总面积之比,一般用百分数表示。土地利用率的高低取决于多种因素 | ①土地的自然条件。 |
| | | ②经济条件与利用技术水平。 |
| | | ③生产关系与社会制度。 |
| | 衡量土地利用率的主要指标 | ①农业土地利用率。指一个地区或农业生产单位用于农业生产(包括农、林、牧、副、渔业)的土地占土地总面积的比例,是衡量一个地区或农业生产单位农业土地利用程度的指标。 |
| | | ②非农业土地利用率。指一个地区或农业生产单位非农业用地(包括城镇居民点、工矿、交通、旅游、军事等的占地)占土地总面积的比例,是反映非农业用地占用土地状况的指标。 |
| | | ③垦殖指数。指已开垦利用的耕地面积占土地总面积的比例,是衡量一个地区或农业生产单位耕地开发利用程度的指标。 |
| | | ④复种指数。指一个地区或农业生产单位一年内农作物播种面积与耕地面积的百分比,表明耕地在一年内被重复利用程度的指标。在土地开发利用过程中,必须在不造成水土流失和破坏生态环境的原则下,将一切可以开发利用的土地资源,因地制宜地加以充分合理的开发利用,以提高土地利用率。 |

### 5. 土地利用效益管制

| "土地利用效益"的实然状态 | | "土地利用效益"的应然状态 |
|---|---|---|
| 对于"土地利用效益"，一方面法律法规的数量不多，另一方面关于其内容的规定概括性过强。例如《北京市人民政府关于印发北京市 2007 年至 2010 年土地供应中期计划的通知》中"制订和完善用地标准，提高土地利用效益。完善并严格执行建设项目的用地标准和相关控制性指标，建立土地供应用地标准管理机制，促进基础设施、公共服务设施等项目用地的集约利用；产业用地供应与土地利用指标、投资强度、产出效益等指标挂钩，提高开发区（园区）建设项目的准入门槛；适度提高轨道交通站点周边政策性住房建筑密度、容积率，提高土地利用效益。" | 土地利用效益一般从经济、社会和生态三个方面来规定 | 1. 土地利用经济效益，指土地利用带来的经济成果，可以用投入和产出来衡量。主要包括以下指标：（1）投入程度指标，反映土地资金、物质和劳动力的投入程度；（2）经济效果指标，是反映土地利用经济产出的指标；（3）经济结构指标，是反映经济结构调整和优化程度的指标。 |
| | | 2. 土地利用社会效益，指土地利用对社会需求的满足程度及其相应产生的社会影响。主要包括以下指标：（1）人民生活水平指标，是反映土地利用对人民需求满足程度的指标；（2）社会发展状况指标，是反映土地利用对社会发展的影响指标。 |
| | | 3. 土地利用生态效益，指土地利用活动对生态条件和环境质量的影响程度。主要包括：（1）生态条件指标，衡量土地利用对生态条件的影响；（2）环境质量指标，反映工农业生产对环境的污染程度。 |

（三）土地用途管制的方式

1. 计划①

土地利用年度计划即国家对计划年度农用地转用计划指标、耕地保有量计划指标和土地开发整理计划指标等的具体安排，是实施土地利用总体

---

① 现有相关法律法规：《中华人民共和国土地管理法（2004 修正）》、《中华人民共和国土地管理法（1998 修订）》、《中华人民共和国土地管理法实施条例（1998）》、《国务院关于印发全国土地利用总体规划纲要（2006—2020 年）的通知》、《国务院关于深化改革严格土地管理的决定》、《国务院关于北京市土地利用总体规划批复的通知》、《土地利用年度计划管理办法》、《国土资源部关于印发〈省级土地利用总体规划会审办法〉、〈各类用地报批会审办法〉和〈土地估价结果确认及处置方案会审办法〉的通知》、《北京市人民政府贯彻落实国务院关于北京市土地利用总体规划批复的意见》、《北京市国土资源局关于印发北京市 2006 年度土地供应计划的通知》、《北京市人民政府关于印发北京市 2007 年至 2010 年土地供应中期计划的通知》。

规划的重要措施,是农用地转用审批、建设立项审查、用地审批和土地开发、整理审批的依据。《土地管理法》第24条规定:"各级人民政府应当加强土地利用计划管理,实行建设用地总量控制。土地利用年度计划,根据国民经济和社会发展计划、国家产业政策、土地利用总体规划以及建设用地和土地利用的实际状况编制。"明确指出"一经审批下达,必须严格执行",同时还规定对土地利用年度计划实施监督执行措施。

| 计划管理的意义和作用 | 通过土地利用计划管理,能有效控制建设用地占用耕地总量,加强对开发整理复垦耕地的引导,使土地用途管制得到落实,成为土地参与国家宏观调控的重要手段之一。 | |
|---|---|---|
| 计划管理的内容 | 土地利用计划的编制 | 采取自下而上申报,自上而下审核下达。根据国民经济和社会发展计划、国家产业政策、土地利用总体规划以及建设用地和土地利用的实际状况编制。 |
| | 土地利用年度计划的内容 | (一)新增建设用地计划指标。包括新增建设用地总量和新增建设占用农用地及耕地指标。 |
| | | (二)土地开发整理计划指标。包括土地开发补充耕地指标和土地整理复垦补充耕地指标。 |
| | | (三)耕地保有量计划指标。 |
| | 土地利用年度计划的管理 | 农用地转用计划指标实行指令性管理,分类下达,不得突破。 |
| | | 没有农用地转用计划指标的,不得批准农用地转用,农用地转用计划中城镇建设占用农用地指标和能源、交通、水利等独立选址的重点建设项目占用农用地指标不得混用。 |
| | | 没有农用地转用计划指标,擅自批准农用地转用的,按非法批准用地追究责任。 |
| | | 实行梯地利用年度计划台账管理。对计划执行情况进行登记、统计。同时,要将土地利用年度计划执行情况纳入国土资源综合统计,定期上报。 |
| | 土地利用年度计划的考核 | 规定上级国土资源管理部门对下级土地利用年度计划执行情况进行考核。考核要结合国土资源综合统计、建设用地审批、土地利用变更调查、土地利用动态监测等情况进行。考核年度为每年的一月一日至十二月三十一日。同时,要将考核结果作为编制下一年度计划的依据。 |

2. 许可①

| 许可事项 | | 审批机关 | 相对人 |
|---|---|---|---|
| 征地许可 | 建设用地 | 由乡级政府审核，县级以上政府审批。 | 用地单位持有关证明文件向拟征地所在地的土地管理机关申请选址。商定土地面积和补偿、安置方案，签订初步协议，核定用地面积。 |
| | 农用地 | 征收基本农田、基本农田以外的耕地超过三十五公顷的、其他土地超过七十公顷的，由国务院批准；征收前款规定以外的土地的，由省、自治区、直辖市人民政府批准。 | 征收农用地的，应当依照土地法的相关规定先行办理农用地转用审批。其中，经国务院批准农用地转用的，同时办理征地审批手续，不再另行办理征地审批。 |
| 土地使用许可 | 国有土地 | 各级人民政府 | |
| | 农用地转建设用地 | 省级政府批准的大型基础设施建设项目、国务院批准的建设项目涉及农用地转为建设用地的，由国务院批准。其他的为市、县人民政府。 | |
| | 乡镇用地 | 向区县级的土地管理部门提出申请。在建设项目竣工后，由城市规划管理机关会同土地管理局核查实际用地，办理土地登记手续。 | 依照法定的程序持经区县级人民政府批准的设计任务书或其他批准文件。 |
| 土地规划审批 | 乡镇规划 | 乡、镇人民政府组织编制乡规划、村庄规划，在报送审批前，应当经村民会议或者村民代表会议讨论同意。 | 由上一级政府审批。 |
| | 省级规划 | 省级土地行政管理部门负责组织编制规划，国土资源部要加强对省级土地利用总体规划编制工作的指导。 | 规划经省级人民政府审查同意后，由省级人民政府上报国务院。 |
| | 国家规划 | 国土资源部根据全国土地利用年度计划总量控制指标建议和省、自治区、直辖市提出的计划指标建议，编制全国土地利用年度计划草案。 | 国务院审定后下达各地参照执行。待全国人大审议通过后，正式执行。 |

① 规范依据：《北京市总体规划》、《土地利用总体规划编制审查办法》、《中华人民共和国城乡规划法》、《中华人民共和国土地管理法》。

3. 监督①

| 监督对象 | | 监督主体 | 监管措施和法定情形 |
| --- | --- | --- | --- |
| 1. 土地管理的总体监督 | | 县级以上人民政府土地行政主管部门 | 对违反土地管理法律、法规的行为进行监督检查，并有权要求提供有关资料，作出说明，必要时责令停止违法行为。 |
| 2. 土地用途管制监督 | | 国务院土地行政部门统一负责全国土地的管理和监督。县级以上地方政府土地行政主管部门的设置及其职责，由省、自治区、直辖市人民政府根据国务院有关规定确定。 | |
| 3. 土地利用计划的监督 | | 县级以上地方人民政府国土资源管理部门 | 建立土地利用计划管理信息系统，实行土地利用年度计划台账管理，对计划执行情况进行登记和统计。 |
| 4. 土地供应计划的监督 | 对于国有土地 | 经管理机关报同级人民政府批准 | 对于用地单位不复存在或未经原批准机关同意连续二年未使用的以及不按批准的用途使用的，收回土地使用权，注销土地使用证。 |
| | 对于非农业建设使用的集体所有的土地 | 农村集体经济组织 | 非农业建设使用的集体所有的土地不再使用或者连续二年未使用的，由农村集体经济组织收回。 |
| | 经批准征用的耕地和农村其他有收益的土地 | 区、县土地管理局 | 建设单位征用后一年以上无正当理由仍未进行建设造成土地荒芜的，按照同类土地年产值的 5 倍征收土地荒芜费。 |

① 规范依据：《北京市总体规划》、《土地利用年度计划管理办法》、《北京市闲置土地处理办法》、《北京市人民政府关于进一步治理整顿土地市场秩序加强土地管理工作的意见》、《国土资源部关于加强市县乡级土地利用总体规划成果核查工作的通知》、《国土资源部关于加强土地供应管理促进房地产市场持续健康发展的通知》、《国土资源部关于进一步加强土地整理复垦开发工作的通知》、《国土资源部关于进一步加强土地开发整理管理工作的通知》、《中华人民共和国土地管理法》、《中华人民共和国城乡规划法》。

续表

| 监督对象 | 监督主体 | 监管措施和法定情形 |
|---|---|---|
| 5. 闲置土地的监管（北京） | 市国土资源和房管局主管本市闲置土地的处理工作，区、县土地行政主管部门负责本辖区内闲置土地的处理工作 | 对闲置期不满2年的，征收土地闲置费用，并限期开发建设。依法认定闲置期满2年的，收回国有土地使用权。 |
| 6. 耕地保护的监管（北京） | 各级政府及其土地行政主管部门 | 加强补充耕地的监督检查，按照本地耕地保有量和基本农田保有量，实现耕地总量动态平衡，督促建设单位履行耕地占补平衡法定义务。 |
| 7. 耕地保护的监管（全国） | 各级人民政府 | 严格执行土地利用总体规划和土地利用年度计划，采取措施，确保本区域内耕地总量不减少，实行占用耕地补偿制度和基本农田保护制度。 |
| 8. 土地调查制度 | 县级以上人民政府土地行政主管部门会同同级有关部门进行土地调查 | 土地所有者或使用者应配合调查并提供有关资料。县级以上人民政府土地行政主管部门会同同级有关部门根据土地调查成果、规划土地用途和国家制定的统一标准，评定土地等级。 |
| 9. 土地统计制度 | 县级以上人民政府土地行政主管部门和同级统计部门 | 土地行政主管部门和统计部门共同发布的土地统计资料是各级政府编制土地利用总体规划的依据。国家建立全国土地管理信息系统，对土地利用状况进行动态监测。 |

| 监督对象 | | 监督主体 | 监管措施和法定情形 |
|---|---|---|---|
| 10. 对土地规划的监督 | 北京 | 各区县政府 | 依据法律和政策,加快编制区县、乡镇土地利用总体规划。建立土地利用总体规划审查联席会议制度。努力构建协调衔接的规划体系,全面加强规划实施管理,完善规划实施的评估和监督机制,并加快制订保障规划实施的其他配套措施。 |
| | 全国 | 国务院城乡规划主管部门和上一级政府 | 地方各级的总体规划报上一级政府审批,县级以上地方人民政府城乡规划主管部门负责本行政区域内的城乡规划管理工作,并加强对城乡规划编制、审批、实施、修改的监督检查。且有权采取相关措施。 |
| | | 本级人民代表大会常务委员会或者乡、镇人民代表大会 | 地方各级人民政府应当向本级人民代表大会常务委员会或者乡、镇人民代表大会报告城乡规划的实施情况,并接受监督。 |
| 11. 关于土地复垦的监管 | | 国土资源管理部门 | 各地要建立健全日常监管制度,切实加强土地复垦的监督检查工作。国土资源管理部门要会同有关部门定期、不定期地对复垦义务人落实土地复垦方案情况进行检查、指导和督促。 |
| 12. 土地资源开发的监管 | | 各级国土资源管理部门 | 各级国土资源管理部门加强对土地开发的管理与监督检查,协调处理好土地开发中各方面关系和出现的问题,促进土地开发顺利进行。 |

4. 处罚①

| 处罚情形 | | 处罚主体 | 处罚后果 |
|---|---|---|---|
| 1. 关于非法买卖或转让土地 | | 县级以上人民政府土地行政主管部门 | 没收违法所得，可以并处罚款；对直接负责的主管人员和其他直接责任人员，依法给予行政处分；构成犯罪的，依法追究刑事责任。 |
| 2. 关于非法占用耕地 | | 县级以上人民政府土地行政主管部门 | 责令限期改正或者治理，可以并处罚款；构成犯罪的，依法追究刑事责任。对主管人员和直接责任人员给予行政处分，可以并处罚款。 |
| 3. 对土地使用中违法违规行为的处理 | 国有土地 | 土地管理机关报本级政府 | 对于用地单位已经不存在或连续二年未使用的或者不按批准的用途使用的。收回土地使用权，注销土地使用证。 |
| | 非农业建设使用的集体所有的土地 | 农村集体经济组织 | 不再使用或者连续二年未使用的，予以收回。 |
| | 经批准征用的耕地和农村其他有收益的土地 | 区、县土地管理局 | 建设单位征用后一年以上无正当理由仍未进行建设造成土地荒芜的，按照同类土地年产值的5倍征收土地荒芜费。 |
| 4. 关于土地复垦 | | 国土资源管理部门 | 对未按规定缴纳土地复垦费的复垦义务人，将不批复建设用地、不发放采矿许可证或不予通过年检。 |

① 规范依据:《中华人民共和国土地管理法》、《中华人民共和国城乡规划法》、《国土资源部关于进一步加强土地整理复垦开发工作的通知》、《北京市总体规划》、《土地利用年度计划管理办法》、《北京市闲置土地处理办法》。

| 处罚情形 | | 处罚主体 | 处罚后果 |
|---|---|---|---|
| 5. 违反土地规划的处罚 | 对于土地规划的制定 | 国土资源管理部门 | 严肃查处地方规划修编中存在的违法违规行为,遇有本部门无法处理的问题要及时向部和所在省级人民政府报告。 |
| | 对于土地规划的落实 | 城乡规划部门 | 对城乡规划管理中违反法定程序和技术规范审批规划,违反规划批准建设,责成责任部门纠正。对于造成后果的,应当依法追究直接责任人和主管领导的责任。 |

## 三、我国土地用途管制制度构建的历史沿革

### (一)制度的形成与演变

改革初期,鼓励农民利用村集体土地创办乡镇企业,发展农村经济是我国农村土地政策的出发点。到 20 世纪 80 年代中期以前,包产到户改革的成果使农民收入增加,出现农民第一次建房热。农村建房导致大量耕地被占用,为了对农村建房进行管理,1981 年国务院发出《关于制止农村建房侵占耕地的紧急通知》,1982 年制定和发布《村镇建房用地管理条例》,用于规范村镇内个人建房和社队企业、事业单位建设用地,要求办理申请、审查、批准的手续,农村土地进入集体非农使用从初期的自动自发纳入政府管理。20 世纪 80 年代中期以后,农村土地进入集体建设用地市场的通道一直开放着,1985 年的中央农村工作文件明确规定,"农村地区性合作经济组织以土地入股方式参与(小城镇)建设,分享收益或者建成店房及服务设施自主经营或出租"。1987 年的《土地管理法》中,农村土地进入非农建设保留着三个通道:1. 只要符合乡(镇)村建设规划,得到县级人民政府审批,就可以从事"农村居民住宅建设,乡(镇)村企业建设,乡(镇)村公共设施、公益事

业建设等乡（镇）村建设"。2. 当全民所有制企业、城市集体所有制企业同农业集体经济组织共同投资举办联营企业，需要使用集体所有的土地时，"可以按照国家建设征用土地的规定实行征用，也可以由农业集体经济组织按照协议将土地的使用权作为联营条件。"3. 城镇非农业户口居民在经县级人民政府批准后，可以使用集体所有的土地建住宅。1992年国务院出台《关于当前经济情况和加强宏观调控的意见》，对集体建设用地采取了关闭市场的态度，规定集体土地必须先征收为国有土地才能作为建设用地；集体土地作价入股兴办联营企业的，其土地股份不得转让。

20世纪90年代以后，由于建设用地挤压农用地的现象十分严重，而传统的分级限额审批用地制度不能有效控制地方政府用"化整为零"或"下放土地审批权"等办法非法批地和用地，不能按照土地利用总体规划确定用途进行管制，导致农用地特别是耕地大量转变为建设用地。据统计，1986—1995年农业结构调整和灾毁占用耕地7000多万亩，非农建设占用耕地2960万亩，农村宅基地超标占用耕地达5100多万亩，城市外延不断扩展，违法批地、乱占耕地、浪费土地等日益严重，全国已有666个县人均耕地低于0.5亩，人地矛盾十分尖锐。在耕地总量持续减少、耕地质量明显下降、人口不断增长的严峻形势下，1997年4月15日，中共中央、国务院联合发布11号文件《中共中央、国务院关于进一步加强土地管理切实保护耕地的通知》，要求加强土地宏观管理，严格建设用地审批，严控城市建设用地规模，加强土地执法监督检查等。并进一步严格建设用地审批管理，"对农地和非农地实行严格用途管制"。这些措施的采取逐步扭转了耕地大量减少失衡的趋势，随后国家编制了《1997—2010年规划纲要》，第一轮土地利用总体规划编制完成并经批准实施，标志着土地利用方式实现了从分级限额审批向用途管制的根本性转变。

从立法角度而言，1998年修订的《土地管理法》第4条规定，"国家实行土地用途管制制度"。确立了以土地用途管制为核心的新型土地管理制度，以代替原分级限额审批制度，强化了土地利用总体规划和土地利用年度计划的法定效力。主要内容是通过编制土地利用总体规划划定土地用途区域,确定土地使用限制条件,严格限制农用地变更为建设用地,防止耕地流失。制度核心在于依据土地利用规划对土地用途转变实行严格控制,并将土地利用总体规划审批权、农地转用和土地征用审批权、耕地开垦监督权、土地供应量控制权集中在中央和省政府,同时将执行性的权力下放到市县政府。在法律上规定了土地利用总体规划的地位、作用及审批程序,以土地利用总体规划作为土地用途管制的依据,规定了农用地转为建设用地的审批权限,上收征地审批权和完善乡村建设用地管理,以法律形式确定了用途管制作为我国土地管理的根本制度。《土地管理法》第 24 条规定:"各级人民政府应当加强土地利用计划管理,实行建设用地总量控制。土地利用年度计划,根据国民经济和社会发展计划、国家产业政策、土地利用总体规划以及建设用地和土地利用的实际状况编制。"明确指出"一经审批下达,必须严格执行",同时还规定土地利用年度计划实施监督执行措施。1999 年实施的《土地管理法》第一次将保护耕地提高到基本国策高度,并制定了土地用途管制、基本农田保护等制度,为有效遏制 20 世纪 90 年代建设用地占用耕地的势头提供了法律依据。

在此基础上,1999 年国办发《关于加强土地转让管理严禁炒卖土地的通知》39 号文,"农村居民点要严格控制规模和范围,新建房屋要按照规划审批用地,逐步向中心村和小城镇集中;乡镇企业用地要严格限制在土地利用总体规划确定的城市和村庄、集镇建设用地范围内;农民的住宅不得向城市居民出售,也不得批准城市居民占用农民集体土地建住宅。"

随着社会经济发展对资源环境造成的压力不断加大,区域协调发展问题的增多,规划作为政府干预市场的手段越来越显重要。为做好土地利用规划实施管理工作,保障《土地管理法》确立的土地用途管制制度的实施,2000 年 5 月 9 日,国土资发 144 号《土地利用规划实施管理工作若干意见》,建立健全规划审查和计划管理制度,全面加强对建设用地、农用地和土地开发复垦整理的规划管理,严格执行建设项目用地预审制度,对农用地转用的规划审查等。2001 年国土资源部启动深圳和天津作为新一轮国土规划的试点,开始第二轮国土规划,标志着国土规划重点从部门性规划转移到战略性规划。

进入 21 世纪来,社会经济快速发展,用地需求仍大幅度增加,人增地减的矛盾不断加剧。据国土资源部统计,1996 年我国耕地总量是 19.51 亿亩,2002 年减少到 18.89 亿亩,净减少 6164 万亩,年均 1027 万亩。而同时人口增加了 6000 多万人,平均每年增加 1000 多万。耕地还面临总体质量恶化、土壤退化、自然灾害等压力,仅水土流失一项,半个世纪以来,毁掉耕地 4000 多万亩,年均 100 万亩耕地丧失其利用价值(水利部统计)。还有不少基本农田因调整产业结构而挖鱼塘,种果树。从 2002 年到 2003 年,我国的耕地面积又由 18.89 亿亩下降到 18.51 亿亩,净减少 3806.1 万亩。基于上述状况,2004 年 10 月,国务院颁布了《关于深化改革严格土地管理的决定》,把减少土地供应作为国家宏观调控的重要手段,实行严而又严的用途管制。国土资源部按照《决定》要求,以强化土地用途管制,突出基本农田保护为重点,认真组织开展了新一轮土地利用总体规划修编。在新规划中,国家把保护耕地作为一项基本国策,为确保粮食安全,划定基本农田保护区,建立土地用途管制制度,严控建设用地总量和结构,使乱占耕地现象得到抑制。2004 年各项建设占用耕地较上年下降 37%,总体实现数量上的占补平衡。同时,2004 年开始推行城乡建设用地增减挂钩制度,2004 年 28 号文规定,"鼓励农民建设用地整理,城镇建设用地增加要与农村建设用地减少挂钩。加强农村宅基地管理,禁止城镇居民在农村购置宅基地。在符合规划的前提下,村庄、集镇、建制镇中的农民集体所有建设用地使用权可以依法流转。"

2005 年土地方面的新政策具有很强的延续性,仍然继续落实最严格的土地保护政策。根据 2005 年《全国土地利用变更调查报告》,全国耕地面积 18.37 亿亩,人均耕地 1.40 亩。"十五"期间,全国耕地面积净减少 9240 万亩,耕地年均净减少 1848 万亩。其中,前四年全国耕地面积净减少数量年均 2175 万亩,2005 年下降为 542.4 万亩,耕地面积净减少的势头明显减缓。

2006 年《国土资源"十一五"规划纲要》明确提出,严格土地利用规划实施管理,再次强调严格实施土地用途管制。强化农用地转用及其他土地利用项目规划审查,对不符合土地利用总体规划、未取得计划指标、未通过预审的项目不得批准。对违反规划、突破计划批准用地和供应土地的,依法严肃处理。同时,2006 年国务院 31 号文在"禁止通过'以租代征'等方式使用农民集体所有农用地进行非农业建设"的同时,允许在"符合规划并严格限定在依法取得的建设用地范围内,农民集体所有建设用地使用权流转。"

十七届三中全会为消除城乡二元土地制度格局提供了政策空间。1. 明确"在土地利用规划确定的城镇建设用地范围外,经批准占用农村集体土地建设非公益性项目,允许农民依法通过多种形式参与开发经营并保障农民合法权益。"这一规定对于让农民以土地权益合法分享工业化和城镇化成果具有建设性意义。为农村集体建设用地进入市场提供了通道。2. 提出"逐步建立城乡统一的建设用地市场,对依法取得的农村集体经营性建设用地,必须通过统一有形的土地市场,以公开规范的方式转让土地使用权,在符合规划的前提下与国有土地享有平等权益。"意味着,农村集体建设用地无须经过征用转为国有,就能进入非农用地市场,打破了以所有制性质、屏蔽集体建设用地进入市场的制度障碍。为实现集体土地与国有土地同地、同价、同权,建立城乡统一的建设用地市场提供了政策空间。只要符合规划,集体建设用地也可以与国有建设用地一样的方式进入市场,实现了两种不同所有制性质的建设用地真正意义上的平等权益。3. 征地制度改革在已有"缩小征地范围,完善征地补偿机制"的同时,又提出了一些新的改革举措。包括:明确提出了要严格界定公益性和经营性建设用地。这就为缩小征地范围,真正实现按公益性目的征地提供了前提。提出了对失地农民权利补偿原则。"依法征收农村集体土地,按照同地同价原则及时足额对农民集体组织和农民合理补偿",这意味着下一步征地制度改革将迈出重要一步,即对失地农民的补偿从现行的按农业用途的产值补偿,转向按权益补偿。以及对失地农民的安置转向包括就业、住房、社保等全面保障。4. 针对土地管理提出"产权明晰、用途管制、节约集约、严格管理"四项原则,将产权管理纳入土地管理内容,农地政策越来越朝向强化产权保护和农地市场化的方向演进。同时,明确了土地承包经营权的物权性质,强化了承包农户的市场流转主体地位,并对地方政府和集体经济组织施加了许多干预农户产权的限制。

（二）作为未来土地用途管制依据的《2006—2020 年规划纲要》

1998 年起,我国开始实行土地用途管制制度,严格限制农用地转为建设用地,控制建设用地总量,对耕地实行特殊保护,然而制度设计主要局限在土地用途分类及其数量规模基础上,没有直接涉及土地空间属性,因而在引导土地利用布局方面发挥的作用受到较大局限。

鉴于上述原因,《全国土地利用总体规划纲要 2006—2020 年》明确提出实行城乡建设用地空间管制制度,主要内容:一是实行城乡建设用地扩展边界控制。即按照分解下达的城乡建设用地指标,在各级土地利用总体规划中逐级落实用地规模和布局,并对城镇、工矿、农村居民点等非线性用地划定扩展边界。综合运用经济、行政、法律和科技手段监管。二是落实城乡建设用地空间管制规则,针对不同区域实施差别化的土地利用管理措施。城乡建设用地扩展边界外,原则上只能安排能源、交通、水利、军事等必需单独选址的建设项目。三是完善建设项目用地前期论证。强化土地利用总体规划、土地利用年度计划和土地供应政策等对建设用地的控制。上一轮土地规划主要针对土地利用规模与结构问题,相比较而言,本轮土地规划突出空间管制,主要解决土地利用布局问题。这是对现行"圈内、圈外"规划管理模式的总结和提升,有利于纠正城乡建设用地管理"重城轻乡"现象,将城镇用地、农村居民点和独立工矿用地等所有非线性用地都纳入管制范围,切实改变"基本农田保护区外可以建设"局面。为改变我国城镇用地冒进与农村建设滞后并存格局,国家将尽快改变农村建设用地规划滞后局面。

《中共中央关于推进农村改革发展若干重大问题的决定》将土地管理制度改革作为农村改革发展中的一项极为重要的任务,要求健全严格规范的农村土地管理制度。结合当前新农村建设的总体形势、目标任务,新一轮土地利用规划将立足解决农村民生问题,改善农村人地关系,提高农业综合生产能力,巩固和加强农业基础地位,保障国家粮食安全和主要农产品供给。在确定严格控制现有耕地流失、加大补充耕地力度、加强基本农田保护、强化耕地质量建设、统筹安排其他农用地等主要任务同时,国家将加快整合规范农村建设用地,改变当前城镇用地冒进与农村建设滞后并存局面,遏制空心村、闲散地大量存在,一户多宅、宅基地超标严重等现象,扭转农村建设用地布局混乱无序,农村教育、医疗、卫生等服务设施严重滞后,农村生态环境条件普遍呈恶化的趋势。针对上述现象,《纲要》明确提出要切实搞好乡级土地利用总体规划和镇规划、乡规划、村庄规划,合理引导农民住宅相对集中建设,促进自然村落适度撤并。重点保障农业生产、农民生活必需的建设用地,支持农村道路、水利等基础设施建设和教育、卫生、人口计生等社会事业发展。加强农村宅基地管理,合理安排农村宅基地,禁止超标准占地建房,逐步解决现有住宅用地超标准问题。《纲要》强调,农民新建住宅应优先安排利用村内空闲地、闲置宅基地和未利用地,村内有空闲地、原有宅基地已达标的,不再安排新增宅基地。引导和规范农村闲置宅基地合理使用,提高农村宅基地的利用效率。大力推进农村建设用地综合整治,探索实施城镇建设用地增加与农村建设用地减少相挂钩政策,引导农村建设用地逐步调整,由当前分散、低效向适度集中、提高用地效率转变,到2020年完成农村建设用地整理90万公顷(1350万亩)。

总之,近年来实践证明,土地分类是实施用途管制基础,土地利用总体规划是实施用途管制依据,农用地转用审批是实施用途管制关键,执法监督是实施用途管制保障。土地用途管制制度是适合我国基本国情的,在发挥土地最佳配置,切实保护土地资源方面起了积极作用。

## 四、我国土地用途管制的制度效果与现状

### (一)制度执行的整体效果

我国第一轮土地利用总体规划编制完成并经批准实施,标志着土地利用方式实现了从分级限额审批向用途管制的根本性转变。近年来实践证明,2003年以来开展的土地市场秩序的治理整顿,有效遏制了乱占滥用耕

地、盲目扩大建设用地规模的势头。2004 年各项建设占用耕地较上年度下降 37%，总体实现数量上的占补平衡。根据 2005 年《全国土地利用变更调查报告》，全国耕地面积 18.37 亿亩，人均耕地 1.40 亩。"十五"期间，全国耕地面积净减少 9240 万亩，耕地年均净减少 1848 万亩。其中，前四年全国耕地面积净减少数量年均 2175 万亩，2005 年下降为 542.4 万亩，耕地面积净减少的势头明显减缓，但是，非农建设占用耕地的数量反弹压力仍然较大。

（二）北京市土地利用总体规划的内容与实施状况

北京市 1997—2010 年土地利用总体规划明确：由于北京市人多地少、特别是人均耕地较少、后备土地资源匮乏，随着人口的增加和经济社会的快速发展，土地利用问题越来越突出。从现在起到下个世纪的前十年，是我国实现第二步战略目标、向第三步战略目标迈进的关键时期，同时也是人口增长、经济发展对土地资源的需求进一步加大，各类用地矛盾集中的时期。为此，应根据《中华人民共和国土地管理法》等法律法规和国家有关土地利用的方针政策，以《1997—2010 年全国土地利用总体规划纲要》为指导，依据《北京市国民经济和社会发展'九五'计划和 2010 年远景目标纲要》、《北京城市总体规划》（1991—2010 年）、《北京市生态建设规划》及有关国土整治和资源环境保护的要求、土地供给能力和各项建设对土地的需求，从全局和长远利益出发，按照中央提出的对土地资源实行严而又严的保护与管理，在保护中开发、在开发中保护，开发与节约并举，以节约为主，努力提高土地利用效率的原则和方针，科学地编制《北京市土地利用总体规划 1997—2010 年》（以下简称《规划》），指导全市各项土地利用活动。《规划》编制的基本原则是：坚持从我国基本国情和北京市的实际出发，进一步贯彻落实十分珍惜、合理利用土地和切实保护耕地的基本国策；严格保护基本农田，控制非农业建设占用农用地；走节约用地和内涵挖潜的路子，统筹安排各类、各区域用地；保护和改善生态环境，保障土地的可持续利用；坚持占用耕地和开发整理复垦耕地相平衡。

根据《全国土地利用总体规划纲要（1997—2010 年）》，并结合北京市实际,该《规划》确立到 2010 年北京市主要用地指标规划为:农用地 1293880 公顷(1940.80 万亩),其中耕地 344270 公顷(516.40 万亩),园地 98000 公顷(147.0 万亩),林地 785800 公顷(1178.70 万亩),牧草地 6010 公顷(9.0 万亩),水面 59800 公顷(89.70 万亩),建设用地 296680 公顷 (445.0 万亩),其中居民点及工矿用地 238400 公顷(357.60 万亩),交通用地 43480 公顷(65.20 万亩),水利设施用地 14800 公顷(22.20 万亩);未利用地减为 50500 公顷(75.80 万亩)。总体而言,自 1996 年到 2005 年,本市耕地和基本农田保护力度不断加大,建设用地利用效率不断提高,土地生态环境不断改善,土地管理和执法能力不断增强;但同时也存在一定问题,主要体现在人多地少、耕地保护压力大,城乡、区域之间用地结构和布局有待优化,土地生态安全网络体系有待完善,土地利用规划管理机制有待创新等方面。

为深入贯彻落实党的十七大和十七届三中全会精神,全面推进科学发展,努力构建和谐社会,认真落实新时期"资源节约、环境良好"的总体战略部署,坚定实行最严格的耕地保护制度和最严格的节约用地制度,促进北京市国民经济和社会发展规划以及《北京城市总体规划(2004—2020 年)》的实施,推进首都城乡一体化和宜居城市建设,保障首都经济、社会、人口、环境和资源的全面协调可持续发展,根据《中华人民共和国土地管理法》、《国务院关于深化改革严格土地管理的决定》等规定,依照《全国土地利用总体规划纲要(2006—2020 年)》的要求,编制了《北京市土地利用总体规划(2006—2020 年)》。本次规划修编工作在组织上充分体现了"政府组织、专家领衔、部市协作,公众参与,科学决策"的特点。规划修编工作于 2004 年 7 月正式启动,得到市委市政府、国土资源部及国家其他有关部门、北京市各部门及区县的大力支持。共有 40 余个政府部门参与工作,反馈意见二百多条。规划修编汇集了知名专家、高等院校及科研院所的研究力量,开展 20 多项专题研究,参与专家多达百余人,课题研究人员逾七百人,发放各类调查问卷近万份。规划修编通过现状数据公示、规划前期公众意愿调查、规划成果展览等形式,向社会公众展示规划内容,征求公众意见。规划公示展参展人数约 15000 人，留言约 150 条。来自于各方面的意见、建议对于规划成果的形成与完善有着重要的意义。新一轮规划以科学发展观为指导，坚持经济、社会、人口、环境和资源相协调的可持续发展战略，落实最严格的耕地保护制度和最严格的节约用地制度，统筹土地利用，强化规划的整体控制作用。新一轮规划明确了首都的土地功能定位，强调北京土地利用方式和功能结构的调整，应按照首都政治、经济、社会、文化发展的要求，着力体现首都土地独有的战略价值，高度重视土地的资源、资产双重属性，充分发挥首都土地的国家服务、公共服务、生态服务的功能，优先满足国家政治事务和党政机关行政办公、国家级文体教育、国防安全、国际交往、历史文化名城保护和现代服务业的用地需求。首都非建设用地的利用，必须充分考虑城市发展空间保障功能、生态服务功能、景观文化功能和鲜活农副食品生产功能。北京的发展和土地利用必须注重区域之间的统筹协调，强化各区县功能定位、产业布局和土地利用的有机衔接，有序推进首都功能核心区、城市功能拓展区、城市发展新区和生态涵养发展区四类功能区的发展。针对首都土地利用的特点，结合"两轴—两带—多中心"的城市空间结构，新一轮规划提出未来北京土地利用总格局的空间结构在于着力构建"三圈九田多中心"土地利用总格局。三圈：完善围绕城市中心区的三个"绿圈"，即以第二道绿化隔离带为主体的城市绿化隔离圈，以"九田"为基础的平原农田生态圈和精心保护以燕山、太行山山系为依托的山区生态屏障圈；九田：积极建设位于大兴、通州、顺义、房山、延庆等区县内的九片基本农田集中分布区；多中心：针对中心城、平原地区、山区三个圈层土地利用功能、特点和利用方向，高效率地建设和发展中心城及通州等 11 个新城，以及其他服务全国、面向世界的重要城市节点。新一轮规划加强了对耕地特别是基本农田的保护，严格控制非农建设占用耕地，加大补充耕地力度；加强基本农田保护和建设，稳定数量，提高质量。到 2010 年，全市新增建设占用耕地控制在1.33 万公顷以内，土地整理复垦开发补充耕地义务量不少于 1.33 万公顷。到 2010 年，全市耕地保有量不少于 21.47 万公顷，基本农田保护面积不少于 18.67 万公顷。新一轮规划严格控制建设用地规模。从严控制建设用地总规模,特别是城乡建设用地规模,科学配置城镇工矿用地,合理调控城镇工矿用地增长规模和时序,整合规范农村建设用地,保障必要的基础设施用地。优化建设用地结构和布局,加大存量建设用地挖潜力度,促进各项建设节约集约用地,积极拓展建设用地新空间。到2020年,全市城乡建设用地规模控制在27万公顷以内,人均城镇工矿用地控制在120平方米以内。严格控制中心城区用地规模,中心城区土地利用要以调整、改造、挖潜为主,建设用地扩展应优先利用闲置地、空闲地,尽量不占或少占耕地。到2020年,中心城区建设用地规模控制在778平方公里以内。新一轮规划通过健全规划管理体系及制度、完善促进重要生态用地保护的保障机制、建立健全节约集约用地机制、加强规划实施基础信息建设来强化规划实施保障机制。规划提出了首都土地资源保护与开发利用新的战略目标、发展重点、空间格局和政策措施,集中体现了国家关于土地参与宏观调控的决策意图,是北京实行严格土地管理制度的纲领性文件,是规划首都城乡建设和各项建设、各级部门依法行政的重要依据。按照规划,从2010年到2020年,北京土地利用将进入优化整合、全面建设国际城市和生态城市阶段。城市发展将由规模扩张转向结构优化、质量提高,建设用地增长将逐渐趋缓,林地等生态用地面积将明显增加,城市生态环境和生活质量大幅改善。

# 第二部分　问题与制度欠缺

人多地少是我国的基本国情。根据现有统计,2008年全国耕地面积为18.257亿亩,以不到世界10%的耕地,承载着世界22%的人口。目前,我国土地资源的特点可以概括为"三少",即:一是人均耕地少。我国人均耕地只有1.37亩,不到世界平均水平的40%,相当于澳大利亚的1/26,俄罗斯的1/10,美国的1/7,印度的1/2。在华北五省(区、市)中,北京、天津市人均耕地已经低于联合国粮农组织确定的0.8亩警戒线;二是优质耕地少。在耕地总面积中,水浇地只占47%,高产田只占30%,因工业三废污染、酸雨危害、水土流失、盐碱化以及大量使用化肥也导致耕地质量退化；三是后备耕地资源少。全国后备耕地资源总潜力为 2 亿亩，但水、土、光、热条件较好适宜开发的后备耕地资源只有 8000 万亩，与耕地快速占用的巨大需求相比，后备资源明显不足，耕地大量减少，土地退化，生态环境逐步恶化的现象仍然十分严重。以北京市为例，近年耕地面积减少的势头虽有所减缓（如北京市总体耕地面积变化趋势图所示），但由于人口数量的增长，人均耕地的相对数量仍处于递减的趋势，人地危机依然十分突出（如北京市人均耕地面积变化趋势图所示），因此，从制度根源分析是解决现实问题的基础。

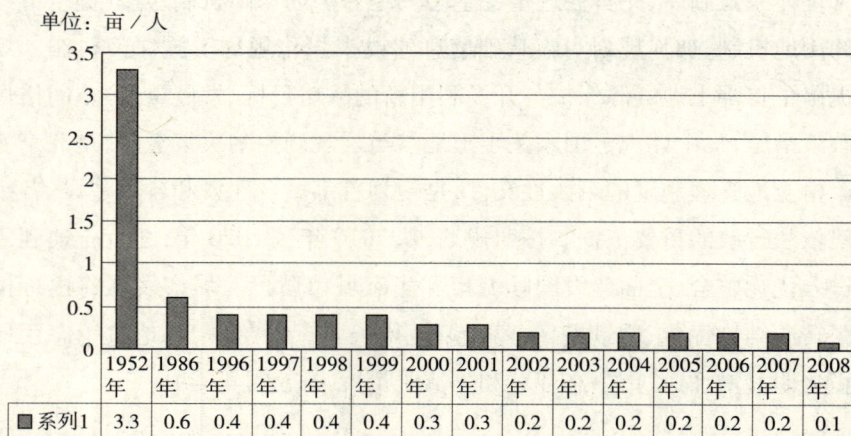

单位：亩／人

| | 1952年 | 1986年 | 1996年 | 1997年 | 1998年 | 1999年 | 2000年 | 2001年 | 2002年 | 2003年 | 2004年 | 2005年 | 2006年 | 2007年 | 2008年 |
|---|---|---|---|---|---|---|---|---|---|---|---|---|---|---|---|
| ■系列1 | 3.3 | 0.6 | 0.4 | 0.4 | 0.4 | 0.4 | 0.3 | 0.3 | 0.2 | 0.2 | 0.2 | 0.2 | 0.2 | 0.2 | 0.1 |

北京市人均耕地面积变化趋势图

## 一、城市化与土地财政加剧了耕地流失的局面

改革开放后，伴随着经济和城市化快速发展，我国城市建设用地规模呈现快速增长的趋势。20 世纪 90 年代末至今，以 1998 年修订的《土地管理法》为标志，形成政府对农民土地的低价征用和对土地一级市场垄断的土地政策，这一政策为政府创办工业园区、协议出让土地推进工业化、以经营性用地招拍挂和土地抵押融资推进城市化提供了制度保障，促进、拉动了中

国经济的高速成长。在现行的土地制度特别是土地供应和利用制度下,土地成为高速工业化、快速城镇化和经济持续快速增长的助推器,同时也是促成经济粗放式外延型发展的重要体制基础。这一土地依赖型的经济发展模式在一定程度上加剧了我国的耕地危机。1998 年至 2007 年,各级政府征用农民土地 400 万亩左右。政府靠协议出让土地,以廉价土地保障了工业化的继续高歌猛进。在经济发展的同时,盲目扩大城镇规模、借机圈地和无序开发建设、乱占耕地甚至擅自占用基本农田等"乱象"十分严重。

(一)农地非农化和国有建设用地有偿使用是导致地方政府土地利益最大化倾向的根源

1998 年修订的新《土地管理法》,缩紧了农村土地进入非农集体建设使用的口子,在该法第四十三条,农民使用集体土地从事建设已变成任何单位只能使用国有土地的一个特例:"兴办乡镇企业和村民建设住宅经依法批准使用本集体经济组织农民集体所有的土地的,或者乡(镇)村公共设施和公益事业建设经依法批准使用农民集体所有的土地的除外。"明确规定了"农民集体所有的土地的使用权不得出让、转让或者出租用于非农业建设",但"农村集体经济组织以土地使用权入股、联营等形式与其他单位、个人共同举办企业"这一条仍予保留。可以说 1998 年《土地管理法》是形成我国农地非农化政府垄断的法律依据。这种政府垄断具体体现为:(1)对农地转用实行指令性计划管理;(2)严格土地的转用审批;(3)征地成为农地转为建设用地的唯一方式;(4)对农民土地的补偿按原用途的倍数补偿;(5)土地增值收益归地方政府。

中国的农地非农化政策意味着农村集体建设用地需要纳入国家计划,并经有关政府部门审批。与此同时,通过一系列的政策调整,我国实现了国有建设用地使用市场由无偿到有偿的变化,根据 1986 年的土地管理法,我国土地使用分为无偿和有偿两种形式;1987 年深圳第一锤土地使用权交易的成功标志着土地首次以资产形式进入市场;1988 年《宪法》规定土地使用权可以依照法律的规定转让;1990 年《城镇国有土地出让和转让条例》明确土地使用权转让可以通过协议、招标、拍卖三种形式;1998 年《土地管理法》

修改后，多数城市国有土地实现了有偿使用；1999 年国土部下发了土地使用权交易的"招标、拍卖、挂牌"通知；2002 年中央 11 号文：明确四类用地必须实行"招、拍、挂"。全国招拍挂土地面积从 2001 年的 0.66 万公顷增加到 2006 年的 6.65 万公顷；收入从 492 亿增加到 5492 亿。这一系列法律政策的调整导致以下现象：一方面，大力推行土地供应独家垄断，城镇建设使用农地由政府划拨和征用，征用来的土地由政府出让给建设单位；另一方面，划拨和征用的土地均按农地原用途进行补偿，有偿出让土地的收入全部归政府所有，在不同层级政府间分配。这无疑成为导致土地囤积、土地投机、耕地流失的制度性根源，成为地方政府土地利益最大化的制度诱因。

（二）双置换：一种变异的土地平衡政策

长期以来，我国城市规划片面强调以经济建设为中心，在基础设施建设、土地使用上倾向于如何有利于提高财政收入，缺乏动态地、整体地考察和认识城市发展的机制，缺乏对城市土地利用的控制机制，使得城市建设用地总量失控，结构失衡。从总量看，1990 年到 2004 年，全国城镇建设用地面积由近 1.3 万平方公里扩大到近 3.4 万平方公里，同期全国 41 个特大城市主城区用地规模平均增长超过 50%，城市用地规模增长弹性系数 2.28，均高于城市用地增长合理弹性系数 1.12 的水平。目前，我国人均城市建设用地已达 130 多平方米，超过经济发达国家和发展中国家的城市建设用地平均水平。这些增量土地只有在土地农转用和改变用地性质上做文章，以至于突破规划，频繁修改土地利用规划的行为越来越普遍。

面对地方政府的土地利益以及土地依赖型的经济增长现状，为协调经济增长与土地用途管制之间的关系，减少耕地流失，确保 18 亿亩耕地面积的红线不被突破，国家推出了一系列政策，其中最为突出的一项政策是"城乡建设用地增减挂钩指标置换"的土地平衡政策，要求所有的城市建设用地在占用耕地时，必须先复垦出相应的耕地出来作为补偿。在这一政策的压力下，各地方政府要取得增量土地，占用耕地，必须以复垦出相应的耕地为前提，而目前唯一比较容易复垦为耕地的就是农村建设用地，尤其是农民的宅基地，由此衍生出一种"双置换"的模式。所谓双置换，就是用承包地

城市建设用地面积（km²）

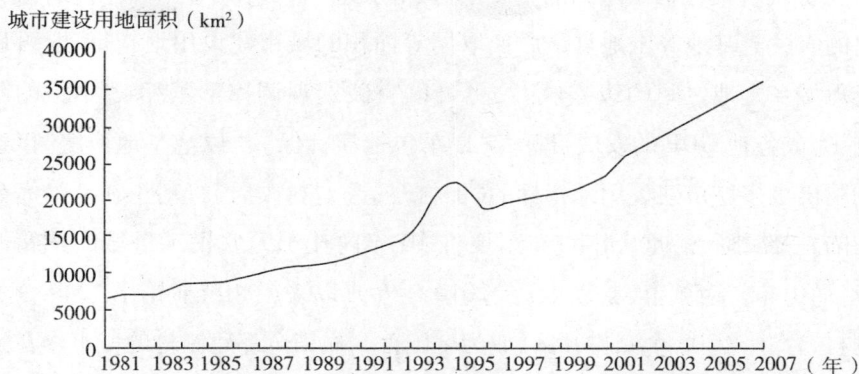

换城市社保,用"宅基地+农村住房"换小区安居房。在"双置换"项目中,农地名义上还是集体所有,但农民却永远放弃了承包权:农地以"流转"的名义集中到市县级政府的融资平台,融资平台最终成片把土地租赁给规模经营企业或者是承包大户,租赁收益归政府所有的融资平台。简而言之,就是农村通过复垦增加的耕地面积,可用于城市建设用地指标。在这个等式中,看起来耕地总量和城市建设用地指标没变,但实质上是把集体所有的土地置换成了国有土地。

近年来,随着紧缩地根作为国家宏观调控政策的一部分,用地指标匮乏一直是困扰地方政府的头等大事,财政资金吃紧更是地方政府的难言之痛。在这种条件下,如何在不增加财政压力的条件下合法获得用地计划指标成为摆在地方政府面前的一个急需解决的课题。因此,2006年国土资源部第一次在天津、山东等地推出"增减挂钩指标置换"试点后,即受到地方各级政府的热烈拥护,"双置换"模式迅速地拥有各种不同的地方版本。江苏省射阳县国土资源局在2010年9月的一个调研报告中称,乡镇突破用地指标困局的"唯一出路"只能靠城乡建设用地增减挂钩,因为没有土地指标,意味着所有的建设、所有的项目都是泡影,上级所有的考核、指标、发展也就都成了空话。

正是在这个背景下,几乎所有搞"增减挂钩"实验的基层政府都成立了"以党政一把手坚持亲自抓、亲自过问,并适时召开专题会议进行研究和会办"，协调解决挂钩中遇到的主要矛盾和问题。目的在于让农民上楼，把腾出的农民宅基地等土地复垦后换取同等面积的城市建设用地指标，既可以获得城乡土地之间的级差收益，更可以突破宏观调控下紧缩"地根"的限制，完成各地 GDP 的发展目标。"以承包地换社保"、"以宅基地换房"以达到腾出更多城市建设用地指标的"旧村改造"、"村改居"行动正在从沿海到内陆，一路推行。重庆市宣布了要在 10 年内让千万农民工进城的户籍改革，而山东省诸城市（县级市）在 2010 年 6 月以来就相继撤销了 1249 个建制村，合并成 208 个农村社区，成为全国首个撤销全部建制村的城市。在这种"比着拆"的地方竞争中，由于各地补偿标准不一，由于农民不愿意离开居住了几辈子的乡土等多种原因，造成农村矛盾不断激化①。

"双置换"实际上是对"增减挂钩"这一政策的曲解。"增减挂钩"第一次出现是在国务院 2004 年的 28 号文，其背景是 2003 年全国各地规划的开发区面积达到了当年全部城镇建设用地指标的 5 倍，迫使中央痛下决心，以复垦的耕地面积作为硬性指标制约开发区的无序扩张。"增减挂钩指标置换"有几个非常重要的原则，包括：新置换的建设用地指标必须纳入年度计划；通过增减挂钩指标置换获得的土地收益必须全额返还当地人，不许截留。该政策是为了保证县域经济和小城镇发展，所以置换只能在县域范围之内，不能往中心城市发展。关于"增减挂钩指标置换"的土地收益分配问题，2008 年国土资源部国土资颁发的 138 号文第十七条明确写道："建新地块实行有偿供地所得收益，要用于项目区内农村和基础设施建设，并按照城市反哺农村、工业反哺农业的要求，优先用于支持农村集体发展生产和农民改善生活条件。"然而现在，各地违规操作非常严重，比如地还没复垦、农民的新聚居区还没建好，城市建设土地指标就可以交易，或者进行抵押贷款，这种变异的土地平衡政策不仅损害了农民的利益，也违背了"增减挂钩"政策制定的初衷，以此作为土地用途管制的一种平衡手段无异于雪上加霜。

---

① 邓瑾：《消灭村庄？——中国新城市化之忧》，载《南方周末》2010 年 10 月 13 日。

（三）"以租代征"逃避用途管制，导致农村土地用途管制失灵

在我国，法律长期以来不是从土地用途上对土地进行严格监管，而是从土地产权形式上对土地进行限制，从而形成了城乡二元的土地管理制度，造成了"两种产权，两个市场"，城乡建设用地市场不统一，同地不同价的现象。农村建设用地和城市建设用地权利的不平等突出表现在城市国有建设用地具备完整的资产性功能，可以进行抵押、融资；而农村建设用地从某种程度上仅具有使用功能，而不具有资产功能。按照1998年《土地管理法》规定，任何单位和个人进行建设，需要使用土地的，必须依法申请使用国有土地。只有兴办乡镇企业、村民建设住宅、乡（镇）村公共设施和公益事业才能使用农民集体土地。这种农村集体建设用地身份地位的不平等，阻碍了农村土地功能的扩展和土地价值的实现。正是基于这种农村土地产权权能设置的不对称，导致农村基层组织利用土地进行变相开发以谋取利益，造成大量耕地流失。

虽然国务院从"8·31"大限以来，相继出台了一系列土地监管的文件，但是集体土地用途管制的问题依然没有很好地解决。符合用途管制要求的集体建设用地流转的额度并不大，"以租代征"逃避用途管制而形成的集体土地流转问题十分严重。产生这种现象的原因主要是土地的工业用途和农业用途之间存在巨大的利益差别，以及发展地方经济的冲动所致。这种现象大量存在，其影响也是非常严重的。"以租代征"扭曲了"集体土地流转"的本来意义，使农村耕地保护面临严峻的挑战。因此，如何处理好土地用途管制下的耕地保护与因地制宜发展区域经济二者的关系是需要进一步探索的问题。

## 二、土地利用规划的制度缺位导致用途管制实施力度不足

（一）土地利用规划内容的局限削减了规划实施的有效性

城市规划与土地利用规划也有着共同的规划对象和规划指标，两者是相互协调和衔接的关系。从空间范围看，城市规划是土地利用规划的一个

专项规划；从内容、方法和成果看，城市规划和土地利用规划又各成体系，并分别由建设部门和国土资源管理部门负责制定和实施。土地利用规划的范围比城市规划的范围大，它要对规划区内全部土地的利用结构和空间布局做出长期的合理安排。城市用地只是土地利用规划中的一种用地类型，城市规划与土地利用规划的关系是点与面、局部与整体的关系。国土部门强调土地数量指标控制，城市规划部门强调土地空间布局使用指引。因此，虽然两种规划分别由不同的部门完成，但城市规划中有关部门城镇体系的用地布局、城市用地规模和用地选择、各项建设用地指标，以及城市发展方向等应当和土地利用规划相协调。

目前，我国土地利用规划是属于宏观管理型的利用规划，是各级人民政府及土地行政管理部门科学管理土地的重要依据。国家按照土地利用总体规划规定每一块土地的用途，实行土地用途管制。从理论上说，用途管制作为保证规划实施的手段，应该为城市发展方向提供服务，但在土地利用规划编制过程中，基于土地适宜性和保护基本农田等因素的影响，土地利用规划特别是详细规划和控制性规划较为滞后。虽然土地利用总体规划在控制城市的发展规模与避免城市无规则蔓延上起重要作用，但其供给制约和引导需求的指导思想，由上而下的编制，在逐级分解规划指标的过程中，有的供求缺口偏大，有的突破了上级规划指标，分解落实的依据如各地区历年统计、土地后备资源调查数据和产业发展规划不准确，这些在不同程度上影响了规划指标分解的准确性。用地指标这种由上而下分解，没有充分考虑实际发展的用地需求，脱离实际，使得土地利用规划也就滞后于城市规划和土地现状，不能对城市土地市场上的交易行为和用地活动进行有效的调节和控制。同时，由于我国工业化和城市化进程不断加快，经济的快速增长，带来了新一轮的圈地热，在一定程度上影响土地利用规划的实际执行效果，土地利用规划的脆弱性暴露无疑。

（二）土地利用规划中公众参与不足，并未形成有效的多元决策机制

长期以来，由于政治生活中民主与法治的缺失，在我国的公共决策体系下，个人在行政权力面前只具有选择权，缺乏公众参与的渠道和制度安排，

健全的公众参与机制的确立还有待时日。

从法律性质而言,土地规划属于具有法律效力的规范性文件,涉及多重利害关系,应当让不同行政部门以及公众代表等各方利益主体参与其制定,从而形成多元主体决策。这样既保证了决策程序的民主性,又有助于决策内容的科学性和公正性。在此基础上,建立有效的土地规划执行监督机制和私权的救济机制,一方面有助于实现土地规划的公正合理性;另一方面能够有效落实规划的内容。

我国自上世纪90年代在土地规划领域引入公众参与理念以来,许多地方积极探索实践,通过媒体宣传、公众讨论、问卷调查和举办规划成果展示会等各种形式吸引公众关心,参与土地利用规划,但由于与公众参与规划相关的立法、制度、机构组织和具体的运行方式等尚未建立健全,因此,从总体上看,公众参与仍停留在形式化的表象运作阶段,土地规划受行政意志干预较多,还没有实现真正意义上的公众参与,难以满足规划的科学性与公正性要求。目前,我国关于土地利用规划公众参与的法律规定仅在《中华人民共和国土地管理法实施条例》、《土地管理法》等中有少数规定,如"乡、镇土地利用总体规划经依法批准后,人民政府应当在本行政区域内予以公告",并未对公众参与是否应作为土地资源管理的一个必备组成部分给予界定。有关公众参与在土地利用规划的法律规定中则处于空白。在土地利用规划的制定过程中我国公众参与缺乏完善的保障机制,公众参与的制度化程度依然有待提高。

在最近一轮土地利用总体规划过程中,多部门的参与已经得到了充分的体现,社会参与的成分也有所体现。土地规划从编制到审批,都普遍征求各相关行政部门以及一些重要建设单位的意见。但是,从整体而言,我国土地利用总体规划的制定与实施,仍遵循着"自上而下"的模式,在此过程中,公众的参与力度依然不足。在规划编制阶段,目前的做法主要是由规划设计机构通过调查或走访的方式让公众参与,但这种参与具有明显的被动性,涉及范围较小,仅限于被调查的若干问题,带有规划者的主观愿望,同时在调查走访时通常限于了解与此次规划相关的各方面意愿,协调各集团的利益要求,难以有效反映弱势群体的诉愿,缺乏广泛性,加之公众舆论监督缺乏有效法律保障,公众意见容易流于形式。总之,我国的公众参与土地利用总体规划尚处于起步阶段,土地利用规划中公众参与至今尚未成为土地利用规划中的一个必备环节,缺乏法律法规给予明确规定,规划过程中公众参与人员不具有代表性,规划所涉及的各个利益主体的公众参与权未得到充分保障,公众意见未能及时反映给规划编制部门,透明度低,公众参与形式有限,社会影响面较窄。此外,信息渠道不畅。公众只能通过电视台、报纸、领导人讲话等获取土地规划信息,而这些信息的过滤系统也掌握在政府手中,政府通过对信息流的控制能够左右规划过程,这不仅降低了公民的判断力,而且也严重影响了公众对政策参与的积极性。

为进一步了解我国农村村民对于当地土地利用规划的了解度、参与性,本课题组以调查问卷、深度访谈的方式进行了实地考察。

通过对本次问卷调查和访谈的分析与总结,我们发现农村村民对于当地土地利用规划的了解度、参与性均存在普遍性问题,具体情况如下:

1. 村民对土地规划内容的知悉情况差。经调查,对于乡镇土地规划,有75%的村民表示并不了解。这说明现有的土地规划体系不够完善,且土地规划内容的公开程度低、普及性也亟待提高。

2. 村民对土地规划的重要性认识差。大多数村民均表示土地规划对保障土地的合理使用方面并不是非常重要,一半以上的村民认为土地规划比较容易过时,不能完全适应随时变化的现状,因而实际生活中还应由现实需要来决定土地的用途。

3. 农民参与制定土地规划的积极性并不高。虽然有78%左右的村民都表示有必要参与到土地规划的制定过程中,但当问及自己是否有意愿参与制定时,则有将近40%的村民表示并不想参与,认为由政府决定就可以了。

4. 被调查村民的耕地资源紧缺意识不强烈。仅有不足一半的受访者表示明显感觉可用耕地资源在减少。在被调查的5个北京周边村里,就有3个村表示没有明显感觉到土地在减少。同时有80%的村民认为中央允许土地的自由流转的政策一定会加剧土地的减少。绝大多数村民表示国家征用土地、人口数量的增加、土地收回改为旅游观光用途是导致土地减少的三大主要原因。

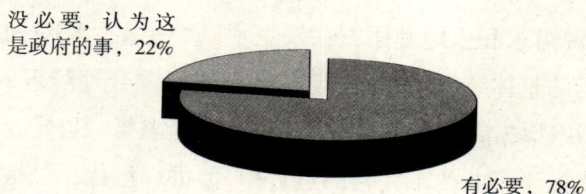

没必要，认为这
是政府的事，22%

有必要，78%

**问卷调查分析结果图一**

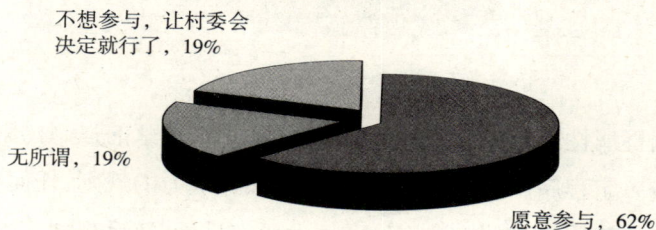

不想参与，让村委会
决定就行了，19%

无所谓，19%

愿意参与，62%

**问卷调查分析结果图二**

（三）制度构成中的政策取向严重，土地利用规划的法律效力不足

为促进土地资源的可持续利用，不断加强管制是世界上许多国家和地区土地利用方面的一个重要趋势。中国土地规划制度是伴随改革开放和土地使用制度的变革而逐步建立并不断完善的，目前已经形成包括土地管理

部门和城市规划建设管理部门两个有关土地利用的规划编制、审批与实施管理的较为完整的管理体系。前者倾向于土地资源的利用和整治且以耕地保护为重要内容；后者以控制引导城市建设用地为主要内容，是城市规划的核心组成部分。它们对于合理利用土地和保护土地资源发挥了积极的作用。但是，经过30多年的改革开放，伴随城市化的持续快速发展，城乡空间关系、土地资源需求和土地利用方式发生了巨大变化。相对而言，土地规划管制制度运行的整体绩效不理想，规划对土地资源合理配置的调控能力不强，未能适应快速城市化过程中的土地利用管理需要。虽然，我国土地规划管制制度一直处于不断改革完善的过程中，但进程往往比较被动，结果也难以令人满意。

没必要，认为这
是政府的事,22%

有必要,78%

从其制度属性上看，土地利用规划应属于正式约束的强制性制度，有关土地规划按一定程序一经批准，即成为具有法律效力的规则，任何土地利用行为都必须按规划确定的土地用途和开发要求进行，违反规划等同违法，然而在我国规划的强制约束力并未得到充分的体现，存在着土地用途管制制度整体绩效不高的现状。这一现状与制度建设的路径出现的偏差密切相关，主要表现在土地用途管制制度变革的政策取向及其目标的短预期性方面。由于政策多是解决一时一地土地利用中暴露出的问题与矛盾，往往缺乏持久效力，因此很多问题如开发区违反规划圈地问题、耕地减少等问题，虽然国家先后下发了一系列通知和文件，多次开展治理行动，但成效并不显著。这种以政策为主的管理方式，使得在规划编制或管理中有益的创新做法并未得到法律的及时认可，立法的滞后导致许多新问题处理缺乏必要的法律支持。短期的政策对应于社会体制、人们观念的变化过程，更注重短期效果，并以社会稳定为前提，缺乏从根本解决问题的力度。改革开放以来，我国制订了大量临时和短期有关土地用途管制的规则，这些规则有的很快废止，有的则因没有配套的制度或政策跟进而无法推行，流于形式。如国家关于城市发展方针，先后有严格控制大城市规模、优先发展小城市，到限制大城市规模，再到大中小城市协调发展的不同政策，但对于城市的实际发展并未有明显的引导作用。虽然有关保护耕地和控制城市用地扩张的各种政策层出不穷，治理行动不断，但规划的控制力并未加强，相反，耕地依然大量减少、城市无序蔓延的状况仍较严重。其中的一个重要原因就在于这种以短期政策为取向的制度变革方式，使得制度变革缺乏体系化的、政策配套的制度推进措施，缺乏根本解决问题的突破式变革力度。

# 第三部分　对策与制度完善

1998 年修订的《土地管理法》确立了我国的土地用途管制制度，从而以土地用途管制取代了长期以来实行的土地分级限额审批制度，使得政府对土地的管理从所有制管理转向用途管理。土地用途管制作为政府弥补市场失效、合理配置土地资源的基本调控手段，其制度目的在于通过对土地用途的规制，以实现土地的社会、经济整体效益最大化。这一目标的实现，有赖于具有强制性、权威性和稳定性的规则规范，有赖于法律保障体系的建立与完善。因此，法治是落实土地利用管制的有效的制度环境支持。在我国，法律制度的缺位导致土地用途管制制度的设计并未实现应有的效果，所以，当前实现土地用途管制有效性的关键在于由传统政策之治转向法律之治。基于这一原因，本课题组从法律层面对完善我国土地用途管制制度提出以下具体建议：

## 一、完善以土地利用总体规划为龙头的土地利用规划管理体系

土地利用规划是土地用途管制的基本依据,是土地用途管制目标的具体体现,科学合理的土地利用规划是实现土地用途管制的关键。目前,我国已建立了国家、省、地(市)、县、乡5级规划为主导,包括总体规划、专项规划、规划设计等类型的较为完整的规划体系,规划管理体制有些类似于日本的土地利用规划管理,具有高度的指令性和强烈的干预性。但我国土地规划体系仍不完善,缺乏具有宏观指导作用的国土资源综合开发整治规划,存在着各级规划分工不明的弊端,因此,完善土地利用规划体系首要的任务在于从战略的高度对各级政府的规划管理职能进行合理分工。具体来说,在我国的土地利用规划体系中,全国和省级土地利用总体规划应作为激发市场的战略规划,县、市和乡镇规划应着重分区管理,即国家和省的规划应偏重宏观性、战略性,国家规划明确国家宏观战略与目标,提出土地利用规划的原则性问题;省的规划根据国家规划目标与各省实际制订具体的规划条例,国家给予各省一定的自主权;地(市)级规划应注重协调性,具有上下沟通的作用,不仅应与省内的其他地(市)相协调,更重要的是协调地(市)内各市县的土地利用;县、乡级规划同是操作层面的规划,但应区分其作用和规划手段,明确县级规划一定程度上仍然属于结构规划,目的在于确定各类土地的结构与利用方向,将乡级规划的内容定位为确定具体地块的用途管制手段和方式。

在这一前提下,明确《规划》一经批准就应具有法律效力。各区县和乡镇应在《规划》的控制和指导下,尽快完成土地利用总体规划的编制任务。下级土地利用总体规划应当依据上一级土地利用总体规划编制,建设用地总量不得超过上一级土地利用总体规划确定的控制指标,耕地保有量和基本农田面积及比例不得低于上一级土地利用总体规划确定的控制指标。县级和乡级土地利用总体规划确定的土地用途分区必须落实到地块。未按要求编制土地利用总体规划,或者编制的规划未经批准的,不得批准建设项目用地。

此外,我国现有规划领域分割情形严重,土地利用规划、城市城镇规划、环境保护规划等均有各自的单行立法,并分属于不同行政机关主管。这种分散立法与多头执法的现状给规划编制、协调、实施等工作带来许多实际困难和矛盾。因此,必须协调好各项规划之间的关系,保障规划指标的统一。在统一规划的基础上,明确编制和修订城市、村庄和集镇规划,应在土地利用总体规划和城市总体规划确定的城市、村庄和集镇建设用地规模和用地区范围内进行。经批准设立的开发区必须纳入城市规划和土地利用总体规划。其他各行业的用地规划在确定用地规模和布局上也必须服从土地利用总体规划。土地整理、土地开发、土地复垦等土地利用专项规划的编制和修订,必须以土地利用总体规划为依据,形成以土地利用总体规划为龙头的土地利用规划管理体系。

另一方面,由于我国城市规模迅速扩大造成耕地大量减少,每年建设用地占用耕地都在 200 万亩以上。面对此种现状,可以借鉴美国划出城市增长线的做法,在全国土地利用规划中划出省会城市和特大城市的增长线,在城市增长线之内允许发展,并提供充足的公共设施,在城市增长线之外则限制开发,防止由于城市扩张大量侵占农用地。

## 二、完善规划制定中的公众参与机制

### (一)实现公众参与规划的制度化

公众参与是土地规划中的一个重要组成部分,是实现土地资源的优化配置和合理布局,保障土地资源持续、高效、有序利用的重要环节,只有建立在公众参与基础上的土地利用规划,才能正确反映规划区域的客观实际,进而针对规划区域的社会经济环境协调发展的要求做出合理的用地布局。首先,公众参与土地规划是土地利用规划的内在要求。土地利用规划中,各个社会利益主体均参与到规划中来,有利于促使规划过程中调查研究的深入,实现对有关建设项目选址的合理布局和土地利用方式的优化配置,弥补规划专家在规划过程中难以发现的问题。在此过程中,不同层次的社会人员与土地利用规划专家进行双向或多向交流，能促使土地利用规划更加合理和完善，更具指导意义。其次，可以更好地协调社会目标和部门/个人目标的关系，合理保护各阶层利益。土地利用规划是依据区域社会经济发展和土地的自然历史特性，在对土地资源状况、潜力和各业用地需求充分了解的基础上，对土地利用、区域经济社会环境多方面发展所做的统筹安排和综合部署，具有强制性、整体性、战略性和长远性、超前性等特点，其规划效应涉及规划区内的每一个人，所以规划的编制需要所有相关权益主体的积极参与。再次，公众参与土地规划也是保障规划实施的重要前提。只有在公众参与下实现监督规划的实施，才能更好地维护土地利用规划的权威性，进一步强化土地利用规划的有效性。

当前在土地利用中存在的违法违规问题，归根结底在于缺乏规范有效的公众制约机制，行政管理部门的自由裁量权过大，使得规划难以起到有效制约，以至滥用权力随意改变规划、侵害公共利益的事件频发。从目前我国已有的涉及土地规划管制的相关法律如城市规划法、土地管理法等的内容来看，主要注重于对土地规划相关行政部门的授权，而对行政部门的权力约束和公众参与的立法还相当欠缺。虽然在城市规划领域已有了一定程度的公众参与机制，但广度、深度仍然不够，且大多流于形式。因此，建立权力运行的公众制约机制是实现有效土地用途管制不可或缺的重要保障。

从制度完善的角度而言，我国应在《土地管理法》中明确规定土地利用规划的制定过程，增加公告、听证程序，提高公众的参与程度和社会可接受能力。为公众参与规划提供法律上的支持和制度上的保障，从法律上明确行政机关承担的义务和公众、各类团体拥有的权利，包括公众参与规划编制、审批、实施与监督的权利，以及公众参与的形式与范围，建立公众知情、参与、监督土地规划的一系列制度。

（二）改进规划公示制度

建立、健全土地利用规划中的公众参与机制，首要的一点就是保障公众对规划目的、内容的知情权，因此，规划公示制度无疑是实现目标的重要环节。

在目前的土地利用规划实施中，规划公示制度大多流于形式，其作用并没有得到充分发挥。公众不了解土地利用总体规划,不了解政府土地管理部门依据土地利用总体规划在建设项目立项论证、农用地转用、建设用地审批和土地开发整理规划的具体规定,不了解土地利用总体规划与城市总体规划、村镇建设规划、林业规划、旅游规划、交通规划等的相互衔接关系,因而对个别地方政府违法批地和个别土地使用者滥用土地未能及时发现、举报、制止,致使盲目投资、低水平重复建设,圈占土地、乱占滥用耕地等违法违规行为屡屡发生。从解决现实问题的角度而言,规划公示是切实保障公众权益和国家利益,规范土地利用规划的现实需要,也是促使土地利用问题得以解决的必然要求。

(三)实施规划管理公开制度

鉴于规划管理工作具有公益性和自由裁量权较大的特点,要保障规划管理的法治化,必须实施规划管理公开制度,采取积极的公开措施和方法,将规划管理行为的过程和结果均予以公开,这是推动规划管理科学化、民主化,提高规划实施水平的有效途径。实施规划管理公开制度,具体内容包括以下几个方面:

1. 严格执行规划公众参与制度和规划公示制度。

2. 规划信息公开,公开土地利用规划编制、修改与调整的招标与过程,以及规划实施依据的法律法规、规范标准和新近出台的政策等。

3. 土地供应公开,保障协议出让土地价格评估、决策内容和结果公开。

4. 土地交易公开,即经依法批准利用原有划拨土地使用权的,应当在土地流通市场公开交易。

5. 征地过程公开,公开征地标准、征地程序,公开集体经济组织征地补偿费的收支和分配情况,接受群众监督。

6. 土地违法案件标准公开。一方面,诸如非法批地、占地等典型的违法案件要公开处理;另一方面,要以利益机制保障规划管理公开,建立规划管理公开的外部监督机制和内部制约机制,对规划管理公开进行考核等。在公开的方式方面,可采取主动公开与申请公开两种方式。主动公开,即规划管理部门通过办理大厅或电视媒体、报纸杂志、互联网络等大众传播媒介主动向社会公开情况；依法申请公开，即规划管理部门依据权利人的申请而公开符合一定条件的规划实施管理的信息。

### （四）以司法程序保障公众规划参与权的落实

为保障公众参与权，应当明确土地用途管制信息公开请求权在行政诉讼制度中的地位并给予司法保障，明确土地用途管制信息公开请求权的诉权性质。就确定规划行为而言，利害关系人所拥有的程序权利与实现该请求权的起诉资格之间具有密切关联性，甚至可以说程序参与人资格和起诉人资格在实质上是统一的，区别仅在于前者体现出法律所确定的保护范围，后者则是实现这种法律保护的诉权保障。原因在于：

1. 规划的特性决定了与规划有关的利害关系人的权益保障主要借助于程序的公正得以实现，因此，程序权利构成规划利害关系人权利的核心。

2. 起诉权是利害关系人程序权利得以实现的保障。利害关系人参与规划权，享有"排除违法规划请求权"，以及由此产生的起诉权，虽然性质有所不同，但其实质是相同的。其中，起诉权属于"排除违法请求权"的一种行使方式，它与参与规划权一样都是程序权利，不同之处在于参与规划权源自行政程序法的规范，而起诉权则源自诉讼法的规范。作为一种程序法意义上的权利，利害关系人所取得的是一种参与资格，而原告所取得的是起诉资格，两者的共性在于都是程序的参与资格，只不过前者是行政程序的参与资格，后者是诉讼程序的参与资格。两者都是基于与特定规划有着法律上的利害关系，即规划影响到利害关系人的权利或特定利益（包括经济利益和非经济利益）。正如施瓦茨所言："在宪法或者法律规定有审讯的权利的案件中，谁有权利'作为利害关系当事人'到行政机关受审讯。谁有权利到行政机关受审讯的问题与谁有资格请求对行政行为进行司法复审的问题密切相关。作为一般原则，谁有权利到行政机关受审讯，谁就应当有资格诉诸司法复审，反之亦然……"①

---

① ［美］施瓦茨著：《行政法》，群众出版社 1986 年版，第 244 页。

## 三、完善土地利用规划制定程序,提高规划的可操作性

作为规划的一种类型,土地利用规划在法律性质上具有双重性与阶段性两个特点。一方面,规划具有过程与结果的双重性。规划行为与规划本身是不同的,虽然行政法学界对行政规划的界定立足于动态的行为,例如有关行政规划的分类均是立足于结果,而非过程。但是从广义上讲,行政规划这一概念仍具有过程与结果的双重属性。这一特征直接影响着理论研究与相应的法律规制。具体体现为:1. 理论研究必须立足于行政规划的这一特性,从动态的行为与静态的结果两个方面进行分析研究,从而对其性质给予科学界定与归类。2. 作为结果的行政规划,因其性质的复杂化(如,根据相对人的范围不同,既有抽象的行政规划,又有相对具体的行政规划),无法给予统一定性和法律规制。而作为过程与行为的行政规划,因具有统一的法律性质,因而能够作为一种独立的行为方式进行法律规制。这一特征决定了行政规划法律规制的核心体现在动态的行为和过程之中。另一方面,规划具有阶段性的特征,同一般的具体行政行为不同的是,行政规划"不是将普遍抽象的法律规范涵摄到具体的要件事实,而是利益权衡、信息处理、方向确定、手段选择的综合过程"这一过程由不同的阶段构成。行政程序法对行政规划的规制主要体现在将该过程划分为不同的阶段,并进行相应的程序规制。如德国行政程序法将行政规划的确定程序主要分为五个步骤:拟定规划的提出;拟订规划的公开与异议的提出;预告听证日期;听证的进行;确定规划的裁决。

(一)明确制定规划的具体程序规定

规划的制定之所以需要严格细致的程序设计也是根源于规划自身兼具结果性与过程性的双重特质。因此,在动态的规划行为中,从规划的拟定程序、公开程序、异议程序、听证程序、咨询程序乃至最后的确定程序都需要配套的制度设计以切实有效的保障规划制定的合法性、科学性和民主性。

1. 规划的拟订

在我国,确定规划程序应当适用于为了实现国土或城乡规划、兴办公共事业或者公共设施等行政目标而进行的行政规划。因规划设计具有很强的专业性,我国正在建立、完善规划的编制与实施管理分离制度,即由具有国家规定的规划设计资质的单位承担规划的编制和调整,规划管理部门不再直接编制和调整规划。以改变规划管理部门既编制又组织实施规划的状况,实现规划编制的职业化、独立性、专业化。

2. 规划的公开

规划主管机关对拟定的规划,应当在其影响范围内发布公告,明确规划的主要内容、陈列和阅览的时间、地点,公民、法人和其他组织提出意见或者异议的方式、时间和地点,以及逾期提出异议的法律后果等事项。

3. 异议的提出

由于规划是各种利益与矛盾的集中体现,因此,城市规划已经不是一个单纯的技术问题,而是社会问题,公众参与则是解决、协调利益冲突与矛盾的最佳方式。西方学者 Davidoff 于 1965 年确立其倡导性规划理论时曾说到"公众利益的日益分化使任何人都不能宣称代表整个社会的需求,'精英'式的规划并未将注意力放在对复杂的城市社会的认识上。理性的技术必须有社会性的决策过程作为保障"。因此,从协调社会矛盾的角度而言,保障利害关系人平等的参与权,使规划的决策符合大多数人的利益,是实现规划法治化的一项重要内容。

在规划的确定过程中,公众参与的一个具体体现就是"异议权",即规划涉及的公民、法人或其他组织对规划有异议的,有权在法定期间内,以法定形式提出异议。异议人范围的确定应当考虑两个方面的因素。一方面,尽可能地赋予相关利害关系人平等参与规划确定程序的权利,以保障规划对相关利益作出合理的权衡;另一方面,为保障规划的效率,对于具体性的规划行为而言,应当将规划参与人的范围给予相对的确定,以防止因参与人利益的分散性带来规划效率低下的弊端。

基于以上考虑,同时借鉴德国行政程序法的相关规定,异议人的范围应当是"任何自己利益受到规划影响的人",所谓"自己利益"受到影响是指"本人的法律权利或者经济、生态、社会、文化、思想或者其他现实存在因而具有保护价值的个人利益可能受规划的影响"。①

4. 听证的举行

异议期限届满后,规划确定机关应当根据异议人的申请启动听证程序。

5. 咨询专家委员会

鉴于规划行为涉及诸多专门技术性事项以及错综复杂的利害关系,为保障规划的科学、合理,应当借鉴日本的经验,设立专门的审议会即专家委员会,在规划确定前应当咨询有关专家委员会,并根据委员会的答复作出决定。

6. 规划的确定

即规划确定机关根据听证的具体情况以及专家委员会意见,作出相应的规划决定。

(二)规划法律效力的保障

从立法完善的角度而言,土地利用规划的法律效力必须通过具体的制度得以保障,这种保障机制主要包括一下几个方面:

1. 实现立法之间的协调统一

土地规划管制实际上就是建立在一系列规划行政管理法规、土地管理法规、规划实施的法律手段以及它们相互之间的组织和协调基础之上的。它要求各项相关法规之间具有系统性、协调性,即各类具有法律效力的相关法律、规范的关系既相互补充又层次分明,既具有独立的内容,又能够互相制约。据此,改革现行制度首先就要对现有的相关法规进行重新梳理,删改矛盾和抵触的内容,从立法上统一规范土地规划的编制、实施与监督。为达成上述目标,需要从法律源头将土地规划对象从城乡一体的视角出发进行明确界定和约束,为实现城乡土地整体规划提供法律基础和行动依据。有关土地利用的主干法律应当将城乡土地作为一个统一的对象来制定相应的

---

① [德]汉斯·J.沃尔夫等著:《行政法》,商务印书馆2002年版,第254页。

法律规定,不同地区、不同土地利用行为则应通过主干法律的配套法和细化实施条例来实现分类指导。因此,我国目前急需解决的是统一城市与乡村建设用地规划的法律,尽快出台《城乡规划法》(或《城乡空间规划法》),并以此作为统一城乡土地规划及其实施管理的基本保障,作为其他所有相关规范性文件制定的参照基准,以保障该基本法的施行在本专项领域的强化和落实,从根本上消除目前我国建设部门与土地部门两个规划体系彼此之间不能有效衔接的问题。

2. 提高立法的可操作性

法律条文的特点在于措辞严谨,针对性强,宗旨明确。而目前我国有关土地规划的相关法规如《城市规划法》、《土地管理法》中涉及土地规划方面的内容往往侧重于说明立法目标、原则,缺乏明确的具有可操作的实质性内容。解决问题的途径有三个:一是直接对主干法内容进行充实,增加具有可操作性的条文,尤其应当建立、健全违反规划的惩戒机制,制定具体详细的土地利用违法行为的处置办法,建立健全完善的监察体系。如增加对规划行为进行监督核查的内容,明确规划实施的监督措施和程序,包括对违反规划的行为及其责任人的明确界定、对违反规划的行为和责任人的责任追究的程序性与实体性规定等;二是完善与主干法相对应的下位法与平行法的制定,如完善与土地使用相关的环境(水、空气)保护、历史文化名城保护、农田保护等法律或条例的内容。三是应当建立土地用途变更许可制度。即规划变更土地用途的,必须经过审核、批准,领取土地用途变更许可证,从而保证年度土地利用规划的执行,避免借土地利用规划的缺陷变相进行用途变更。

总之,加快土地规划的法治化必须树立土地利用规划的权威地位,实施严格的土地用途管制制度,形成完善的法律体系,保证土地规划的顺利进行。目前当务之急就是制定一部《城乡规划法》,规范规划目标和任务、规划的体系和内容、规划编制审批以及组织实施等方面,并对各级政府在规划中的权限和责任予以明确界定。此外,我国还应重视制定保证《城乡规划法》实施而必须的配套法律、法规和规章,如《土地利用分区条例》、《土地用途管制实施办法》等,从而使整个土地规划制度的立法成体系、层次分明,便于依法进行土地规划工作。

## 四、建立统一的土地管理体制，完善规划的配套落实机制

实现土地规划法治管制，不仅需要建立完善的法律保障体系，同时还需要以法律为依托的有效管理运行机制。

（一）建立统一、协调的土地管理体制

在由规划经济向市场经济转型的过程中，我国的政府管理运行表现出了种种不适：政府权利与非政府权利界限不清；行政部门之间权责不清；中央与地方、上级与下级政府权力界限不清。这种情况在土地规划管制中表现的很突出，如不同部门间的规划往往各自为政，彼此之间不能有效衔接甚至矛盾重重。按照国家规定，城市土地由城市规划和土地管理两个业务部门分工管理，但是这两个部门长期协调乏力，城市总体规划与土地利用总体规划在用地规划标准、范围、时限等存在明显差异，缺乏统一步调；而其他部门的专项规划也存在与城市总体规划和土地利用总体规划缺乏衔接的问题，土地往往因专项建设而被任意分割。要改变这种状况，土地规划的行政运行机制必须进行相应的转变，构建新的协调机制。其中的关键是对现有土地规划管理部门权力的整合，建立起统一协调的城乡土地保护与开发的行政管理与监督体系。它包括纵向（中央、省、市、县、乡之间）和横向（土地规划相关的规划、土地、规划等部门之间）权力的转移与重新分配。这种权力的转移与重新分配需要通过法律法规明确界定土地规划相关各层级、各部门的权责，以法律作为权力执行的依据。宏观层次，主要是国家和省级层面，应当将土地规划的管理职能合并到一个主管部门，实行城乡土地规划的统一管理。借鉴国外土地用途管制的经验，各国大多实行集中统一的土地管理体制，例如美国的土地管理机构是内政部下属的土地管理局，在各地设立区域土地办公室、区土地办公室和资源小区土地办公室，联邦政府对国有土地实行统一管理。我国虽明确实行全国土地统一管理，大部分地区相应设置统一管理机构，但有些省市没有建立独立的、直接代表政府行使土地管

理职能的部门,而是将土地管理机构设在国土管理局、房屋土地管理局,归相应机构管理。土地管理必须体现国家管理、集中管理和分级管理,土地管理机构应具有权威性、独立性和层次统一性,因此,全国土地管理机构设置必须统一,实行国家、省级两级管理,省级以下实施垂直领导的管理体制。同时,将区域、土地、规划等部门的土地规划管理纳入到一个统一的规划体系指导之下展开,打破部门之间、城市与乡村之间土地规划与管理各自分割的状况。微观层次,主要是指城市、乡镇等地方基层管理,这一层面的规划实施性强、内容更具体。根据不同目的应当编制各种土地利用规划,如城市建设用地规划、农田保护规划、绿地系统规划等,其中,具有统一性和综合性的总体规划应当成为具体土地开发利用共同遵循的行动纲领,其他各部门从各自职能和专业要求出发,协力配合做好规划,并以同一规划为依据进行专项管理工作。

（二）落实违法问责机制

自 2004 年以来,国务院连续发出三个文件,即:国发〔2004〕28 号、〔2006〕31 号、〔2008〕3 号文件,对严格土地管理、加强土地调控、促进节约集约用地提出了明确要求。党的十七届三中全会把坚守 18 亿亩耕地红线、落实"两个最严格"制度写入中央决定,形成了全党共识。2009 年中央 1 号文件又提出将耕地保护作为党政领导干部离任审计的内容,同时规定了土地违法问责制。中共中央办公厅、国务院办公厅印发的《关于实行党政领导干部问责的暂行规定》中明确规定:"决策严重失误,造成重大损失或者恶劣影响的;政府职能部门管理、监督不力,在其职责范围内发生特别重大事故、事件、案件,或者在较短时间内连续发生重大事故、事件、案件,造成重大损失或者恶劣影响的",都将对党政领导干部实施问责。2008 年经国务院批准,由监察部、人力资源和社会保障部、国土资源部联合公布的《违反土地管理规定行为处分办法》（15 号令）,是一部专门规范领导干部土地管理行为的规章,是查处土地违法违规案件的重要依据。它具有以下几个特点:一是 15 号令核心是土地违法违规问责制。问责的对象是县级以上人民政府主要负责人或其他负有责任的领导。二是涉及范围广。15 号令问责范围涉及土地管理的各方面,包括耕地保护—规划、规划执行—审批、供地—土地登记—新增费征收—征地补偿—执法监管。凡辖区内发生土地违法违规案件造成严重后果的,对土地违法违规行为不制止、不组织查处的,对土地违法违规问题隐瞒不报、压案不查的都要问责。特别是对土地管理秩序混乱,致使一年度内本行政区域违法占用耕地面积占新增建设用地占用耕地总面积的比例达到15%以上,或者虽未达到15%、但造成恶劣影响或者其他严重后果的,将追究地方人民政府主要领导人员和其他负有责任的领导人员的责任。三是15号令的处分措施非常严厉。有9种情形最轻的处分是记过,有4种情形最轻的处分是记大过,有10种情形可以开除公职,此外,涉嫌犯罪的移送司法机关依法追究刑事责任。15号令颁布以来,各级政府和有关部门在土地管理方面的责任意识得到普遍增强,政府违法现象得到一定遏制,土地执法监管力度有所加大,对于促进土地管理秩序的根本好转发挥了重要作用。但上述问责机制并未形成制度化,问责依据大多体现为具有阶段性、时效性的政策,而非具有稳定性、长效性的法律规范,难以从根本上解决现实中的问题。因此,以法律规范的形式明确上述问责内容,完善土地用途管制中的责任体系,是落实土地利用规划的实施保障。

(三)完善土地征收制度,防止耕地流失的进一步恶化

由于我国目前城市化以及经济发展对土地的高度依赖性,地方政府滥用土地征收权的现象十分普遍,这无疑加重了我国耕地流失的现状。针对这一情形,应当完善以下制度:

1. 严格限定土地征收中公共利益的范围

对于何为"公共利益",我国的土地立法一直采用高度概括的方式对"公共利益"加以概括,但是由于法律规定存在着一定的非明确性,加之缺少相应的制约和监督机制,"公共利益"在现实的征收过程中总是被扩大解释,致使不少出于商业目的的用地时常混杂其中,国家征收土地的初衷也往往被曲解乃至歪曲。因此,我国应采用列举兼概括式的立法模式对"公共利益"进行规范。将非公共目的的土地征收逐步从农地统征中退出,建立以政府优先购买为主要方式的政府土地储备制度,制定和完善划拨用地目

录和土地征收目录,将土地征收严格限定在公共目的的范围内。这一立法模式的优势在于:第一,由于采用列举的方式明确规定了可以进行土地征收的公共(益)事业,将商业目的排除在土地征收的范围之外,同时限制了土地征收权的行使,进而为土地征收权的行使制定一个严格的标准。第二,由于采取了概括性规定,使土地征收具有一定的灵活性,可以适应迅速发展、不断变化的经济形势。具体而言,我国应将公共利益的范围严格限定在以下领域:(1)国家机关和军事事业用地;(2)交通、水利、能源、供电、供暖、供水等公共事业或市政建设用地;(3)教育、文化、卫生、体育、环保、绿化、慈善机构等社会公共事业用地;(4)国家重大经济建设项目用地;(5)其他由政府兴办的且以公益为目的的事业用地。总之,只有严格限制,才能有效地保护耕地,保护土地所有权人的土地权益,土地征收的目的也才能真正得以实现。

2. 完善征地补偿机制,提高征地成本

除以立法的形式对土地征收进行目的性限制之外,提高征地成本也是遏制地方政府土地需求的必要方式。十七届三中全会提出了"改革征地制度,严格界定公益性和经营性建设用地,逐步缩小征地范围,完善征地补偿机制。依法征收农村集体土地,按照同地同价原则及时足额给农村集体组织和农民合理补偿,解决好被征地农民就业、住房、社会保障"的主导方针。落实这一方针,完善我国的征地补偿制度,提高征地成本,一方面,将会有效地遏制地方政府的征地行为、卖地行为和土地财政;另一方面,也有利于对失地农民权益的切实保障和维护。

（李昕执笔）

# 关于推进村庄社区化管理工作情况的研究报告

北京市公安局大兴分局课题组

近年来,随着首都城乡一体化进程的不断加快,城市规模的日益扩张,特别是城区防控体系的日趋成熟完善,大量流动人口、各种不稳定因素逐渐向城乡结合部地区转移,使这些地区成为社会管理的难点和重点,甚至形成直接影响首都安全稳定的"治安洼地"。大兴区作为首都城乡二元结构的典型地区,正处于由传统农业大区向现代化城市发展新区加速转变、城乡一体化加速推进的重要时期,城乡结合部"治安洼地"问题已成为严重制约全区城乡一体化建设的突出问题。为此,大兴公安分局结合地区实际,通过深入调研,积极探索,因地制宜,大胆实践,争取区委、区政府支持,抓住加快新农村建设的有利时机,深入推进城乡结合部地区村庄实行社区化管理模式,积极探索出一条城乡结合部地区公安机关的社会管理创新之路。

## 一、实行村庄社区化管理的社会背景

大兴区位于北京南部,面积 1036 平方公里,与朝阳、丰台、通州、房山等区相连,并与河北省廊坊、保定等地区接壤,是典型的城乡结合部地区。近年来,在市委、市政府的领导下,大兴区的经济社会和各项事业得到长足发展。但长期以来形成的城乡二元结构特点,导致经济社会发展不平衡,社会管理基础薄弱,特别是流动人口迅速增长,管理缺位的问题十分突出。

一方面,流动人口数量、结构激增倒挂,对社会治安造成消极影响。2010年初,全区实有人口135余万,其中户籍人口58万,人户分离人口10万,而流动人口达67万人,流动人口与户籍人口形成比例倒挂。特别是在大兴区北部的西红门、黄村、旧宫、瀛海和亦庄等五镇地区,聚居了全区80%、近50万人的流动人口大军,一度形成了92个流动人口"倒挂村",流动人口与常住人口比例平均达到了10∶1。人口数量的猛增,造成这些地区水、电、道路、环卫等市政资源超负荷供给,违法建设和无序出租现象十分严重,环境脏、乱、差,人与自然环境之间的矛盾十分突出;同时,为激增的人口提供服务的小旅店、小饭馆、小洗浴、小发廊、小网吧等违法违规经营问题十分严重;村庄规划无序,四通八达,闲杂人员任意往来,村内治安秩序混乱,不安全隐患突出,各种警情高发;一些出租房屋藏污纳垢问题严重,形成黄、赌、毒和制假贩假窝点,一些严重刑事犯罪人员甚至有极端个人行为人员藏匿其中,难以掌控。2005年至2009年全区刑事发破案和打击处理违法犯罪人员情况明显呈现出三个"80%"的特点,即:全区80%的案件发生在城乡结合部的北部五镇地区,抓获违法犯罪人员的80%和被侵害对象的80%也是暂住在北部五镇地区的流动人口。这样的客观背景下,生活居住在这些地区的广大村民包括在此务工经商的流动人口热切企盼早日改善日益恶化的生存环境和治安状况。

另一方面,复杂人员和群体聚集,给社会稳定带来巨大冲击。城乡结合部往往是各种社会矛盾和冲突的高发地区。从大兴区实际来看,随着经济快速发展和城市化进程的加快,新农村建设和城市建设所引发的社会矛盾尤为突出,2005年以来,占地拆迁补偿、拖欠农民工工资形成的群体访约占群体访总数的一半。从贵州瓮安事件、湖北石首事件,以及乌鲁木齐"7·5"事件,都为我们加强城乡结合部的管理掌控敲响了警钟。一旦有风吹草动,聚集在这些地区的有违法犯罪前科劣迹的人员以及游手好闲的社会闲杂人员极易卷入"无直接利益冲突",酿成重大群体性事件,甚至给社会稳定造成冲击。此外,大兴区北部西红门镇金星地区一些村庄,距城区较近,出租房屋廉价,生活成本低,一些缠诉缠访人员长期滞留聚集,形成所谓"上访村",很容易进入首都政治中心区滋事。仅国庆60周年安保工作期间,就在寿保庄、老三余两村清劝外来缠诉缠访人员130余人。同时,在市区工作力度加大后,一些来自维稳敏感地区的人员开始向大兴区北部城乡结合部地区转移、落脚,给反恐怖和维稳工作带来巨大压力。

因此,加强大兴区城乡结合部建设,从根本上有效解决城乡结合部社会治安管理和流动人口管理的问题,成为大兴区委、区政府和公安分局迫切需要解决的难题。

## 二、村庄社区化管理的谋划思路

2009年底,全国政法工作会议提出了"深入推进社会矛盾化解、社会管理创新、公正廉洁执法"三项重点工作战略部署,为维护当前重要战略机遇期社会稳定指明了方向。2010年2月,北京市委、市政府站在建设世界城市的高度,做出以城乡结合部50个重点村城市化工程为重点,大力推进首都城乡结合部建设的重要决策。随着北京"城南行动计划"的实施,以及大兴区同北京市亦庄经济技术开发区行政资源的整合,大兴区城市化进程将进一步加快,为使全区治安环境与经济社会保持同步良好发展,大兴区委、区政府决心下大力度改善全区治安环境,市局党委也高度重视城乡结合部地区治安防控工作。"进一步转变管理理念,创新管理手段,加强和改进以流动人口为重点的实有人口管理工作,尤其是加大力度解决城乡结合部、城中村和出租房屋管理的治安难题,实现城乡社会和谐与安宁"成为当前公安机关的重要课题。

为有效解决大兴区城乡结合部社会管理问题,大兴区委、区政府和公安分局通过认真调查研究,一致认为:当前大兴区城乡结合部地区"治安洼地"问题,是影响和制约城乡结合部建设的突出问题。紧紧抓住全市推进社会主义新农村建设和城乡结合部建设的有利契机,以解决流动人口倒挂村治安管理问题为突破口,积极探索村庄社区化管理新模式,是践行科学发展观,落实"三项重点工作",提升社会治安掌控能力的重要举措和必由之路。为统筹解决城乡结合部问题,推进宜居宜业和谐新区建设,大兴区主要采取"拆、建、管"三项措施。拆,就是围绕两区行政资源整合,拓展产业发展空间,不断加大拆迁改造力度;建,就是高标准落实大兴新城和亦庄新城规划,抓好地铁大兴线、亦庄轻轨线、蒲黄榆快速路、南海子公园等一批重点基础设施、生态项目建设,提升群众生活品质,优化发展环境。管,就是借鉴城市社区管理的有益做法和经验,在近期难以实现规划、没有建设任务的地区稳步推进村庄社区化管理,以此优化治安和生活环境,全力挤压违法犯罪空间,让广大农村群众和流动人口同样享受到城市化进程带来的好处。

在此基础上,大兴分局从"强化基层基础、推进综合治理、提升社会管理水平"出发,立足地区实际,在深入调研和分析论证的基础上,明确了实施村庄社区化管理的工作思路。即:

趋同管理。从践行为民爱民宗旨、服务保障民生和维护首都稳定的角度,将流动人口与户籍人口同等对待、同等服务,切实提升流动人口服务管理水平。房屋出租户一律统一挂牌招租,遵照乡规民约租赁给合法经营、务工的流动人口。开展"社区、村庄手拉手"等文化共建活动,促进文化融合,进一步增强流动人口的归属感。

改建先行。通过"筑围墙、安街门、把路口、设岗亭、人车凭证出入"等措施,对原有开放失管的自然村落,实行相对独立、井然有序的社区化服务管理。同时,拆除违法建筑,改造村内道路、厕所、垃圾站,完善村文化大院等设施,改善村内的服务管理条件。

整合建站。将社区警务站、流动人口管理服务站、巡防工作站、民调室整合,建立融合"三站一室"功能的村综治中心,由社区民警与村干部共同开展工作,前移打防和维稳关口,有效保障"人口管理、安全防范、治安管理、情报信息搜集和服务群众"等五大职能的发挥,使之成为"维护社会稳定的第一道防线,服务人民群众的第一平台"。

配强力量。按照实有人口2.5‰和流动人口5‰的比例,招聘人员,并吸纳当地部分剩余劳动力,配齐配强巡防队和流动人口管理员队伍两支村庄专职防范力量,明确职责任务,规范工作环节,切实发挥其辅警群防作用。

科技创安。根据村庄内街巷数量分布等情况,确定监控探头数量和点位,进行统一安装,建立镇、村两级监控平台,全天专人值守,管住村口、看住街面、控住"贼道",提升防控水平。

## 三、实施村庄社区化管理的实施步骤与具体做法

（一）规范标准,局部试点运行

在明确思路的前提下,为稳步推进村庄社区化管理工作,公安分局积极向大兴区委、区政府专题汇报,积极争取支持。大兴区委、区政府加强组织领导,多次召开专题会议研究城乡结合部建设和社会管理创新工作,并拨付专项资金用于社区化管理工作。首先,将西红门镇金星地区的老三余、寿保庄等16个村庄作为第一期推广村庄,采取"党委政府主导,公安等职能部门主责,村(两委)班子组织实施,村民民主自决"的工作模式。具体做法:

一是顺应引导民意。将人民群众满意作为实行村庄社区化管理的根本的出发点和落脚点。充分尊重广大村民包括流动人口的民主自决权利,做到办好事也要讲民主,讲程序,尊重民意,顺应民情。通过召开村民代表会议,社区民警和村干部入户,广泛征求群众意见,特别是向群众讲清社区化管理既不会随意收费、增加村民经济负担,又能服务本村村民和流动人口,使大家切实受惠。同时,为保障流动人口的合法权益,明确规定村综治中心必须吸收一名流动人口代表参与管理工作。通过以上工作,集中了民意民智,消除了一些群众的误解,打消了本地村民怕不方便、怕乱摊派、怕影响生意和流动人口怕受排挤、怕受歧视、怕受刁难的顾虑,得到了广大村民和流动人口的理解和支持。一些村民主动向村委会、派出所提出各种合理化建议和意见达40余件,有力地促进了村庄社区化管理工作深入开展。

二是精心组织实施。自2010年3月中旬开始,公安分局会同西红门镇党委政府,对第一批推开的16个村庄进行逐一踏勘,绘制村庄布局平面图,研究制定社区化管理实施方案和相关规章制度,明确了工作标准、职责任务

和工作时限。公安分局配齐配强社区民警，调整社区警务工作绩效考核导向，在基础防范上尤其在重点高危人群掌控上加大考核比重，使社区民警变"成天追着案子跑"为"扎进责任区耕好责任田"；西红门镇党委专门召开各村支书会，统一思想，并拨出3000万元资金支持村庄社区化管理；各村党支部深入动员发动党员干部和群众，确保了村庄社区化管理的有效实施。

三是稳步有效推进。在推进过程中，公安分局会同西红门镇党委政府成立了专门工作组，派出得力干部，深入16个村分片包干、实地指导。社区民警密切配合村干部，具体落实社区化管理工作措施，确保了金星地区16个村庄社区化管理的有效推进。通过努力，社区化管理硬件设施改造建设顺利完成并投入使用；12名社区民警全部配齐，463名村庄专职巡防队员和流动人口管理员通过专业培训，全部到岗发挥作用；监控探头、监控终端等技防设备全部安装到位。

社区化管理的实行，在改善治安面貌和村庄环境、提高流动人口管理服务水平上迅速发挥作用，短短两个月时间内，16个村庄的110警情和刑事发案同比分别下降40%和72.7%，其中社区三类可防性案件同比下降50%，一些社会闲杂人员和形迹可疑人员开始难以落脚；村内环境秩序得到明显改观，小门店、小摊点侵街占道现象得到有效治理，机动车停放规划有序；对流动人口的服务管理水平明显提升，先后有9000余名流动人口主动办证登记，基本做到"人来登记、人走核销"，流动人口登记办证率达到95%，比社区化管理之前提高了35个百分点；村综治中心民调室作用逐步显现，社区民警与村民事调解人员密切配合，先后调解化解村民矛盾纠纷11起；群众对治安状况的满意率由原来的21%提升到88.5%，生活环境满意率由24%提升到95.5%。村庄社区化管理模式，得到了本地村民和流动人口的一致好评，村民张凤英说："过去这里溜门撬锁的很多，社区化管理后，村里治安好了，还带动房租收入增加了"；村支书李武江说："村里实施社区化管理后一直保持零发案"；暂住在寿保庄村的流动人口王志有说："过去村里治安比较差，经常听到有人东西被偷，现在各方面都管得严了，比以前感觉安全多了，对我来说也没有什么不方便，记住带好暂住证和出入证就行了。"

（二）舆论引导，赢得肯定支持

大兴区村庄社区化管理模式的积极探索和大胆尝试取得的积极成效，引起了社会各界的关注。2010年4月25日，新闻媒体首次报导大兴区村庄社区化管理，在社会上引起了巨大反响。短短几日，网上跟帖数以万计，专家学者褒贬不一，群众议论纷纷。为加强舆论引导，公安分局在第一时间主动邀请新华社、中央电视台、北京电视台、《法制日报》、《人民公安》、《北京日报》等21家新闻媒体进行实地参观采访，向社会各界全面真实地介绍村庄社区化管理模式以及村庄社区化管理适用法律的过程，通过面对面采访群众，深入报道村庄社区化管理给社区安全、群众生活带来的良好效果，不但及时消除了部分群众对村庄社区化管理的误解，还扩大了村庄社区化管理模式的宣传声势。自2010年4月以来，先后有新华社、中央电视台、《法制日报》等29家国内外媒体对大兴区村庄社区化管理工作进行了采访报道，在社会上引起了良好的舆论效果。全国各地及本市72个党政、公安及其他部门共计1000余人次，先后到大兴区实地参观考察村庄社区化管理工作。村庄社区化管理模式也得到了各级领导的高度关注和充分肯定。2010年7月3日，刘淇、孟建柱、郭金龙等市委市政府和公安部领导，对社区化管理工作进行了专题调研。中共中央政治局委员、北京市委书记刘淇指出：大兴区开展村庄社区化管理，是城乡统筹发展、城乡一体化进程中一项积极有效的措施。通过创新管理模式，提高了城乡管理水平和治安管理水平，改善了村庄的环境，提高了人民群众的安全感和满意度。大兴区要在全区推广这个模式，全市城乡结合部地区和远郊区县也要推广这项工作。国务委员、公安部部长孟建柱指出：大兴区村庄社区化管理模式思路新、机制好、工作实、成效明显，既是一项基础工作，也是一项大事，对整个首都北京的发展，对解决过去首都城市社会管理中的难题，都会起到积极的推动作用。2010年8月18日，中共中央政治局委员、中央政法委副书记、中央综治委副主任王乐泉在对社会管理创新工作进行专题调研时指出：大兴区通过创新村庄社区化管理手段，使村庄面貌发生了重大变化。希望认真总结经验,大力推广,把城中村、城乡结合部社会管理和公共服务纳入城市经济社会发展规划,完善基础设施,改善生活环境,健全基层组织,延伸公共服务,真正把城市文明辐射农村,惠及农民和流动人口,让他们共享改革发展的成果。

村庄社区化管理模式作为解决城乡结合部社会问题的成功经验,得到了广泛认可。为此,北京市委、市政府将其作为推动城乡一体化建设、提高对流动人口管理服务水平、维护首都和谐稳定和创新社会管理的一项重要工作来抓。2010年8月11日,北京市委、市政府在大兴区召开全市开展村庄社区化管理工作推进会,部署年内城乡结合部地区实行社区化管理工作。会议要求:全市各级各部门要把村庄社区化管理作为推动农村地区发展的保障工程,作为提高广大农民和流动人口生活质量的民生工程,作为加强城乡结合部和农村地区社会建设、创新社会管理的基础工程,统筹谋划、协同推进,切实抓紧抓好。2010年年底前,城乡结合部地区实行社区化管理的村庄力争达到50%以上,2011年,全市所有城乡结合部地区村庄及有条件的农村地区都实现社区化管理。以此为标志,村庄社区化管理工作在全市范围内全面铺开。

（三）因地制宜,多种模式推进

在全市村庄社区化管理全面推进的同时,大兴分局按照中央、市委市政府、公安部等各级领导指示精神和全市推进村庄社区化管理的总体部署,在巩固和完善金星地区村庄社区化管理的基础上,进一步创新思路,深化措施,按照因地制宜、因情制宜原则,针对不同地区社区特点,从北部城乡结合部、大兴新城老旧小区、南部村庄三个层面入手,加强分类指导,实施不同的村庄社区化管理模式,进一步拓展村庄社区化的工作内涵。

一是在北部城乡结合部地区。在完善金星地区16个村庄社区化管理的基础上,进一步争取党委政府的领导和支持,迅速推进结合部地区其他56个村庄的社区化管理。为保障村庄社区化管理工作的推进力度,区委、区政府进一步强化组织领导,成立了以区委副书记王新为组长,四位区委常委、两位副区长以及公安分局长为副组长,区20个相关委、办、局、镇、街道为成员单位的社区化工作领导小组,拨付1.3亿元资金做保障。公安分局主动当好社区化建设的"第一推动",积极采取各项措施和规章制度推进落实,及时研究解决工作中遇到的难点问题;分局领导带队深入一线督导检查,确保社区化管理各项措施落实到位。在推进工作中不机械照搬现成经验,进一步拓宽思路,因地制宜,针对黄村镇狼垡地区村域相连、交通便利等实际情况,以中心警务站建设为龙头,辅以村庄外围区域改造、建立村域统一停车场等措施,实行了区域性社区化管理模式,探索出一条治理"城中村"社会治安的有效途径。2010年10月底,后续推进的56个村庄社区化管理已全部完成。

二是在大兴新城地区。针对54个老旧小区物业长期管理弱化、人防力量缺乏、物技防设施落后、案事件多发的问题,分局深入分析研究改造升级意见,组织相关部门迅速推进老旧小区社区化管理改造升级工作。在得到区委、区政府高度重视和支持的基础上,分局充分发挥推动作用,与综治、社区工委等部门研究明确标准,加强工作组织、检查、督促,及时解决工作中遇到的难题,确保工作顺利进行。截至2010年9月底,54个老旧小区社区化改造工作完成,共安装电动伸缩门103个、岗亭174个、门禁1211个、监控探头551个,配齐1138名专职巡防力量。彻底改变了原有小区安全不设防、案件高发的局面,提升了防控水平,理顺了管理体制、完善了服务功能。其中,分局与清源路街道办事处选取郁花园二里小区为试点,争取党委政府投入资金50万元,推进小区智能化管理。通过建设多系统集成的智能化小区物技防体系,实现了对小区人、地、物、事的实时掌控,进一步夯实了基层基础,严密了小区的安全防范。期间,新登记流动人口1617人,发现并列管各类重点人和来自违法犯罪及维稳高危地区人员54人,全部纳入管理视线。自8月份小区实施智能化管理以来,未发生刑事案件。社区居民对社区实行智能化管理的支持率达到97%,对社区治安状况的满意度由智能化管理前的47%提高到目前的96%。

三是在南部农村地区。针对近年来流动人口南移趋势明显、可能形成新的流动人口聚居区的情况,坚持未雨绸缪,按照市局党委提出的"下先手棋、打主动仗"的要求,分局积极争取区委、区政府支持,选取南部地区 8 个镇 79 个村进行社区化管理试点,有针对性地推进南部农村地区村庄社区化管理。结合南部农村地区经济特点、人口状况和治安形势,在外围改造上因地制宜,利用村庄已有资源进行改造,做到少花钱、办实事。同时,恢复各村治保主任配置,专职负责村内治安防范工作。按照小村 5 人,大村 8—10 人的标准配置专职巡防队员,开展村内巡逻防范。在此基础上,组织村民代表、村内老党员成立义务巡防队,在白天和农忙时节开展村内巡逻防范、邻里守望工作。2010 年底前已全部完成并正式启动运行。

（四）丰富内涵,巩固完善提高

2010 年底,周永康同志在 2011 年全国政法工作会议上要求,全国有条件的村庄都要推行社区化管理模式,标志着社区化管理作为一项社会管理的成功经验,将在全国范围内推广。大兴区作为村庄社区化管理模式的原创单位,为推动村庄社区化管理工作取得新突破,将拓宽思路,丰富内涵,扩展外延作为工作重点,努力提升村庄社区化管理服务水平,并力争实现村庄社区化管理的全覆盖。

一是总结提炼分析,深化丰富内涵。2011 年初,大兴区及时总结去年全区社区化管理工作取得阶段性的成效,特别是提炼经验,认真分析工作中存在的问题和不足,扬长避短,针对性研究制定进一步深化全区社区化管理工作实施方案。按照"村内向村外延伸、硬件向软件延伸、管理向服务延伸"的思路,公安分局继续发挥村庄社区化管理第一推动的作用,在拓展外延、全面覆盖的基础上,进一步丰富工作内容,巩固和扩大工作成果。在以解决治安问题为前提的同时,全区各相关职能部门,积极参与融合到社区村庄公共服务管理和精神文明建设等工作中,围绕医疗卫生、文化教育、环境生态等多角度,统筹做好安全稳定、低小散劣企业清理、村庄环境整治、公共服务管理、违法建设管控以及新城老旧小区规范化建设等重点工作,不断扩展丰富社区化管理承载内容,提高公共服务管理水平,整体推进社区化管理再上一个新台阶。

二是加强组织领导,保障强力推进。为进一步形成全区推进村庄社区化管理工作的合力,3月10日,大兴区组织召开了进一步推进村庄社区化管理工作大会,在全区范围内动员部署深入推进村庄社区化管理工作,明确各部门工作目标、工作任务和工作重点,细化工作措施,并且从组织领导、资金投入、职责分工、制度完善、队伍建设等方面,为深入推进村庄社区化管理工作提供了有力保障。

三是学术专业研讨,理论指导实践。为进一步拓宽村庄社区化管理思路,提升村庄社区化管理服务水平,2月25日,市局还专门从全国党建研究会、中组部党建研究所、北京市委研究室、北京市社会科学研究院、清华大学、人民大学、中国人民公安大学等邀请知名专家学者到大兴区调研考察社区化管理工作。通过深入村庄开展走访座谈,各位专家学者对村庄社区化管理模式给予了充分肯定和高度评价。公安大学王大伟教授指出:村庄社区化管理将治安管理同乡村现代化建设结合起来,同世界警务改革大趋势趋同,体现了"再造社会和谐、充分调动人民群众治安积极性、加强人物技防和'心防'建设"的亮点,是一个非常大的创举。"村庄社区化建设很震撼,应该往全国走,往世界走"。清华大学人文社会科学院院长李强指出:村庄社区化管理在相当长时间内是解决城乡结合部问题的管理模式,在全国有很大的推广意义。北京市社会科学院副院长许传玺指出:村庄社区化与社区民警驻区制搞好结合,对于提高两种模式的效果,更具有现实意义。同时,各位专家学者还结合各自学科特点,从社会学、法学、犯罪学等角度,对村庄社区化管理工作进行全面、系统、深入地研讨,并积极建言献策:要继续在制度和规则的设计上下功夫,提高村庄社区化管理的科学性和实效性;要针对农村地区的不同发展阶段和不同发展模式,加强分类指导;要充分发挥公安机关第一推动作用,积极协调、理顺各种关系,加强相关配套改革;要进一步完善健全相关法规制度,提高工作的规范化和制度化水平。专家学者的理论指导扩宽了深化村庄社区化管理模式的工作思路,为进一步丰富村庄社区化管理内涵、促进城乡统一协调发展提供了宝贵意见。

## 四、村庄社区化管理取得的初步成效

通过对城乡结合部农村地区实行社区化管理,变人口的控制性管理为合作式治理,切实提升流动人口服务管理水平,不仅对从源头上打击、预防违法犯罪活动,解决城乡结合部地区治安管理问题,而且对加快广大农村地区发展,促进首都城乡一体化都产生了积极影响。自2010年4月全区试点推行村庄社区化管理工作以来,共完成了151个村和54个老旧小区的硬件建设及人员配备工作,共修缮村庄外围设施173837延米,建值班岗亭500个,封堵出入口1088个,安装探头2276个,招聘服务管理人员4893名,其中,岗亭值班员2140名、巡逻人员1644名、流动人口管理员1109名。村庄社区化管理取得了初步成效。

一是社会治安状况明显好转。北部72个村刑事案件同比下降33.8%,有41个村实现了三类可防性案件(入户盗窃、入户抢劫、盗窃机动车)零发案;南部79个村刑事案件同比下降了45.7%;54个老旧小区发案同比下降39.5%,其中,三类可防性案件下降18.8%。当地群众及流动人口治安状况满意率由原来的48.3%,提升到96.5%以上。

二是社会管理水平明显提高。通过村庄社区化管理,有效整合了社会资源,夯实了基层工作基础,流动人口、出租房屋等底数更加清楚,农村社会管理整体水平显著提升。流动人口无序增长势头得到控制,规模稳中有降,流动人口主动办证率和参与村庄建设热情大幅提高;违法建设得到有效控制,在耕地上进行违法建设和自有房屋加盖二层以上楼房的现象基本消除;无照经营、无序出租等行为得到治理,产业结构、发展环境日趋优化;村综治中心民调室"小事不出门、矛盾不上交"的功效开始显现,自2010年5月份以来,共调解矛盾纠纷1730件。

三是群众生活环境明显改善。人口、资源环境矛盾有所缓解,村容村貌、环境秩序显著改观,侵街占道、乱扔垃圾、乱堆乱放现象得到治理,机动车停放规范有序。商店超市、文体活动场所进一步完善,群众生活环境满意率由 24% 提高到 95% 以上。

## 五、村庄社区化管理的特点分析

大兴区的村庄社区化管理之所以有效解决了城乡结合部地区的社会管理难题,其根源在于,同城市社区化管理相比,村庄社区化管理具有更强的适应性,在城乡结合部地区的复杂环境下,也更具生命力。

一是从形成的背景上看,城市社区化是在社会经济迅速,物质丰富的前提下,以居民小区为主体,与之匹配的教育、娱乐、消费资源等诸多元素构成的城市居民生活一种规范化的服务和管理模式,是城市化发展到一定程度的产物。村庄社区化是在社会经济快速发展的情况下,城区以及外省市的流动人口大量涌入环城带地区,产生带动当地经济发展和引起一系列社会治安问题的双重效应下,借鉴城市社区化管理,在城乡结合部地区探索出的一条村庄社区化管理模式。

二是形成的方式上看,城市社区化是先有物、后有人,即居民小区是在已经建成的基础上,配套了人防、物防、技防设施,再有居民入住,物业管理,是一种已经成型的,比较单一的构成方式。村庄社区化是在村庄、村民、流动人口已经都存在的情况下,推进实施的。尤其是村庄社区化管理,征求了村民、流动人口的意见和建议,是一种集体智慧的结晶。

三是从推动的主体上看,城市社区化是城市发展的一种必然,是一种常规模式;村庄社区化管理,是由党委政府主导、公安机关组织、群众大力支持而推行的一种特殊模式,特别是在推进实施过程中,党委政府的高度重视、坚强领导、资金支持提供了保障,广大群众的理解、支持、配合奠定了群众基础,公安机关充分发挥主力军的作用,确保了各项工作措施的落实。

四是从管理的主体和客体上看,城市社区化管理最小单位是居委会,居民小区还有物业提供管理和服务,许多事情还需要双方协调协商。村庄社区化管理的最小单位是村综治中心,集社区警务站、流管站、巡防站以及民调室于一体,村支书任综治中心主任,社区民警任副主任,主要开展村庄的社会服务和管理,社区民警与村基层组织的关系更加密切,有利于社区工作的开展。特别是民调室的建立,延伸了民调进所,而且充分发挥村民之间熟悉的优势,选出德高望重的村民与社区民警一起开展矛盾纠纷调解工作,提高了调解效率,基本实现小事不出村、矛盾不上交,村庄环境更加和谐。

五是从专职力量的考核机制和保障机制上看,城市社区化中,专职力量的考核更多地体现在小区物业对小区专职力量之间,资金保障主要考收取物业费,由小区居民承担;村庄社区化专职力量由村委会和社区民警共同考核,资金主要由镇、村两级财政负责,不让村民和流动人口掏一分钱。

六是从运作模式上看,城市社区发展和建设相对成熟,社区外部环境和需要解决的问题大体相似,因此,城市社区化运作模式较为单一;而村庄社区化充分考虑了客观环境的差异,针对不同的经济发展水平、人口结构、地域特征、治安特点,在城乡结合部、城市地区和农村地区分别采取了适应不同形势的社区化运作模式,更具针对性、操作性和实效性。

## 六、下一步工作措施

下一步推进村庄社区化管理的具体任务是实现"五个提升":一是提升群众安全感。深化平安村建设,提高治安防范能力,全力维护安全稳定;二是提升流动人口服务管理水平。坚持"以人为本、服务为先"的原则,创新工作机制,促进人口、资源、环境协调可持续发展;三是提升农村经济发展水平。从根本上转变以"瓦片经济"为主的增收方式,大力引进知识密集型和技术密集型企业,优化产业结构,保障群众长远利益;四是提升村庄整体环境。继续加强农村基础设施建设,强化环境综合治理,控制非法占地、违法建设行为,创造宜居生活环境;五是提升群众生活质量。完善公共服务设施,健全服务功能,缩小城乡差距,提高群众生活品质。

在前期工作取得成效的基础上,下一步大兴分局将在区委、区政府和市局的领导下,继续发挥第一推手作用,深入推进村庄社区化管理工作。一方面对于已经实施社区化管理的村庄,进一步巩固成果,丰富内涵,实现由村里向村外、硬件向软件、管理向服务等"三个延伸";另一方面在南部农村地区除拆迁村以外的 227 个村庄继续推广村庄社区化管理工作,力争在 6 月底前实现全区社区化管理的全覆盖。具体做法:

(一)进一步扩展外延和内涵,强化 151 个试点村的"三个延伸"

一是村内向村外延伸,即继续做好村庄周边工业区、菜地、养殖地等部位的社区化管理工作。要加大对村庄周边的工业区、菜地、养殖地的拆迁、改造力度,从根本上消除安全隐患;对一时改变不了现状的,要按照村庄社区化的思路,积极对有条件的部位推进社区化管理;对不能形成封闭的区域,要加强人防、物防及技防建设,进一步严密这些地区的防控工作。

二是管理向服务延伸。要依托社区民警实施驻区、驻村、驻片模式的有利时机,积极开展群众工作,为辖区群众提供便民服务,积极化解矛盾纠纷,充分发挥社区民警驻区模式的工作优势。特别是协同相关部门做好社区服务站建设、完善便民利民设施、推进网络设施建设和信息化应用等便民利民工作,不断提升社区服务水平。

三是硬件向软件延伸。坚持高标准,着力打造一支精干高效、敬业奉献的村庄社区化管理队伍。积极会同区综治办对全区两支专职力量开展全员培训,着力提高专职力量的业务能力和综合素质,同时加强指导、监督和考核,确保用得上、用得好,让组织放心,让群众满意。同时,不断完善相关工作机制和各项规章制度,促进村庄社区化管理的标准化、规范化、制度化,做到有章可循、有规可依,努力形成长效机制。

(二)完善中部新城以及北五镇地区老旧小区规范化建设

通过核实基础数据、加强宣传力度、推进软硬件建设,在有条件的规模小区强力推进智能化管理,提高小区的管理水平。针对不具备实施智能化管理的小区,要依托公安分局驻区制,建立居委会主任、驻区民警、治保积极分子、物业经理、保安队长等人员参加的社区综治班子,积极整合各类防控资源,延伸信息触角,做实流动人口和出租房屋管理以及矛盾纠纷排查化解等基础工作,有效提升社区防控能力。

（三）强力推进南部地区 227 个村庄的社区化管理工作

要按照区委、区政府的总体部署，抓住时机，在最短的时间内完成村庄实地踏勘、方案制定和资金预算等工作，尽快启动建设，4 月中旬要全部进入建设状态。同时，紧盯工期及质量，力争社区化改造、物防建设等工作在 5 月底全部完成，6 月底完成专职力量配置、初期培训等工作，确保 7 月初顺利通过区推进社区化管理领导小组考核验收。

责任编辑:毕于慧
封面设计:刻奇设计
版式设计:东昌文化

**图书在版编目(CIP)数据**

北京法治发展报告(2010)/许传玺 主编. -北京:人民出版社,2011.12
ISBN 978-7-01-010480-5

Ⅰ.①北… Ⅱ.①许… Ⅲ.①社会主义法制-研究报告-北京市-2010
Ⅳ.①D927.1

中国版本图书馆 CIP 数据核字(2011)第 259719 号

北京法治发展报告(2010)
BEIJING FAZHI FAZHAN BAOGAO(2010)

许传玺 主编

人 民 大 版 社 出版发行
(100706 北京朝阳门内大街 166 号)

北京市文林印务有限公司印刷 新华书店经销

2011 年 12 月第 1 版 2011 年 12 月北京第 1 次印刷
开本:710 毫米×1000 毫米 1/16 印张:20.5
字数:301 千字

ISBN 978-7-01-010480-5 定价:42.00 元

邮购地址 100706 北京朝阳门内大街 166 号
人民东方图书销售中心 电话 (010)65250042 65289539